L Petrażycki

Aktienwesen und Spekulation

Eine ökonomische und rechtspsychologische Untersuchung

UNIKUM
VERLAG

L Petrażycki

Aktienwesen und Spekulation

Eine ökonomische und rechtspsychologische Untersuchung

ISBN/EAN: 9783845744797

Erscheinungsjahr: 2012

Erscheinungsort: Barsinghausen, Deutschland

www.unikum-verlag.de | info@unikum-verlag.de

Printed in Germany

Bei diesem Titel handelt es sich um den Nachdruck eines historischen, lange vergriffenen Buches. Da elektronische Druckvorlagen für diese Titel nicht existieren, musste auf alte Vorlagen zurückgegriffen werden. Hieraus zwangsläufig resultierende Qualitätsverluste bitten wir zu entschuldigen.

L Petrażycki

Aktienwesen und Spekulation

Eine ökonomische und rechtspsychologische Untersuchung

UNIKUM
VERLAG

Aktienwesen und Spekulation.

Eine ökonomische
und rechtspsychologische Untersuchung

von

L. v. Petražycki,
ord. Professor an der Universität in St. Petersburg.

Aus dem Russischen ins Deutsche übertragen
unter Redaktion und mit einem Vorwort des Verfassers.

Berlin 1906.
Verlag von H. W. Müller.
W. 35. Potsdamerstr. 121 k.

Vorwort zur deutschen Ausgabe.

Die vorliegende Schrift ist aus den rechtspolitischen Arbeiten des Verfassers als Mitgliedes der „Allerhöchst eingesetzten Kommission für Revision der bestehenden Gesetzgebung über Börsen und Aktiengesellschaften“ entstanden; sie erschien zuerst in einer Reihe von Artikeln in der Russischen Ökonomischen Rundschau (1897, Nr. 1, 3, 4, 5, 6 und 8) und wurde dann im Jahre 1898 in Buchform veröffentlicht.

Ursprünglich war beabsichtigt, dieser theoretischen Untersuchung als zweiten, praktischen Teil eine rechtspolitische Ausführung folgen zu lassen, welche die Folgerungen bieten sollte, die aus der vom Verfasser entwickelten Theorie des Aktienwesens für die Gesetzgebungspolitik sich ergeben. Dieser Plan hat aber wegen starker Inanspruchnahme des Verfassers durch andere dringende Arbeiten bisher nicht ausgeführt werden können.

Die ursprüngliche Absicht erklärt zum Teil den Inhalt der Schrift, insbesondere die Voranschickung einer allgemeinen Einleitung über die Rechtspolitik und ihre psychologischen Grundlagen und die spezielle Berücksichtigung derjenigen theoretischen Sätze, die vom Standpunkt der Gesetzgebungspolitik eine wesentliche praktische Bedeutung haben, desgleichen auch, in der russischen Ausgabe, die allgemeine Charakterisierung des Standes des Aktienrechts in Rußland und die Darlegung des Wesens des Privatrechts im Gegensatz zum öffentlichen Recht.

In der deutschen Übersetzung sind die Stellen, die speziell auf das russische Aktienrecht Bezug haben, sowie die Erklärung des Wesens des bürgerlichen Rechts (im wesentlichen eine Wiederholung dessen, was bereits über diese Frage in des Verfassers früherem Werke: „Lehre vom Einkommen“ Bd. II, Anhang, gesagt worden ist) fortgelassen.

St. Petersburg im Juni 1906.

L. v. Petrażycki.

Inhaltsübersicht.

I.

Psychologische Prämissen der wirtschaftlichen und sonstigen Rechtspolitik.

Das Recht ist eine psychische Erscheinung. Es handelt sich um Verhaltungsregeln, deren Befolgung für die einen Gegenstand ihrer Pflicht, für die anderen Gegenstand ihres Anspruches bildet. Die menschlichen Verhaltungsregeln, d. h. der Inhalt von Urteilen, wonach man in gewissen Fällen etwas zu tun oder zu unterlassen habe, gehören nicht zur Welt der „Materie", sondern zur Welt des „Geistes". Dies bezieht sich auf alle Verhaltungsregeln, darunter die rechtlichen und die moralischen. Die spezifische Differenz der rechtlichen psychischen Vorgänge (Rechtspsychik) und der rechtlichen Verhaltungsregeln (Normen) besteht darin, daß die Rechtsnormen nicht nur als für diejenigen Subjekte, denen sie ein gewisses Verhalten vorschreiben, verpflichtend im Bewußtsein auftreten — dies gilt auch für die Moral —, sondern auch zu gleicher Zeit für andere Subjekte Ansprüche auf das betreffende Verhalten schaffen, mit dem Bewußtsein des entsprechenden aktiven Zukommens, Gebührens erlebt werden. Darum sind zwar Normen und Pflichten dem Rechte und der Moral gemein, dagegen sind Rechte im subjektiven Sinne: Ansprüche, das aktive Zukommen, Gebühren, Beanspruchendürfen, dem Rechte eigen. Demgemäß kennt und untersucht die Rechtswissenschaft drei Kategorien von Begriffen: 1. Das sog. Recht im objektiven Sinne, die Normen; 2. die Rechte im subjektiven Sinne, eben das aktive Zukommen, Gebühren; 3. die Pflichten. Die Moralwissenschaft kennt und untersucht dagegen nur die erste und die dritte Kategorie von diesen Begriffen. „Rechte" im Sinne von Ansprüchen dem Nächsten gegenüber kennt sie nicht. Dieser Gegensatz zwischen dem Recht und der Moral und die betreffende Eigentümlichkeit des Rechtsbewußtseins sind offenbar psychischer Natur.

Auch die Quelle des Entstehens des Rechts ist in der menschlichen Psyche enthalten. Die rechtlichen Urteile und Normen sind Produkte mehr oder weniger naiver und instinktiver Strebungen und Überzeugungen, die in den Volksmassen entstehen, oder Produkte bewußter Überlegungen und Bestrebungen eines oder mehrerer Individuen. Auf naiv-kollektivem Wege kommt hauptsächlich das Gewohnheitsrecht zustande; eine mehr individuelle und bewußte Art der Rechtserzeugung ist der Gesetzgebung eigentümlich. In beiden Fällen haben wir es aber mit der psychischen Unterlage der Entstehung des Rechts zu tun.

Seiner Natur nach eine psychische Erscheinung und ein Produkt psychischer Faktoren, erzeugt das Recht neue psychische Erscheinungen. In dieser Erzeugung neuer psychischer Erscheinungen besteht eben die Wirkung und die Bedeutung des Rechts.[1])

Unter den psychischen Rechtsprodukten unterscheiden wir zwei Kategorien:

1. Die nächste und unmittelbare psychische Wirkung des

---

[1]) Eine nähere Darstellung, Entwicklung und Begründung durch spezielle Untersuchungen der im Texte vertretenen Sätze über die psychische Bedeutung und Wirkung des Rechts, desgleichen über die Bedeutung psychologischer Prämissen für die methodisch-wissenschaftliche Rechtspolitik, insbesondere für die Schaffung einer Wissenschaft der Zivilrechtspolitik usw. s. L. v. Petrażycki, Lehre v. Einkommen 1903, 1905, insbesondere Band II S. 437—628. Über die dort vertretenen allgemeinen Sätze über die Zivilrechtspolitik und ihre Methode vgl. einerseits R. Sohm, Über den Entwurf eines bürgerl. Gesetzb. f. d. Deutsche Reich in zweiter Lesung, 1896, S. 25ff. (scharfe Polemik und Ablehnung), andererseits A. Lobe, Was verlangen wir von einem bürgerlichen Gesetzbuch? Ein Wort an den Reichstag S. 28ff.; R. Meyer in den Jahrbüchern für Nationalökonomie u. Statistik, III. F. Bd. 9 S. 441ff. (Besprechung des I. Bandes der Lehre vom Einkommen), eod. Bd 13 S. 447ff. (Besprechung des II. Bandes); Oertmann, Besprechungen in der Zeitschr. f. d. Privat- und öffentl. Recht d. Gegenwart, Bd. 22 S. 301ff.; Bd. 23 S. 136ff., sowie einen selbständigen Aufsatz: Rechtswissenschaft und Rechtspolitik, in den Preuß. Jahrbüchern, Bd. 88 S. 191ff., u. a. [Gegen Sohm und prinzipiell für die in der L. v. Eink. vertretene Idee der Rechtspolitik und deren Ideals hat sich u. a. später auch Stammler, Recht der Schuldverhältnisse ausgesprochen. Derselbe Verfasser hat die wichtigsten Gedanken der L. v. Eink. z. T. in anderer Fassung durch sein Werk „Wirtschaft und Recht“ dem weiteren Publikum zugänglich gemacht. (Anm. b. d. Übers.)]

Rechts besteht in der Erregung oder Unterdrückung von Motiven zu Handlungen oder Unterlassungen.

Eine Rechtsnorm z. B., wonach dem unrechtmäßigen Besitzer oder Pächter gewisse für das Gut gemachte Aufwendungen, wie Remonte oder Errichtung eines notwendigen Gebäudes, vom Eigentümer nach Wiedererlangung des Gutes ersetzt werden sollen, beseitigt die Befürchtung dieser Subjekte, sie könnten das verwendete Kapital einbüßen, beseitigt somit das Motiv der Enthaltung von diesen Ausgaben. Eine entgegengesetzte Wirkung übt dagegen eine Rechtsnorm, wonach der Eigentümer des Gutes nicht verpflichtet ist, dem unrechtmäßigen Besitzer oder Pächter seine Ausgaben für Errichtung einer Ziegelei, einer Drainierungsanlage oder dergleichen Neuerungen und Meliorationen zurückzuerstatten, sie schafft Motive für die Unterlassung solcher Verwendungen. Verschiedene Rechtsnormen, kraft deren bei einem Rechtsstreit, beispielsweise das Eigentumsrecht an einem Grundstück betreffend, die Lage des Beklagten vorteilhafter ist, als die des Klägers, erzeugen das Bestreben, in den Besitz des strittigen Grundstücks zu gelangen, um in einem bevorstehenden oder möglichen Prozeß nicht als Kläger, sondern als Beklagter aufzutreten. Wie aber dieses Motiv, so werden auch andere Motive zur eigenmächtigen Entsetzung des tatsächlichen rechtmäßigen oder unrechtmäßigen Besitzers paralysiert durch das Institut des Besitzesschutzes. Dieses schreibt nämlich die Rückgewährung des eigenmächtig entzogenen Besitzes, die Vergütung der Gerichtskosten usw. vor, auch wenn der die Wiedereinsetzung Beanspruchende nicht der rechtmäßige Besitzer, sein Gegner vielmehr zum Besitz berechtigt ist. Auf diese Weise wird z. B. für den Eigentümer das Motiv, den Besitz durch mehr oder minder bedenkliche Mittel eigenmächtig an sich zu ziehen, beseitigt, und er wendet sich lieber an die Gerichte.

Rechtssätze, die denjenigen, der durch Verletzung eines Vertrages oder durch eine sonstige rechtsverletzende Handlung einem anderen Schaden zugefügt hat, diesem gegenüber zum Ersatz verpflichten, schaffen Motive für die Erfüllung des Vertrages resp. für die Meidung sonstigen schädigenden Verhaltens.

Gesetze, die bestimmen, daß der gutgläubige Kauf oder die Inpfandnahme eines Gegenstandes, den Erwerb des Eigentums — bzw. Pfandrechts — zur Folge hat, auch in dem Falle, daß die Gegenpartei unberechtigterweise über eine ihm nicht gehörende Sache verfügte, beseitigen Befürchtungen, die dem Abschluß solcher Geschäfte hinderlich sein, oder beim Kaufgeschäft zum Angebot eines geringeren Preises, beim Pfandgeschäft zur Forderung höherer Zinsen Veranlassung geben könnten. Ein Gesetz dagegen, das gewisse Rechtsgeschäfte für ungültig erklärt, stellt dem Abschluß der betreffenden Geschäfte ein psychisches Hindernis entgegen. Wird derjenige, der ein Geschäft dieser Art abgeschlossen, außerdem noch strafrechtlich haftbar gemacht, so ist damit ein weiteres Motiv für Enthaltung von den betreffenden Rechtsgeschäften gegeben usw.

2. Ein weiteres psychisches Produkt der Rechtsnormen ist die Veränderung der psychischen Natur (der psychischen Dispositionen) der Rechtsunterworfenen, eine Formung und Umformung des Volkscharakters. Ein rationelles Recht ist für das Volk eine ethische Schule, indem es den Volkscharakter in der wünschenswerten Richtung bestärkt und entwickelt. Ein schlechtes Recht wird die Quelle von Demoralisation sein oder jedenfalls dem gesunden ethischen Fortschritt entgegenwirken, die Entwicklung und die Blüte der ethischen Kräfte im Volke aufhalten.

Indem das Recht auf den verschiedensten Lebensgebieten das Denken und Handeln der Rechtsunterworfenen nach verschiedenen Richtungen beeinflußt, gewisse Motive anregt, andere Motive und Handlungen unterdrückt oder deren Entstehung vorbeugt, übt und kräftigt es notwendigerweise gewisse Saiten der Volksseele, schwächt und atrophiert es gewisse andere Saiten. Dies gilt nicht allein von der gesamten Rechtsordnung als solcher, die das ganze Leben und die Tätigkeit eines jeden Menschen als Mitgliedes der Familie, der Gemeinde, des Staates, als Teilhaber an der Produktion und dem Tausch wirtschaftlicher Güter usw. beherrscht und zum größten Teil im voraus bestimmt, sondern es bezieht sich in entsprechendem Maße auf jedes einzelne, wenn auch scheinbar noch so geringfügige und unwichtige Rechtsinstitut in seinem speziellen Wirkungsbereich.

Das vorhin erwähnte Institut des Besitzesschutzes, das die modernen Staaten dem römischen Recht entlehnten, hat unzweifelhaft einen Beitrag zur vorhandenen Zivilisation geleistet. Indem es Motive für Eigenmacht und andere verwerfliche Handlungen den Nachbarn und anderen gegenüber beseitigte, stets die Nutzlosigkeit und Unvernunft heimlicher oder gewaltsamer Antastungen fremden Besitzes offenbarte, mußte dieses Institut in seinem Wirkungsbereich zur Abschwächung und sogar Ausrottung roher Instinkte und Gewohnheiten beitragen, der Anerkennung und Achtung des Rechts und der persönlichen Unantastbarkeit der Mitbürger, auch wenn diese die schwächeren sind und ausreichende Mittel zur selbständigen Abwehr gewaltsamer Übergriffe nicht besitzen, förderlich sein.

Jenes System von Normen des bürgerlichen Rechts, das eine pünktliche und ehrliche Erfüllung geschlossener Verträge fördert, stärkt und entwickelt notwendigerweise das Bewußtsein der Heiligkeit eines Versprechens, der Verantwortung für die eigenen Handlungen; es beseitigt die Neigung zur leichtfertigen oder unredlichen Behandlung fremder Interessen usf.

Die oben erwähnte unmittelbare Wirkung des Rechts auf die Motive und die Handlungen der Rechsunterworfenen ist augenfälliger, deutlicher und greifbarer, als der erzieherische Effekt des Rechts, als die Bildung von festen Ablagerungen und Kristallisationen im Charakter und in der Ethik des Volkes, infolge dauernder Einwirkung der Rechtsinstitute.

Es ist ganz natürlich und erklärlich, wenn die betreffenden charakterbildenden Wirkungen der Rechtsinstitute bisher ununtersucht und unbekannt geblieben und wenn die Rechtswissenschaft und die Politik sich mit den oberflächlichen Formeln über die Wirkung des Rechts begnügte, wie die Ihering'sche Formel über den Interessenschutz u. dergl. Dies ist aber von großem Übel.

Diejenigen Handlungen und Unterlassungen, diejenigen positiven oder negativen gesellschaftlichen Erscheinungen, die das Recht bei einer gegebenen Menschengeneration hervorruft, sind vorübergehende, mit dieser Generation dahinschwindende Erscheinungen. Die festen Charakterkristallisationen vererben sich aber von Geschlecht auf Geschlecht, bilden und sichern dem Volke ein ständiges ethisches Kapital und werden ihrerseits in den unzähligen Reihen späterer Generationen zur Quelle unzähliger individueller Handlungen und sozialer Massenerscheinungen.

Unter demselben Gesichtspunkt müssen wir auch die Rechtsmängel und -fehler, die schlechten Gesetze betrachten. Jene schädlichen Handlungen, jene negativen sozialen Erscheinungen, welche die unmittelbare Folge verfehlter Rechtsnormen bilden, haben an und für sich kaum eine so hohe Bedeutung, wie das ethische Gift, das durch sie in die Volksseele eingeführt wird.

Wenn die Motive, die durch schlechte Gesetze oder durch

das Fehlen gewisser notwendiger Rechtsbestimmungen hervorgerufen werden, unsittlich sind, so werden die in ethischer Beziehung weniger starken und weniger standhaften Menschen der Versuchung nachgeben und sittlichen Schaden erleiden, der sich nicht auf den Augenblick beschränkt, sondern eine dauernde Spur in ihrem Charakter hinterläßt. Manchmal genügt ein einziger Fall der Art, um einen Menschen auf die schiefe Ebene zu bringen, die ihn unvermeidlich zum Abgrund führen wird. Die Rechtssätze haben aber einen allgemeinen Charakter; sie wirken gewöhnlich auf große Menschenmassen und zumeist wiederholt oder gar oft im Leben ein und desselben Menschen. Die Wiederholung bösartiger Motive und Handlungen erzeugt in der Psychologie der Individuen und der Massen einen um so gefährlicheren und verderblicheren giftigen Niederschlag und dieser seinerseits Reihen von neuen bösartigen Handlungen, die vielleicht verschieden von denjenigen sind, die aus dem Rechtsfehler hervorgegangen waren. Durch Nachahmung verbreitet sich die Welle mehr und mehr und durch Wiederholung bilden sich neue Kristallisationen. Wenn nun die Wirkung einer solchen demoralisierenden Norm oder eines Normenkomplexes einen besonders epidemischen Charakter annimmt, so kann die Volksethik auch in anderer Richtung Schaden leiden.

Bisher sprachen wir von den Motiven, dem Charakter, den Trieben der Menschen und eines Volkes — vom subjektiven ethischen Zustand. Unter Volksethik versteht man aber auch die Gesamtheit der objektiv anerkannten Verhaltungsregeln, den bei einem Volke oder einer Volksklasse geltenden sittlichen Katechismus. Der schädliche Einfluß der Rechtsmängel kann sich nun extensiv und intensiv dermaßen äußern, daß aus diesem Katechismus die kostbarsten und der sittlichen Gesundheit des Volkes unentbehrlichsten Seiten herausgerissen werden. Wenn die Unvollkommenheit einer Rechtsnorm oder eines Rechtssystems gewisse bösartige Handlungen so oft und so allgemein hervorruft, daß sie zur Gewohnheit und zur Regel werden, so kann bei dem Volke oder bei der betreffenden Volksklasse das Bewußtsein der Unsittlichkeit derartiger Handlungen verloren gehen, das Kapitel des Volkskatechismus, welches diese Handlungen verurteilt, sie als unredlich bezeichnet, der Vergessenheit anheimfallen. Und wenn auch an Stelle des gestrichenen Kapitels ein Kapitel entgegengesetzten Inhalts in den Sittenkodex nicht aufgenommen wird, so kommt die bösartige Regel dennoch in einem anderen Katechismus zum Vorschein, dem Kodex der Interessenpolitik, der Lebensklugheit, und setzt hier mit der Ausbreitung und der Befestigung ihrer Herrschaft ein: „So handeln alle praktischen und klugen Leute; Auflehnung bedeute Unerfahrenheit, Donquichoterei, unpraktischen Idealismus usw.“ In dieser Gestalt übt die bösartige Regel einen nicht weniger starken Druck aus, als wenn sie im ethischen Kodex figurierte. Versuche, dagegen anzukämpfen, stoßen auf Widerstand, denn sie greifen störend in bestehende Interessen oder jedenfalls in die bestehende Gewissensruhe ein; außerdem werden diejenigen Personen, die von der gemeingültigen Lebensregel keinen Gebrauch machen wollen, auch ohnehin mehr oder minder das Opfer ihrer Gesinnung, da sich die Gesellschaft der unsittlichen Regel in einer Weise anpaßt, daß für diejenigen, die sie nicht anerkennen wollen, der Kampt ums Dasein erschwert wird, beziehungsweise die „Konkurrenz“-Möglichkeit gänzlich ausgeschlossen erscheint.

Wenn z. B. in einem Handelszweig der Betrug zur allgemeinen Regel wird, so kann infolge der Konkurrenz und der Anpassung des Handels an diese Regel die Erscheinung Platz greifen, daß das betreffende Geschäft einen ehrlichen Profit überhaupt nicht oder in allzu geringem Maße abwirft und speziell durch unredlichen Gewinn aufrecht erhalten wird. Ein Händler, der nicht gewillt wäre, sich der üblichen Geschäftsmethoden zu bedienen, müßte zugrunde gehen. Mutatis mutandis wiederholt sich dieselbe Erscheinung unter den oben gekennzeichneten Bedingungen auch in anderen Lebenssphären.

Insbesondere neigt das Aktiengeschäft, wie wir später sehen werden, seinem Wesen nach sehr zur Ausbildung ethisch zweifelhafter Verfahrensarten und Praktiken. Es kommt vor, daß diese zweifelhaften Verfahrensarten und Praktiken im Aktienwesen dermaßen gang und gäbe werden, daß sie beispielsweise in einer gesetzgeberischen Kommission als vollkommen natürliche und normale Erscheinungen Verteidiger finden.

Aus dem Vorangegangenen ist zu ersehen, daß zur rechtspolitischen Beurteilung der Bestimmungen des geltenden Rechts oder zur sachgemäßen Bildung von rechtspolitischen Vorschlägen und Entwürfen eine doppelte psychologische Untersuchung unentbehrlich ist:

1. Es ist zunächst festzustellen, welche Motive und folglich welche (erwünschten oder unerwünschten) Handlungen der Rechtsunterworfenen (welche sozialen Erscheinungen) durch die zu prüfenden Rechtssätze oder deren Gesamtheit angeregt werden oder angeregt werden müssen, ob die vorgeschlagenen Normen wünschenswerte Handlungen und soziale Erscheinungen in genügendem Maße hervorrufen, beziehungsweise schädlichen Handlungen vorbeugen, ob es nicht ein Mittel gebe, das Ziel, wünschenswerte Motive zu erregen, noch vollkommener zu erreichen.

Zur Lösung derartiger Aufgaben (zum politischen Denken überhaupt) ist es offenbar notwendig, über entsprechende psychologische Kenntnisse zu verfügen. Man muß mit denjenigen Eigenschaften des menschlichen Charakters vertraut sein, deren sich das Recht zur Erregung dieser oder jener Motive, zur Veranlassung dieser oder jener Handlungen oder Unterlassungen mit Erfolg bedienen kann. Man muß ferner über den Charakter und die Wirkung der Motive selbst, durch die das Recht seine Wirkung ausübt, unterrichtet sein. Das Recht stützt sich auf verschiedene Elemente des menschlichen Charakters, sowohl egoistische wie altruistische, und operiert demgemäß mit verschiedenen Motiven, „Gefühlen“ und „Trieben“ wie z. B. dem Gefühl der Achtung des Rechts als solchen, der Liebe zum Vaterlande, zu den Verwandten, zum Menschen überhaupt, der Furcht vor der Strafe, vor dem Tadel der öffentlichen Meinung, dem Streben, vorwärts zu kommen, dem Streben nach Macht, nach Gewinn usw. Die Rechtspolitik muß die Motive (die Art und Weise, wie sie angeregt werden, die Bedingungen und die Intensität ihrer Wirkung usw.) zu erkennen suchen, als ihre Verbündeten und ihre Feinde, d. h. sofern sie entweder als positive Kraft zur Erreichung eines gegebenen wünschenswerten Zweckes zu gebrauchen sind, oder ein Hindernis und einen Widerstand bereiten — als negative Kraft, die bewältigt und jedenfalls berücksichtigt werden muß.

Insofern eine Rechtsnorm ihre Wirkung nicht bloß auf einzelne Individuen als solche ausübt, sondern eine gewisse psychische Reaktion bei einer größeren oder kleineren Menge von Individuen als solcher, bei einem mehr oder minder solidarischen Kreise von Individuen (z. B. einer politischen Partei, einer wirtschaftlichen Gesellschaftsklasse, einer Börsen-, einer Universitäts-Körperschaft und dergl.) hervorruft, so kann eben infolge einer derartigen gleichmäßigen Einwirkung auf eine Menge von Individuen, die ihre Ansichten untereinander austauschen, das Ergebnis ein anderes werden, als bei individueller Einwirkung. Die Wirkung eines Motivs kann dabei ihren Charakter ändern oder sich potenzieren und bisweilen die wünschenswerte Intensitätsgrenze überschreiten, oder im Gegenteil paralysiert werden und in einmütige Opposition umschlagen. Demgemäß erfordert eine bewußte Rechtspolitik auch das Studium und die Kenntnis der Massenmotivation.

Gewöhnlich sind menschliche Handlungen das Ergebnis von Kombinationen verschiedener übereinstimmender oder einander bekämpfender Motive. Darum muß man die Wechselwirkung der verschiedenen Motive, den Kampf entgegengesetzter und die übereinstimmende Wirkung gleichartiger Motive usw. untersuchen.

Kurz, zur Begründung und gedeihlichen Entwicklung einer Wissenschaft der Rechtspolitik bedarf es eines systematischen und methodischen Studiums jener psychologischen Kräfte und Gesetze, durch die der Einfluß des Rechts auf die individuelle und die soziale Motivation und Handlungsweise bestimmt wird. Es bedarf der Ausbildung einer Lehre, die wir als rechtliche Motivationslehre bezeichnen können.

Solange eine derartige wissenschaftlich, methodisch und systematisch ausgebaute Lehre nicht vorhanden ist, ist der Rechtspolitiker auf diejenigen psychologischen Kenntnisse angewiesen, die er der Selbstbeobachtung, der Beobachtung fremden Betragens, der allgemeinen Lebenserfahrung und ähnlichen Quellen entnimmt. Jedenfalls aber sind die für eine sachgemäße rechtspolitische Schlußfolgerung erforderlichen Grundprämissen psychologischer Natur. Auf Grund eines gegebenen allgemeinen motivologischen Satzes (Obersatz) wird im konkreten Falle (Untersatz) das psychologische Resultat der zu prüfenden rechtspolitischen Maßnahme abgeleitet. Dies ist der logische Weg, auf dem man z. B. zur Ermittlung und Begründung des obenerwähnten Satzes kommt, daß ein Gesetz, wonach dem Pächter die für gewisse Verbesserungen gemachten Aufwendungen nicht erstattet zu werden brauchen, zur Folge haben würde, daß der Pächter solche Verbesserungen unterließe.

Zur Gewinnung möglichst sicherer rechtspolitischer Schlüsse soll die Rechtspolitik neben der psychologischen Deduktion so weit wie möglich, subsidiär auch die Induktion anwenden. Wir können hier auf die für die Zwecke der Rechtspolitik geeigneten faktischen Daten und die Methoden ihrer induktiven Bearbeitung nicht des näheren eingehen.[2]) Nur zur Veranschaulichung mag als das einfachste Beispiel der Fall angeführt werden, daß die von uns auf deduktivem Wege abgeleiteten Folgen eines Rechtssatzes bereits dort, wo der betreffende Rechtssatz gilt oder gegolten hat, tatsächlich eingetreten sind. Die Aufgabe der induktiven Forschung besteht hier in der Feststellung, ob die fragliche Rechtsnorm wirklich die psychologische Kraft, die Ursache war, welche die betreffende statistisch oder anders konstatierte soziale Erscheinung ins Leben gerufen hat. Auch der umgekehrte Weg der Forschung ist möglich. Wir gehen zunächst und unabhängig von der dedukiv-psychologischen Bestimmung der Folgen unseres Rechtssatzes, von der Tatsache aus, daß nach dessen Einführung in anderen Ländern bestimmte Erscheinungen konstatiert worden sind und gelangen mittelst induktiver Verarbeitung des uns zur Verfügung stehenden Tatsachenmaterials zu dem Ergebnis, daß die Ursache dieser Erscheinungen eben in der Geltung unseres Rechtssatzes bestand. Welchen Forschungsmodus wir aber auch wählen mögen, stets müssen wir den psychologischen, kausalen Zusammenhang zwischen dem Gesetz und seinen Folgen ermitteln. Erst nachdem wir einen solchen kausalen Zusammenhang festgestellt haben, ist uns die Gewißheit gegeben nicht nur, daß die betreffenden Erscheinungen in anderen Ländern durch unseren Rechtssatz verursacht worden, sondern auch, daß bei uns im Falle der Einführung des fraglichen Rechtssatzes die gleichen oder andere Wirkungen zu gewärtigen sind, je nachdem die Bedingungen der Wirkung des Motivs, das die Folge des Gesetzes und die Ursache der Handlungen der Bürger im anderen Lande gewesen, ähnliche oder verschiedene sind.

2. Ferner ist eine Untersuchung notwendig vom Standpunkt der Einwirkung der Rechtsnormen auf den Charakter und die Ethik des Volkes oder derjenigen Gesellschaftsklasse, für die das zu beurteilende Institut speziell bestimmt ist.

Rechtsnormen, die vom oben besprochenen Standpunkt der Beeinflussung unseres Verhaltens belanglos oder positiv nützlich erscheinen, können vom erzieherischen Standpunkt aus schädlich sein, und umgekehrt. Unschädlich vom ersteren Standpunkt aus sind beispielsweise solche Rechtsnormen, die tatsächlich einen Einfluß auf das Verhalten

---

[2]) Vgl. Lehre v. Einkommen Bd. II S. 581 ff.

der Bürger nicht ausüben, weil die betreffende Norm in die Psychologie der Menschen, für die sie gelten soll, nicht eingreift, die gewünschte psychische Reaktion nicht herbeiführt und daher auch das Verhalten der Bürger nicht modifiziert. Zahlreiche Beispiele dieser Art finden sich unter anderem in der Geschichte der Börsengesetzgebung. Charakteristische Eigentümlichkeiten der Börse sind die hohe Intensität der Motive, durch die das Verhalten der Beteiligten bestimmt wird, und die große Solidarität der Börsengemeinschaft, sowie der starke psychische Druck, den sie auf gewissen Gebieten des Verhaltens, insbesondere hinsichtlich der Beobachtung bestimmter Regeln und Usancen, auf ihre Mitglieder ausübt. Es bedarf einer feinen rechtspsychologischen Technik, um die hier waltenden intensiven psychischen Kräfte den Absichten des Gesetzgebers dienstbar werden zu lassen. Auf diesem und ähnlichen Gebieten kommt es häufig vor, daß Gesetze erlassen werden, die von denjenigen, für die sie bestimmt sind, einfach ignoriert werden. Der Gesetzgeber verbietet z. B. und erklärt für nichtig eine gewisse Kategorie von Börsengeschäften; in Wirklichkeit aber werden diese Geschäfte, der Tendenz des Gesetzes zuwider, an der Börse weiter geschlossen und genießen eine solche psychische Unterstützung, wie sie ihnen in diesem Grade durch eine noch so entschiedene Sanktionierung ihrer Gültigkeit von seiten des Gesetzes nicht zuteil werden könnte. Keiner wagt, oder denkt auch nur daran, sich auf das Gesetz zu berufen.

Das Aktienwesen liefert viele Beispiele von geltenden oder projektierten Normen, die von keinerlei Sanktion begleitet werden (weder zivilrechtliche noch strafrechtliche Verantwortung nach sich ziehen), daher auch ignoriert werden können, ohne daß für denjenigen, der die vorgeschriebenen Regeln verletzt, irgend welche Folgen daraus entstehen. Desgleichen begegnet man hier häufig Beispielen einer flagranten Verletzung der Rechte und Interessen von Personen, denen das Gesetz wohl formell Rechte und Mittel zu deren Behauptung verleiht, weil sich diese Mittel nämlich in Wirklichkeit vielfach als unrealisierbar erweisen.

Belanglos vom Standpunkt der rechtlichen Motivation sind ferner diejenigen Gesetze, die umgangen werden und insofern nicht wirken. Die Geschichte des Aktienwesens ist besonders reich an Beispielen von Gesetzen, die sich infolge der Möglichkeit ihrer Umgehung als unwirksam erwiesen haben. Der psychologische Mißgriff der Gesetzgebung besteht in diesem Falle darin, daß der Wirkung eines bestimmten, dem Gesetzgeber unerwünschten Motives eine Schranke gesetzt wird, diese Schranke aber eine Lücke hat, durch die jene Kraft, deren Lähmung der Gesetzgeber bezweckte, zum Durchbruch kommt.

Alle angeführten und ähnliche Arten von Normen, die vom Standpunkt der unmittelbaren Einwirkung auf die ihrer Herrschaft unterliegenden Gebiete sozialer Erscheinungen indifferent erscheinen, sind indes vom Standpunkt ihrer allgemeinen ethischen Bedeutung bei weitem nicht belanglos; denn sie wirken notwendigerweise zersetzend auf jenes kostbare und für die Gesundheit und die normale Funktion der gesamten Rechtsordnung besonders unentbehrliche Element der Ethik und der Kultur eines Volkes, das man Rechtsbewußtsein, Gefühl der Heiligkeit und Unverbrüchlichkeit des Rechtes als solchen oder ähnlich nennt. Zur Festigung und Ausbildung dieses ethischen Elementes bedarf es einer ständigen und ununterbrochenen Assoziation der Ideen des Gesetzes und seiner unentwegten Befolgung. Nur unter dieser Bedingung und nach Maßgabe ihrer Verwirklichung kristallisiert sich diese Ideenassoziation zu einem kräftigen Instinkt der Notwendigkeit der Rechtsbefolgung, zu einem festen Gefühl der Heiligkeit und Unverbrüchlichkeit der Gesetze. Die angeführten Gesetzesarten bewirken aber eine Spaltung zwischen der Idee des Gesetzes einerseits und der Idee seiner Anwendung andererseits, und erzeugen Vorstellungen und Instinkte, die das ethische Ansehen, sowie den Einfluß der gesamten Rechtsordnung mindern, ganz abgesehen von der spezifischen moralischen Schädlichkeit, die einigen von den angeführten Kategorieen mißglückter Gesetze anhaftet, wie z. B. die Gewöhnung an listige Schliche unter dem Einfluß leicht zu umgehender Gesetze, die Erbitterung mancher über die offenbare Mißachtung ihrer Rechte, die Apathie anderer in bezug auf die Wahrnehmung ihrer Rechte, als Folge eines ungeschickten oder mangelhaften Schutzes der Rechte der Minderheit und einzelner Beteiligter bei Aktienunternehmen u. dgl. m.

Ferner haben wir darauf hingewiesen, daß ein vom Standpunkt seiner unmittelbaren Wirkung nützliches Gesetz, sich vom ethischen Standpunkt als schädlich erweisen kann. Die Erleichterung der Aufdeckung von Verbrechen und Mißbräuchen ist an sich sehr wünschenswert. Die Gesetze aber, welche die Erreichung dieses Zweckes durch Begünstigung des Denunziantenwesens, durch Androhung einer Strafe für Unterlassung der Denunziation, bzw. Gewährung besonderer Geldprämien oder anderer Vorteile an Denunzianten und sonstige Privatankläger fördern würden, sind vom Standpunkt der ethischen Kultur aus sehr schädlich.[3])

Dergleichen Kollisionen, und zwar mitunter nicht weniger drastisch als unser Beispiel, wiederholen sich des öfteren auf dem Gebiete der Politik im allgemeinen und der Gesetzgebungspolitik im besonderen. Das Wesen der sogenannten „Realpolitik“, der „Interessenpolitik“ usw. besteht darin, daß die großen Prinzipien, die Ideen der Humanität, der Gerechtigkeit, der Gleichheit, ja sogar der elementaren Redlichkeit den materiellen, unmittelbaren Interessen geopfert werden, wobei keine Rücksicht darauf genommen wird, wie die entsprechenden Maßnahmen auf die Ethik der Volksmassen rückwirken. Dieser Realismus und diese „praktische Richtung“ beherrschen gegenwärtig leider auch die Rechtswissenschaft[4]) und kommen in den neuen Produkten der Gesetzgebung zum Vorschein.

Ausgiebige Gelegenheit zur Kollision zwischen der prinzipiellen und einer mehr opportunistischen Anschauungsweise bieten u. a. die Fragen der Aktiengesetzgebung, wie es sich z. B. in den Sitzungen der „Allerhöchst eingesetzten Kommission für Revision der bestehenden Gesetzesbestimmungen über Börsen und Aktiengesellschaften“ gezeigt hat. Wir wollen hier übrigens zur vorläufigen Veranschaulichung uns eines Beispieles aus dem neutraleren Gebiete bedienen und ein sehr bezeichnendes Gutachten des Vorsteher-Amtes der Königsberger Kaufmannschaft an den preußischen Handelsminister anläßlich der Revision des deutschen Aktiengesetzes von 1870 anführen. Die Königsberger Kaufmannschaft erklärte nämlich in ihrem Gutachten, die Erweiterung der im Gesetze von 1870 enthaltenen Garantieen gegen Umgehungen, Täuschungen und Mißbräuche sei im allgemeinen wünschenswert, „aber nur insoweit, daß dadurch der Assoziation des Kapitals und der Errichtung von Handelsunternehmungen und insbesondere von industriellen Etablissements keine zu großen Schwierigkeiten in den Weg gelegt werden.“

Ein und dieselben Handlungen können durch verschiedene Motive hervorgerufen werden. So z. B. können Eltern ihr Kind zum

---

[3]) Vgl. z. B. die alten act. populares, caducorum vindicatio u. dgl.

[4]) Seit dem Verfall der Naturrechtsschule, hauptsächlich seit der Verbreitung der Lehren von Ihering.

Schulbesuch und zu fleißigem Lernen durch Prügel, Drohungen und Einschüchterung anhalten. Zu demselben Zwecke können sie materielle Belohnungen, Geldgeschenke für fleißiges Arbeiten u. dergl. aussetzen. Statt dieser Mittel kann man das Kind auch dadurch beeinflussen, daß man seine Eitelkeit oder seinen Ehrgeiz anspornt oder an sein Ehrgefühl appelliert. Man kann auch die Liebe zur Arbeit als solche oder die Bestrebung, fleißig zu lernen und eigene Fähigkeiten zu entwickeln, um nachher anderen und der ganzen Gesellschaft nützlich zu sein, als Motive zu verwenden versuchen. Es ist nun klar, daß die Wahl dieser oder jener von den angeführten Mitteln der psychischen Einwirkung auf das Kind die Entwicklung seines Charakters und seiner Lebensauffassung wesentlich beeinflussen muß. Andererseits ist es zu beachten, daß der Erzieher nur innerhalb gewisser Grenzen in der Wahl der Mittel zur Einwirkung auf den Zögling frei ist. Je nach dem Charakter des seiner Leitung und Erziehung Anvertrauten, wird er von Anfang an ausschließlich sanfte und freundliche Mittel anwenden, die edlen Saiten in der Seele des Zöglings berühren, oder er wird, bei dem Mangel oder bei zu schwacher Entwicklung bzw. Atrophie dieser „edlen Saiten“, sich zu weniger sympathischen Maßnahmen veranlaßt sehen, er wird z. B. eine gewisse Strenge und sogar harte Strafen anwenden, indem er natürlich hofft, nach Disziplinierung des Charakters, des Verhaltens und der Gewohnheiten mittels schärferer Maßnahmen, allmählich zu einer milderen und sympathischeren Motivation und Pädagogik übergehen zu können. Einen unermeßlichen Schaden würde aber seinem Zögling der Erzieher zufügen, der bei vorhandener Möglichkeit, eine edlere Motivation anzuregen, gröbere Mittel der Beeinflussung gebrauchen, die minderwertigen Saiten der Seele des Zöglings in Schwingung versetzen wollte.

Die angeführten wichtigen Prinzipien der Pädagogik gelten mutatis mutandis auch für das Recht und die Rechtspolitik. Und demjenigen, der das moderne Recht und seine Entwicklungsgeschichte unter diesem Gesichtspunkte zu deuten versuchte, würde sich ein merkwürdiges, nicht allein in intellektueller Beziehung, sondern auch vom Standpunkt der ethischen Weltanschauung, insbesondere des Glaubens an den ethischen Fortschritt der Menschheit, überaus belehrendes und interessantes geschichtliches Schauspiel darbieten. Die Geschichte des Rechts zeigt uns die im Laufe der Zeit langsam, doch unablässig sich vollziehende allmähliche

Verschiebung des gesamten Systems der sozialen Motivation von den niedrigeren und gröberen Saiten auf die höheren und edleren; sie zeigt uns, auf welch niedrige, den tierischen Instinkten nahestehende Psychologie das primitive Recht zugeschnitten war, und wie es nach und nach das Objekt seiner Behandlung sozusagen günstiger beurteilte, seine Wirkungsmethoden veränderte, entsprechend dem Fortschritt der ethischen Kultur in der seiner Leitung anvertrauten Gemeinde. Die quellenmäßige Geschichte des Rechts liefert uns, wenn man es psychologisch zu deuten versteht, einen ebenso quellenmäßigen Nachweis der Entwicklung und des Fortschritts der menschlichen Ethik, an die sich das Recht notwendig und auf eine natürliche und unbewußte Weise anpaßte und die es solchermaßen indirekt, jedoch zweifellos wiederspiegelte.[5]) Das psychologische Studium und die Erklärung der Rechtsgeschichte — unter dem angedeuteten Gesichtspunkt durchgeführt — würde dokumentarisch und apodiktisch den Skeptizismus in bezug auf den ethischen Fortschritt widerlegen, der heutzutage in der Wissenschaft herrscht und dem Ausbau einer weisen und weitsichtigen Politik, die sich ein hohes Ideal zu schaffen und die Mittel, es zu erreichen, zu erkennen vermöchte, im Wege steht. Für viele ethisch und intellektuell gebildete Menschen wird vielleicht der Lebenspfad durch den Glauben an den sittlichen Fortschritt der Menschheit und an ihre Annäherung an das Ideal der ethischen Vollkommenheit erhellt. Die moderne „exakte" und ihrer Richtung und ihren Ausgangspunkten nach überhaupt skeptische Wissenschaft beantwortet diese Frage in einer Weise, die kaum erfreulicher klingt, als die bekannte Ansicht von Buckle, der den Fortschritt im Bereiche der Ethik aufs entschiedenste verneinte. Der moderne „wissenschaftliche" Standpunkt dieser Frage gegenüber wird richtig durch die Bemerkungen von A. Wagner ausgedrückt, wonach „auf eine durchschnittliche Verbesserung der sittlichen Lebensanschauungen und der davon bedingten Handlungen der Menschen, auch der Bevölkerung in unseren sog. „zivilisierten" Ländern, leider wenig hinweist. Ebensowenig freilich läßt sich das Gegenteil sicher nachweisen." Wagner selbst neigt, obgleich er die Unmöglichkeit, mit wissenschaftlicher Gewißheit einen Rückgang der Sittlichkeit nachzuweisen bekennt, anscheinend dieser pessimistischen Ansicht

---

[5]) Vgl. Lehre v. Einkommen, Bd. II, Anhang.

zu.[6]) Und vom wissenschaftlichen Standpunkt ist dieser Skeptizismus vollkommen naturgemäß, denn genaue und zuverlässige Beweise, die eine Entscheidung nach der einen oder der anderen Seite hin gestatteten, sind bisher noch nicht geliefert worden. Einen sicheren Maßstab zur Ermittlung und Vergleichung der Durchschnittshöhe der sozialen Ethik in verschiedenen Geschichtsperioden hat die Wissenschaft noch nicht gefunden. Einen solchen Maßstab und eine begründete Lösung der obigen für jeden Politiker und insbesondere jeden Rechtspolitiker fundamentalen Frage wird die Wissenschaft dann gewinnen, wenn sie sich zur Untersuchung und Deutung der Rechtsgeschichte wendet, als einem uns urkundlich erhaltenen Spiegelbild des Zustandes der sozialen Ethik, wie das Recht ihn in verschiedenen Kulturepochen voraussetzte und auf den es als auf die Basis und das Objekt seiner psychologischen Einwirkung und Regelung zugeschnitten war.

Einen großartigen Nachweis des ethischen Fortschritts wird die psychologische Geschichte des Rechts im ganzen, der Rechtsordnung in fundamentalen allgemeinen Zügen liefern. Dasselbe Ergebnis liefert aber auch die betreffende Untersuchung einzelner, auch kleiner und spezieller Rechtsinstitute, sofern wir an der Hand geschichtlicher Urkunden deren Entwicklung in den verschiedenen Kulturepochen verfolgen können. Und stets gewahrt man dabei vom ethisch-psychologischen Standpunkt aus einen bemerkenswerten Parallelismus der Entwicklung und die Übereinstimmung der „Zeugen“ dieser Entwicklung in ihren Angaben, selbst wenn es sich um gänzlich verschiedene und prima facie voneinander absolut unabhängige Rechtsinstitute handelt. Wenn wir z. B. die Verhältnisse zwischen dem Familienhaupte, seiner Frau und den übrigen Hausangehörigen herausgreifen und die Geschichte darüber befragen, welche Mittel und Maßnahmen das Recht in verschiedenen Kulturperioden dem Familienhaupte zu gewähren für geboten hielt, damit er imstande sei, Friede und Eintracht im Hause zu unterhalten und das Verhalten der Hausangehörigen in die gehörigen Bahnen zu lenken, so erhalten wir von den rechtsgeschichtlichen Urkunden folgenden Bescheid: auf den niederen Entwicklungstufen erstreckt sich die Gewalt des

---

[6]) Adolph Wagner, Lehr- und Handbuch der politischen Ökonomie, 1. Hauptabteilung, 3. Auflage, I. Teil. 2. Halbband, S. 898.

pater familias bis zum jus necis ac vitae. Wenn weniger energische Maßnahmen, darunter die Geißel oder die Fortgabe zum Sklavendienst ungenügend erschienen, so war das Familienhaupt berechtigt, dem Störer der Familienordnung mit dem Schwerte zu drohen, d. h. den ursprünglichsten tierischen Trieb, die Todesfurcht als Motiv in Bewegung zu setzen. Die folgende Entwicklungsstufe ist die Ausschließung der Todesstrafe und die Anerkennung nicht lebensgefährlicher körperlicher Strafen und der Fortgabe zum Sklavendienst als genügender Mittel der Einwirkung auf die Gewaltuntergebenen. Später verwandelt sich das Recht des Verkaufs in die Sklaverei in eine der Zeit und dem Grade nach beschränktere Verfügung über die Freiheit und verschwindet schließlich auch in diesen abgeschwächten Formen vollkommen. Dieselbe allmähliche Einschränkung und Milderung findet in bezug auf die körperlichen Strafen statt. Nicht bloß in diesen allgemeinen Zügen, sondern auch in den Einzelheiten und der Reihenfolge der Veränderungen war die Entwicklung des römischen, des germanischen, des russischen und anderer Rechte durchaus analog.

Wie wenig gemein mit den Familienverhältnissen hat das Obligationenrecht! Wenden wir uns aber an die geschichtlichen Quellen mit der Frage, welche Maßnahmen das Recht zu verschiedenen Zeiten für erforderlich erachtete, um die Schuldner zur Achtung der Gläubigerrechte und zur Erfüllung des obligatorischen Versprechens beispielsweise zur Rückzahlung entliehenen Geldes zu erzwingen. Nach den Gesetzen der XII Tafeln konnten die Gläubiger den Schuldner nach Verhältnis ihrer Forderungen in Stücke schneiden. Später begnügte sich das römische Recht mit der Bedrohung der persönlichen Freiheit (Verkauf in die Sklaverei), dann mit Vermögensstrafen (so die Verurteilung des säumigen Schuldners zur Zahlung des doppelten Schuldbetrages). In seiner weiteren Entwicklung setzt das Recht offenbar bei den Volksmassen die Ausbildung eines verhältnismäßig hohen Grades von Gewissenhaftigkeit und Redlichkeit auf dem Gebiete des Obligationenverkehrs voraus, denn es begnügt sich damit, dem Schuldner im Verzugsfalle nur die Pflicht der Vergütung des tatsächlichen Schadens aufzuerlegen, und selbst dieses relativ bescheidene Mittel des Zwanges und der Drohung wird teilweise schon im römischen, mehr noch aber im modernen Recht allmählich begrenzt und gemildert. Den gleichen Entwicklungsgang wie im römischen Recht finden wir in der Geschichte des Obligationenrechtes anderer Völker wieder.

Mit welchen Mitteln gelang es der Rechtsordnung, zu verschiedenen Zeiten, die Menschen zur Verrichtung jener schweren Arbeiten zu bewegen, die erforderlich waren, um den Lebensunterhalt und die kulturelle Entwicklung einer an Zahl und Mannigfaltigkeit wachsenden Bevölkerung zu sichern, welche psychischen Triebkräfte benutzte das alte Recht zur Erledigung der Kulturarbeit, die den Boden für den späteren wirtschaftlichen und sonstigen Fortschritt vorbereitet hat? Zu diesem Behufe wendete man auf Menschen dieselben Methoden an, nach denen bei dem gegenwärtigen Stande der Kultur die Menschen die Arbeit der Tiere erzwingen. Es arbeiteten Sklaven unter der Aufsicht von Aufsehern mit Peitschen. Und den Herren dieser Arbeiter gestattete das Recht ursprünglich nicht allein vollkommen freie Anwendung körperlicher, auch verstümmelnder Strafen als Mittel der Nötigung zur Arbeit und der Abschreckung von der Flucht und anderen Übertretungen, sondern auch das unbegrenzte Recht zur Verhängung der Todesstrafe. Die weitere Entwicklung des Rechts brachte eine allmähliche Milderung der dem Herrn gewährten Disziplinarmittel, ferner den Übergang der Sklaverei in beschränktere Formen von Unfreiheit, schließlich die gänzliche Abschaffung jeglicher Überreste der Sklaverei. Gegenwärtig besteht der Hauptantrieb zur Produktion wirtschaftlicher Güter im Streben des Menschen nach gesicherter Existenz oder Besserung der wirtschaftlichen Lage für sich und seine Familie — ein im Vergleich zur Peitsche des Sklavenaufsehers viel höherer Trieb. Das moderne privatrechtliche System der Produktion und Distribution befestigt und fördert die Arbeitsliebe und -tüchtigkeit, die Sparsamkeit, den Fleiß, das Gefühl der Verantwortlichkeit für eigenes Handeln, die Achtung der Rechte und der Persönlichkeit anderer, die Gewissenhaftigkeit im bürgerlichen Verkehr und überhaupt jene Eigenschaften „boni patris familias“, die zugleich erforderlich sind, um auch ohne einen besonderen eigennützigen Antrieb dem Gemeinwohl zu dienen.

Mit der Ausdehnung der ökonomischen Tätigkeit des Staates und anderer Kollektivwirtschaften arbeitet ein immer größerer Kreis von Bürgern nicht unmittelbar für sich, sondern als Organ des Staates und anderer Gemeinschaften für das allgemeine Wohl. Unter diesen Umständen treten das rechtliche und moralische

Pflichtgefühl und die Sorge um die Wahrung der allgemeinen Interessen in den Vordergrund. Die Sozialisation ist eine höhere Stufe der rechtlichen Motivation.

Charakteristisch ist wiederum der Entwicklungsgang der Motivation auf dem Gebiete des Staatsdienstes. Wie scharf und grob ist hier auf einer gewissen, niedrigeren Entwicklungsstufe die Motivation, wie scharfwirkende psychische Mittel werden hier zur Erreichung des erwünschten Betragens der Staatsdiener angewandt! Bann und Todesstrafe auf der einen, die reichsten Belohnungen auf der anderen Seite. Um die Fürsten, Richter und Beamten zu der Tätigkeit in fremdem Interesse anzuspornen, wird auf niedrigen Kulturstufen das System des Stücklohns angewendet. Für die Aufdeckung und Verurteilung jedes einzelnen Verbrechers wird ein besonderer Lohn für den Fürsten, den Richter usw. verabfolgt. Im Laufe der Zeit stützen sich die Staaten immer mehr auf die edleren Motive ihrer Organe, und das feste Gehalt erhält den Sinn, die Bedingungen zu schaffen, welche die Betätigung im Dienste des Gemeinwohls möglich machen. Der Stücklohn für Erledigung von Staatsgeschäften, schwerer Bann und Todesstrafe einerseits, die höchste Gunst im Falle eines Verdienstes andererseits fallen als drastisch wirkende, egoistische Anregungsmittel der Geschichte anheim.

Die Rechtsentwicklung als Barometer des ethischen Zustandes eines Volkes unterliegt übrigens einzelnen Schwankungen verschiedenen Ursprungs. Es machen sich bisweilen vorübergehende Rückwärtsbewegungen oder mehr oder minder anhaltende Stillstandsperioden bemerkbar. Bei dem gegenwärtigen Verkehr der Völker sind leicht ungerechtfertigte Nachahmungen, übereilte Sprünge und dergl. möglich. Im Falle einer Disharmonie zwischen der ethischen Kultur und dem Rechte eines Volkes treten unvermeidlich krankhafte soziale Erscheinungen ein.

Als eine Anomalie und eine sonderbare Erscheinung könnte vom oben angedeuteten Standpunkt die Geschichte der Aktiengesetzgebung erscheinen, namentlich die auf diesem Gebiete erfolgte rasche Entwicklung des strafrechtlichen Elements, das Aufkommen, die Mehrung und die Steigerung der Bedrohungen mit Kriminalstrafen. Im neuesten Aktiengesetz, dem vor kurzem durchgesehenen deutschen Handelsgesetzbuch, finden wir eine Art Kriminalkodex in der Gestalt eines besonderen Titels am Schlusse des dritten Abschnitts des zweiten Buches des Handelsgesetzbuches, der verschiedenen Teilnehmern des Aktienwesens Gefängnisstrafen, Entziehung bürgerlicher Ehrenrechte, Geldstrafen bis zu 20000 Mark u. dgl. in reichem Maße verheißt.

In diesem Falle kann aber von einer Evolution des Rechts im oben besprochenen Sinne nicht die Rede sein. Wir haben es hier mit einem vor verhältnismäßig kurzer Zeit entstandenen Institut zu tun, das jedenfalls erst in neuester Zeit eine weitergehende Anwendung in der Volkswirtschaft gefunden und dem Gesetzgeber jene besonderen Mißbräuche offenbart hat, die zu strafrechtlichem Einschreiten Anlaß geben können. Es liegt hier nicht eine allmähliche Evolution des Rechts in Übereinstimmung mit der Veränderung der sozialen Psychik vor, sondern einfach ein Bekannt- und Vertrautwerden der Gesetzgebung mit dem früher weniger bekannten Gegenstand.

Was übrigens die deutsche Gesetzgebung anlangt, so bleibt es recht fraglich, ob sie nicht in ihrer für das Aktienwesen bestimmten kriminalistischen Freigebigkeit (die in das neue Handelsgesetzbuch aus der 1884 unter dem Eindruck der Krise der siebziger Jahre entworfenen Novelle nach dem Gesetz der Trägheit übergegangen ist) zu weit gegangen ist.

Jedenfalls muß sich die Rechtspolitik darüber klar sein, daß die Drohung mit Kriminalstrafen eine sehr primitive Art psychischer Einwirkung darstellt, die auf die gröberen Züge des menschlichen Charakters berechnet ist, und daß die Aufgabe und das Ideal einer Rechtspolitik darin besteht, das psychologische Rechtskonzert auf die höheren Saiten der Menschenseele herüberzuleiten. Dies ist die Quintessenz des Rechtsfortschritts, dies ist auch, wie wir oben in Kürze andeuteten, die Tendenz der geschichtlichen Entwicklung. Je nachdem, welche seelischen Saiten wir in unser rechtspsychologisches Konzert hereinziehen und zur Reaktion und zum Erklingen bringen, fördern, üben und stärken wir die entsprechenden Charaktereigenschaften, wobei möglicherweise höhere Motive unterdrückt werden. Die stetige Angst vor Mißgunst und schweren Strafen war vielleicht für die ethisch wenig entwickelten Gehilfen der Monarchen in alter Zeit unerläßlich und regte sie mit relativ gutem Erfolge zu dem erwünschten Verhalten an, allein auf den höheren ethischen Entwicklungsstufen würde ein derartiger psychischer Druck nur die edleren Motive zurückdrängen und atrophieren, demoralisierend auf den

Staatsmann wirken und seine Tätigkeit verzerren, indem er sie vom unmittelbaren Zwecke des Gemeinwohls ablenkte und sie nach den Eingebungen der Angst vor Strafen gestaltete. Außerdem dürfte derjenige Gesetzgeber kaum zur Stärkung des Ehrgefühls, der Selbstachtung und der Achtung vor der menschlichen Person als solcher viel beitragen, der mit Gefängnisstrafen, „Entziehung der bürgerlichen Ehrenrechte" und dergl. verschwenderisch umgeht.

Zur Abschaffung möglicher Mißbräuche stehen der Zivilpolitik und speziell der Politik des Aktienrechts verschiedene Mittel zur Verfügung. Dieser Zweck kann oft dadurch erreicht werden, daß man durch eine technisch geschickte Regelung der Frage das Motiv selbst, das zum Mißbrauche treibt, beseitigt, der Versuchung den Boden entzieht. In anderen Fällen können wir z. B. durch Einführung des Prinzips der Öffentlichkeit, das Motiv der Ehre, der Scham, des Ehrgeizes und der Achtung vor der öffentlichen Meinung zu Hilfe ziehen, indem wir gleichzeitig die Versuchung zu Mißbräuchen, die ja vorwiegend im Dunkel keimt und wirkt, bedeutend abschwächen oder gar völlig beseitigen. In noch anderen Fällen können wir das persönliche wirtschaftliche Interesse des Subjekts im Sinne eines zugleich auch für das Gemeinwohl wünschenswert erscheinenden Verhaltens anregen oder steigern. Der Furcht vor Kriminalstrafen qualitativ überlegen ist auch die Befürchtung zivilrechtlicher Verantwortung, wonach der einem anderen zugefügte Schaden aus eigenen Mitteln zu ersetzen ist. Dies ist eine ethisch vollkommen natürliche und normale Maßregel, die eine klare und vernünftige Kausalverbindung zwischen unserer Handlungsweise und den uns daraus erwachsenden Folgen herstellt, die Ideenassoziation zwischen unseren eigenen Interessen und den Interessen der Nächsten, der Gesellschaft erstarken macht.

Solcher und ähnlicher rechtlicher Mittel sollen wir uns auf dem Gebiete der Zivilpolitik nach Möglichkeit bedienen und uns damit auch nach Möglichkeit begnügen, ohne Zuhilfenahme des Strafgerichts oder anderer der Natur des bürgerlichen Verkehrs fremder Einmischungen, z. B. der administrativen Bevormundung (Konzessionsystem usw.), die naheliegenden und unmittelbaren, in konkreten Fällen vielleicht praktischen und nützlichen Zwecken und Absichten zuliebe, jene entferntere jedoch tiefergehende ethische Wirkung der Normen des Zivilrechts, die eine weitsichtige Rechtspolitik besonders hoch anschlagen und an erster Stelle berücksichtigen muß, verderben.

Besonders im Hinblick auf die Wahl der Mittel für die gesetzgeberische Einwirkung und Beeinflussung würde es von Nutzen sein, eine Wissenschaft der Rechtspolitik und jene psychologische Teildisziplin derselben ins Leben zu rufen, die wir „Rechtspädagogik“ nennen möchten und die sich mit der methodischen und systematischen Untersuchung der ethischen und überhaupt der kulturellen, dauernden und organischen Wirkung verschiedener Rechtsmittel und Methoden der Rechtspolitik auf die Bewegung und die Entwicklung der Volkspsychik beschäftigen würde.

Um das oben charakterisierte doppelte psychologische Konzert auf dem Gebiete eines Rechtsinstituts mit Erfolg zustande zu bringen, muß der Gesetzgeber den psychischen Boden, den er auf dem betreffenden Sozialgebiete vorfindet, kennen lernen. Jedes Rechtsinstitut besitzt infolge der ihm eigentümlichen Beschaffenheit seiner Grundprinzipien und der sozialen Unterlage, auf der es Wurzel faßt und sich entwickelt, sozusagen eine eigene Seele, gewisse psychologische Eigentümlichkeiten und ihm innewohnende psychische Kräfte, mit denen der Gesetzgeber zu rechnen hat.

Die Psychik der Aktiengesellschaft ist, wie wir weiter sehen werden, eine höchst eigenartige. Namentlich herrscht darin ein eigentümlicher psychischer Zug, der den Brennpunkt der Aufmerksamkeit und der Wirksamkeit des Gesetzgebers bilden muß und die psychologisch-politische Grundaufgabe der Aktiengesetzgebung bestimmt.

II.

Die Natur der Aktien und die Tendenz der optimistischen Überschätzung des reellen Wertes von Aktien.

Das Angebot einer Aktie ist das Angebot der Aktionäreigenschaft. Vom Standpunkt seiner Beziehung zum Unternehmen gilt der Aktionär als Unternehmer und wird als solcher bezeichnet. Den anderen Aktionären gegenüber tritt der Erwerber einer Aktie, nach der üblichen Terminologie, die in einem auf Aktien gegründeten Unternehmen das Vorhandensein einer Gesellschaft (Aktiengesellschaft, société anonyme, società per azioni, company limited by shares) feststellt, in das Verhältnis eines Gesellschafters.[1])

Sowohl in der einen wie in der anderen Beziehung bedeuten diese Terminologie und diese Begriffe, auf das Aktienwesen angewendet, statt einer richtigen Charakteristik, die Entstellung des Wesens der Sache; sie rufen irrige Vorstellungen hervor und erscheinen überhaupt ebenso vom juristischen, wie vom wirtschaftlichen und vom psychologischen Standpunkte aus haltlos.

Vom juristischen Standpunkt sind es keineswegs die Aktionäre und überhaupt keine physischen Personen, die das Subjekt des Unternehmens, den Unternehmer darstellen, sondern es ist dies die Aktiengesellschaft, eine juristische Person. Diese letztere erscheint ausschließlich als das Subjekt jener juristischen Handlungen (wie Käufe, Verkäufe, Anleihen ....), die in den Wirkungskreis des Unternehmens hineingehören; sie allein ist das aktive Subjekt aller Rechte und das passive Subjekt aller Pflichten, aus denen sich die juristischen Aktiva und Passiva des Unternehmens zusammensetzen. Die Eigentumsrechte, die Forderungsrechte, die Klagen u. dergl. stehen nicht den Aktionären, sondern der von ihnen verschiedenen Person des Aktienunternehmens zu. Als Schuldner und Beklagter Dritten gegenüber, die in irgend ein Geschäftsverhältnis zu dem Aktienunternehmen getreten sind, gilt gleichfalls die juristische Person, unter Ausschließung der Aktionäre.

Ebenso irrtümlich vom juristischen Standpunkt aus ist es, in den Aktionären Gesellschafter zu sehen. Um nachzuweisen, daß das gegenseitige Verhältnis der Aktionäre kein Gesellschaftsverhältnis ist, haben wir es nicht einmal nötig, die besonderen Merkmale anzuführen, die erforderlich sind, damit ein Rechts-

---

[1]) Im neuen (revidierten) deutschen Handelsgesetzbuch von 1897 beginnt der erste Titel des der Aktiengesellschaft gewidmeten Abschnittes (§ 178) wie folgt: „Die sämtlichen Gesellschafter der Aktiengesellschaft sind mit Einlagen ... beteiligt" usw. Das Statut einer Aktiengesellschaft heißt im HGB. „Gesellschaftsvertrag" (§ 182 ff.). Übrigens wird gewöhnlich eine Verschiedenheit zwischen der Aktiengesellschaft und der Gesellschaft im engeren Sinne, im Sinne von societas anerkannt.

verhältnis zwischen zwei oder mehreren Subjekten unter den Begriff der Gesellschaft gebracht werden kann. Letztere ist eine besondere Art von Obligationsverhältnis. Es besteht aber zwischen den Aktionären überhaupt kein Obligationsverhältnis. Der Aktionär hat keine Forderungsrechte gegen die anderen Aktionäre und ist ihnen gegenüber zu nichts verpflichtet. Die Aktionäre als solche befinden sich in keinerlei Schuldverhältnis zueinander, ja nicht einmal in einem wie auch immer gearteten Rechtsverhältnis; folglich kann auch nicht davon die Rede sein, ob ihre gegenseitigen Beziehungen zu der juristischen Form der Gesellschaft zu zählen sind oder nicht, ähnlich wie es verfehlt wäre, zu erwägen, ob ein gegebener Stein zu der einen Art Bäume gehört oder zu einer anderen.[2])

Die obigen Sätze haben nicht bloß eine formell-juristische Bedeutung. Die Klassifizierung der Aktionäre unter den Begriff Unternehmer kann speziell auch vom wirtschaftlichen Standpunkt nicht gebilligt werden; sie bringt einen Mißklang und einen Widerspruch auch in die wirtschaftliche Theorie mit hinein. Diejenigen Grundsätze, welche die Wirtschaftstheorie über die Unternehmung überhaupt, das Wesen, die Bedeutung und die Funktion der Unternehmer, besonders aber über das Unternehmerrisiko u. dergl. aufstellt, erweisen sich zumeist als irrtümlich, sobald man sie auf die Aktionäre anwendet. Da gewöhnlich das Wesen der Unternehmung, die Begründung und die Berechtigung des Unternehmergewinnes usw. nicht in den wirtschaftlichen Untersuchungen, deren Gegenstand das Aktienwesen ist, erörtert werden, so fällt dieser Widerspruch nicht besonders auf. Es werden aber auch zuweilen auf einigen wenigen Seiten ein und derselben Untersuchung Sätze über die Unternehmung und solche über die

---

[2]) Desgleichen ist es nicht richtig, mit Rücksicht auf den stets wechselnden Bestand der Aktionäre (besonders bei Inhaberaktien) und im Hinblick darauf, daß die Aktionäre nur einen gewissen Betrag einlegen, daß auf diesen Betrag sich ihre „Haftung beschränkt", daß sie persönliche Mühe dem Unternehmen nicht zuwenden usw. usw. — die Aktiengesellschaft als eine Vermögensassoziation, eine Gesellschaft von Kapitalien anzusehen, die sich gewöhnlich durch die Loslösung von der Persönlichkeit der Gesellschafter kennzeichne. Rechtlich ist hier überhaupt keine persönliche und keine Vermögensgemeinschaft, keine Assoziation und keine Gesellschaft vorhanden. Es entsteht tatsächlich, mittels Aktienzeichnung oder Aktienausgabe, eine Ansammlung von Kapital. Das gleiche findet aber auch bei einer Emission von Obligationen statt. Die Vermögen der Aktionäre sind ebenso unabhängig voneinander, wie ihre Persönlichkeiten.

Aktionäre als Unternehmer aneinander gereiht, die sich entschieden widersprechen. So finden wir in Schäffles Abhandlung über die Anwendbarkeit der verschiedenen Unternehmungsformen [3]) folgende Ausführungen vereinigt:

„Bei jeder Unternehmung ist beides zugleich erforderlich: die objektive Macht, Vermögen einsetzen zu können .... und die subjektive Fähigkeit zum wirtschaftlichen Einsatz und Umsatz des Kapitalvermögens. Die Vergeltung dieses doppelten, sich in beiden Seiten deckenden Produktivbeitrages des Unternehmers zur kooperativen Gütererzeugung der Nation ist der Kapitalprofit. Dieser ist .... nicht mit Zins .... zu verwechseln .... weil er abweichend vom Zins nur durch das Mitwirken des subjektiven Opfers des Risiko und der Sorge gezogen wird. ...“

„Die Verpächter, Vermieter, Zinsgläubiger unterscheiden sich vom Privatunternehmer, Aktionär .... dadurch, daß jene ohne das neue persönliche Opfer eigenen direkten Wagnisses ihr Vermögen, durch Wagnis anderer vermittelt, der Volkswirtschaft leihen, diese ihr Vermögen, das objektive Produkt früherer eigener oder fremder Arbeit, unmittelbar auf eigene Gefahr, also mit neuer persönlicher Leistung einsetzen; denn wenngleich mittelbar auch der Gläubiger wagt, so haftet doch vorher das Eigenvermögen des Schuldners für die Gefahr .... wogegen der Unternehmer, selbst noch in der scheinkonstitutionellen Souveränität des in der Generalversammlung votierenden Aktionärs, den durch sein Kapitalvermögen konzentrierten Produktivkräften Anstoß oder aber selbst volle Leitung gibt, also herrscht“.“ (S. 226 l. c.)

Nachdem der Verfasser ferner festgestellt hat, die wesentlichen und notwendigen Voraussetzungen der Unternehmung wären: 1. die objektive Voraussetzung des verfügbaren Kapitalvermögens, 2. „die subjektive Unternehmerleistung ...., die in Vermögensrisiko, Betriebsamkeit, Arbeitswerteinsatz (womit die Unternehmerarbeit, nicht die dienende Arbeit gemeint ist) besteht und als Summe persönlicher mit Sorge und Anstrengung verbundener Tätigkeit noch Arbeit im weitesten wirtschaftlichen Begriff des Wortes heißen mag“ (S. 269), und den Satz formuliert hat, daß mit der „Existenz (der objektiven Voraussetzung des

---

[3]) Seine diesbezüglichen Ansichten hat Schäffle wiederholt in seinen Werken erörtert. Wir meinen im Texte speziell seinen Aufsatz über „Die Anwendbarkeit der verschiedenen Unternehmungsformen“ in der Zeitschrift für die gesamte Staatswissenschaft Bd. XXV, S. 261 ff.

Unternehmens) des Kapitalvermögens, der Art seiner Bildung, seines Wachstums, seiner Wiederauflösung .... das Maß, die Art, die Dauer (der subjektiven Voraussetzung) des subjektiven Risikos und der subjektiven Betriebsamkeit“ eng verknüpft sind, geht der Verfasser zur Analyse dieser beiden Faktoren der Unternehmung in verschiedenen Unternehmungsformen, der Privatunternehmung, der stillen Gesellschaft, der Aktiengesellschaft etc. über.

Schon in den angeführten Ausgangspunkten der Abhandlung und in den Grundsätzen des Verfassers lassen sich scharfe Dissonanzen und Widersprüche leicht nachweisen. Der Aktionär hat ja, wie der Autor selbst angibt, nur die Möglichkeit (de jure, aber bei weitem nicht immer de facto), Einfluß auf die Geschäftsleitung zu nehmen, keinesfalls jedoch die Verpflichtung, sich irgendwie persönlich zu beteiligen, eine subjektive Leistung beizutragen. Es ist aber eben die subjektive Leistung, die der Verfasser als die unentbehrliche Voraussetzung der Unternehmung betrachtet. Damit fällt dann auch die Unterscheidung, die er zwischen dem Gläubiger und dem Aktionärunternehmer macht, nämlich daß jener ohne neues persönliches Opfer, ohne eigenes unmittelbares Risiko der Volkswirtschaft durch die Vermittlung des Wagnisses anderer sein Kapital überläßt. Dieses kann wörtlich auf den Aktionär bezogen werden, sobald man nur anerkennt, daß er die Verfügung über das Risiko an andere übertragen kann, ohne persönlich bei der Gründung oder Betriebsleitung des Unternehmens einzugreifen und ohne für dessen Schulden zu haften (was freilich auch der Verfasser nicht leugnet). Ebenso paßt auf den Aktionär die Bemerkung Schäffle's über den Gläubiger (zum Unterschied vom Aktionärunternehmer), daß dieser im Vermögen seines Schuldners — des Unternehmers — seine Sicherheit findet, der Unternehmer dagegen sein Vermögen wagt. Genau dasselbe Verhältnis besteht zwischen der Aktiengesellschaft, die mit ihrem gesamten Eigentum für ihre Schulden haftet, und dem Aktionär, der mit seinem persönlichen Vermögen für nichts einsteht und dessen der Aktiengesellschaft überlassener Kapitalsanteil durch das Vermögen der letzteren gesichert wird.[4])

---

[4]) Denselben mit einem inneren Widerspruch behafteten Satz spricht der Verfasser auf Seite 290 aus: „Ein solcher (ein Unternehmer) ist in unseren Augen auch der Aktionär . . . Alle (Unternehmer) liefern nicht bloß Vermögen gleich einem Gläubiger, sondern sie unternehmen auf eigene Gefahr ein Geschäft ohne Bürgschaft eines anderen erst haftenden Vermögens.“ Durch diese Bemerkungen

Noch deutlicher tritt der in der Theorie des Verfassers enthaltene Widerspruch hervor, wenn man verschiedene weitere Bemerkungen seiner Abhandlung betrachtet.

Nachdem wir aus den Grundlagen und der Ausgangstheorie des Verfassers auf Seite 266 ff. erfahren haben, daß das subjektive und das objektive Element der Unternehmerschaft unzertrennlich miteinander verbunden seien, sich sogar wie die beiden Seiten ein und derselben Erscheinung „decken", daß diese Verbindung die notwendige Voraussetzung der Unternehmerschaft und die Grundlage des Unternehmergewinnes bilde, lesen wir bereits auf Seite 272, daß sich bei der Aktiengesellschaft (im Gegensatz zu anderen Gesellschaften) „eine völlige Loslösung des Vermögens der Unternehmung von der Individualität der Unternehmer" zeige.

Aber nicht allein einzelne Bemerkungen, sondern der ganze Inhalt der weiteren Ausführungen besteht in einer Anhäufung von Sätzen, die den ursprünglichen Annahmen des Verfassers widersprechen. Bei näherer Erörterung des subjektiven Elements der Unternehmung in den Aktiengesellschaften erhellt es nämlich auf Schritt und Tritt, infolge einzelner vollkommen richtiger Angaben des Verfassers, daß dieses Element, d. h. die Unternehmertätigkeit, die dem Betriebe der Aktiengesellschaft seine Richtung gibt, garnicht von den Aktionären ausgeht. Der Verfasser hebt zum Beispiel hervor, daß die wichtigsten Unternehmerhandlungen, wie vor allem die Gründung des Unternehmens, von den Gründern vorgenommen werden (und nicht von den Aktionären). Dasselbe behauptet er bezüglich der „ersten Fixierung" des Kapitals der Unternehmung nach deren Konstituierung (S. 306); die spätere Betriebsleitung: das Disponieren des Kapitals, die Organisation und Kontrolle der Lohnarbeit, die Kontrolle der Material- und Werkzeugverwendung, das Rechnungswesen usw. (S. 310) erweisen sich ebenfalls als in den Händen anderer Personen, nicht der Aktionäre, befindlich u. s. f. Überhaupt, wenn sich der Verfasser mit dem subjektiven Element der Unternehmung, der für die verschiedenen Formen dieses Elements erforderlichen Autorität

---

über die Gläubiger stellt der Verfasser, ohne sich des Widerspruchs bewußt zu werden, diejenigen Merkmale auf, die auch dem Aktionär eigen sind. Der Aktionär beschränkt sich eben auf eine gewisse Einlage, ohne sein Vermögen zu wagen und findet seine Sicherheit im Vermögen der an erster Stelle haftenden Aktiengesellschaft.

usw. befaßt, so spricht er von verschiedenen Personen, am wenigsten aber von den Aktionären. Die letzteren erwähnt er nur um zu zeigen, daß alles im Aktiengesellschaftswesen nicht von ihnen, sondern von der Qualität anderer Organe abhängt. Dieser Widerspruch kann nur dadurch erklärt werden, daß der Verfasser, im weiteren Verlauf seiner Untersuchung, seine ursprünglichen Grundsätze und sein Versprechen unberücksichtigt ließ, auf das subjektive Element der Unternehmung, d. h. auf die persönliche Einlage, die der Unternehmer, in diesem Falle der Aktionär, der Unternehmung beisteuert, näher einzugehen. Der Verfasser behandelt zwar das subjektive Element in der Unternehmung, jedoch unabhängig von der Persönlichkeit derer, die er für die Unternehmer hält.

In Wirklichkeit ist aber der Aktionär weder persönlich noch mit seinem Vermögen Unternehmer. Was dieses anlangt, so ist als das wesentlichste und hauptsächlichste Merkmal des Unternehmers, die Haftbarkeit mit dem ganzen Hab und Gut, das Wagnis des gesamten Vermögens anzunehmen. Statt eines auf einen bestimmten Kapitalanteil begrenzten Risikos, haftet die Aktiengesellschaft als juristische Person tatsächlich mit ihrem ganzen Vermögen; dagegen sind die Aktionäre, ebenso wie die Gläubiger, in keiner Weise verantwortlich, sie laufen nur das Risiko, im Falle der Zahlungsunfähigkeit der Aktiengesellschaft, eine genau bestimmte Geldsumme, bzw. ein anderes bestimmtes Kapital zu verlieren.

Die Mißverständnisse, welche durch die Anwendung des Begriffs Unternehmer auf die Aktionäre in die Betrachtungen über Aktiengesellschaften eingeführt werden, beschränken sich gewöhnlich auf das rein theoretische Gebiet und verursachen keinerlei praktische Schäden. Als ein typisches Beispiel, das uns zugleich klar macht, warum die theoretische Verwirrung in den Ausgangspunkten in den praktischen Ableitungen keine Irrtümer zur Folge hat, kann hier ebenfalls die oben angeführte Abhandlung von Schäffle dienen.

Nach dem Werte und dem Reichtum ihres Inhalts, bei einem verhältnismäßig geringen Umfang, nach ihrer heute noch nicht eingebüßten Bedeutung für die Erörterung der Frage, nach der glänzenden Logik ihrer Schlüsse u. a. m., ist es eine der besten Untersuchungen auf diesem Gebiete und kann mit Recht als ein klassisches wissenschaftliches Werk gelten. Und dennoch geht diese Abhandlung von unrichtigen Grundsätzen aus. Ein derartiges Mißverhältnis zwischen den grundlegenden Ausgangspunkten und den einzelnen Schlußfolgerungen ist entstanden, weil der Autor, im Laufe seiner Untersuchung am Wesen der Sache angelangt, ohne sich dessen bewußt zu werden, von seinen Grundsätzen abwich und den ihnen widersprechenden reellen Sachverhalt richtig auseinander setzte. Die gleiche Erscheinung können wir gewöhnlich auch in den sonstigen hergebrachten Vergleichungen der Aktiengesellschaft mit anderen Unternehmungsformen und speziell mit anderen „Gesellschaften" beobachten. Aus einer Zusammenstellung der einzelnen Hinweise auf die Unterscheidung des Aktienunternehmers vom Einzelunternehmer, des Aktionärs vom Mitgliede einer offenen Handelsgesellschaft usw. ergeben sich Schlußfolgerungen, die im wesentlichen mit einer völligen Verneinung irgend einer Verwandtschaft gleichbedeutend sind. Eine richtige Formel für die Zusammenfassung der Endergebnisse einer Vergleichung des Aktionärs mit den übrigen Unternehmern wäre in dem Satze enthalten: der Aktionär unterscheidet sich von den anderen Unternehmern dadurch, daß er kein Unternehmer ist. Auch bei einer Vergleichung „des Marmors mit anderen Bäumen" würden wir kaum bei einer schädlichen technischen Konsequenz anlangen, wenngleich auch eine Parallele zwischen den spezifischen Merkmalen des Marmors und den spezifischen Merkmalen verschiedener Baumarten ein vom logischen Standpunkt recht zweifelhaftes und unzweckmäßiges Verfahren darstellen würde.

Mitunter kann aber eine derartige Gegenüberstellung der vermeintlichen Spezies ein und desselben Genus auch zu unrichtigen praktischen Schlußfolgerungen führen.

Als Beispiel einer solchen diene folgender Satz:

Alle Baumarten, außer dem Marmor, sind nützlich, weil sich jeder Baum bei kalter Witterung zum Feuern verwenden läßt. Marmor ist eine seltsame und unbrauchbare Baumart; er wärmt nicht.

Ähnliche Erwägungen finden sich nicht selten in der Literatur des Aktienwesens und manche Autoren stützen darauf und begründen damit die Forderung recht eingreifender gesetzlicher Reformen und speziell die der gänzlichen Abschaffung des Instituts der Aktiengesellschaften. Und sie waren, vom Standpunkt der herrschenden Grundanschauungen über den Aktionär als Unternehmer, im Recht und urteilten folgerichtiger, als ihre Gegner.

Und in der Tat, wenn man nun einmal von dem Gesichtspunkt ausgeht, die Aktiengesellschaften seien Unternehmen mit einer Vielheit von Unternehmern an der Spitze, die den gezogenen Unternehmergewinn untereinander teilen, zugleich aber im Unternehmergewinn (zum Unterschied vom Kapitalzins) die Belohnung für ein der Volkswirtschaft zugute gekommenes subjektives Opfer, wie z. B. die mit der Unternehmertätigkeit verbundenen Anstrengungen und Sorgen, sieht, so muß man zugeben, daß von diesem Gesichtspunkt aus das Institut der Aktiengesellschaften, als eine ungeheuerliche und ungerechte Erscheinung, zu verwerfen ist.

Denn vom herrschenden Standpunkt erscheinen die Aktionäre fürwahr als Ungetüme, als Ausnahmen inmitten der übrigen Unternehmer. Während der Einzelunternehmer, der offene Gesellschafter usw., durch seine Tätigkeit, seine Sorgen und dergl. mehr, vom herrschenden Standpunkte tatsächlich Organ der Volkswirtschaft genannt zu werden verdient und den Unternehmergewinn für seine volkswirtschaftlichen Verdienste zugeteilt erhält, genießen die Aktionäre ebenfalls den Unternehmergewinn, jedoch ohne ein aktives Eingreifen in die Geschäftstätigkeit, ohne irgend eine Unternehmerleistung.

Eine demgemäß vollkommen konsequente Logik liegt unter anderem den Philippiken von Perrot gegen das Institut der Aktiengesellschaften zugrunde. Namentlich in seiner Schrift über das Aktienunwesen [5]) geht er von der herrschenden Anschauung über Aktiengesellschaften und Aktionäre sowie von der Forderung aus, die Aktionäre müßten auch tatsächlich das sein, wofür sie gelten, sie müßten im Besonderen als die wirklichen aktiven Leiter des Unternehmens auftreten usw.; er betrachtet ferner der Reihe nach verschiedene Einzelheiten des Aktienwesens, weist auf Schritt und Tritt darauf hin, daß die Aktionäre und Aktiengesellschaften unmöglich das werden können, wozu sie nach der herrschenden Meinung berufen sind, und gelangt schließlich zu der Überzeugung, im Aktienwesen sei alles nur Schein und Trug, die Aktiengesellschaften seien ungeheuerliche, auf einer Anhäufung von Fiktionen und Unwahrheiten beruhende Schöpfungen.

Seine im übrigen sehr sinnreichen und begeisterten Aus-

---

[5]) Perrot, Das Aktienunwesen (III. Teil des Bank-, Börsen- und Aktienschwindels).

führungen sind auf einer Voraussetzung aufgebaut, die mit der Forderung guter Holzeigenschaften vom Marmor gleichbedeutend ist, und seine Schlüsse entsprechen einem Beweis der Unbrauchbarkeit des Marmors durch Vergleich mit dem normalen und wirklichen Baum; er urteilt jedoch folgerichtig und logisch, und der Inhalt seines Buches ist vom Standpunkt der herrschenden Anschauungen unwiderlegt und unwiderlegbar.

Ein ähnlicher Irrtum liegt auch folgenden üblichen Annahmen zugrunde.

Die Grundeigentümlichkeit der Aktiengesellschaft sei in dem Satze enthalten, daß ihre Teilhaber nicht die volle, sondern nur eine begrenzte Verantwortung trügen; ihre Haftung beschränke sich nämlich auf den Betrag ihrer Einlage. Während der Einzelunternehmer mit seinem gesamten Vermögen hafte und die offenen Gesellschafter persönlich und solidarisch verantwortlich seien, hätten wir es hier mit einer Ausnahme von den üblichen Grundsätzen — nämlich der beschränkten Haftung und einem für die Aktienunternehmer äußerst beschränkten Risiko — zu tun.

Diese Annahmen sind, wie aus obigem ersichtlich, als von Grund aus irrtümlich und unwissenschaftlich anzusehen. Denn in Wirklichkeit haftet im Bereiche des Aktienrechts der Unternehmer mit seinem ganzen Vermögen, in gleicher Weise wie der Besitzer einer Fabrik, eines Handelsinstituts usw. Hier, ebenso wie in anderen Unternehmungsformen, ist das gesamte Vermögen des Unternehmers dem Risiko unterworfen, nur darf man nicht übersehen, daß die Unternehmereigenschaft keineswegs dem Aktionär bzw. der Gesamtheit der Aktionäre, sondern einer von den Aktionären und deren Gesamtheit verschiedenen juristischen Person anhaftet. Was speziell die Aktionäre anlangt, so kommt „das Prinzip der beschränkten Haftung“ in Wirklichkeit überhaupt nicht in Betracht, denn die Aktionäre sind überhaupt keiner Haftung unterworfen. Ebensowenig kann von der Begrenztheit des Unternehmerrisikos die Rede sein, denn die Aktionäre als solche laufen keinerlei Unternehmerrisiko. Wir können in dieser Beziehung im Aktienwesen keinerlei Ausnahmen und Abweichungen erblicken, sei es vom Standpunkt der allgemeinen Grundsätze des bürgerlichen Rechts, sei es vom Standpunkt der gewöhnlichen wirtschaftlichen Stellung der Unternehmer.

Als allgemeines Prinzip für die juristischen Personen gilt, wie schon seit Jahrhunderten bekannt und anerkannt, der Satz:

Si quid universitati debetur, singulis non debetur, nec quod debet universitas, singuli debent.[6])

Einzelne physische Personen, einzelne Destinatäre der juristischen Person sind nicht Schuldner aus den Verbindlichkeiten der juristischen Person und haften für deren Verbindlichkeiten nicht. Nach diesem allgemeinen Grundsatz haften die Aktionäre überhaupt nicht für fremde Schulden, nämlich für die Schulden der juristischen Person der Aktiengesellschaft, ebensowenig wie der Einzelunternehmer für die Schulden seines Nachbars, der Bürger für die Schulden der Stadt haftet. Der Ausdruck „beschränkte Haftung“ ist eine fehlerhafte Formel, denn sie erzeugt die irrtümliche Vorstellung, der Aktionär hafte dennoch in gewissen Grenzen und diese Begrenzung der (in Wirklichkeit gar nicht vorhandenen) Haftung sei eine Abnormität, die mit den üblichen Grundsätzen des Rechts und der Ökonomik in Widerspruch stehe.

Der Aktionär als solcher „haftet“ nur in dem Falle, daß er eine Aktie gezeichnet, den Betrag der Zeichnung jedoch nicht voll eingezahlt hat. Unter diesen Verhältnissen haftet aber sein gesamtes Vermögen, ebenso wie das Vermögen eines beliebigen anderen Schuldners der Aktiengesellschaft. Was seine Haftung Dritten, z. B. den anderen Aktionären, den Obligationären der Gesellschaft u. a. gegenüber betrifft, so besteht eine solche in Übereinstimmung mit den allgemeinen Grundsätzen des bürgerlichen Rechts überhaupt nicht. Zur Befriedigung der Gläubiger der juristischen Person der Aktiengesellschaft kann seine Einlage verwendet, es kann zum Beispiel ein Grundstück, das er in das Unternehmen eingebracht hat, verkauft werden. Dies bedeutet jedoch nicht eine Haftung, die auf einem beschränkten Teile seines Vermögens beziehungsweise in beschränktem Maße auf der Gesamtheit seines Vermögens lasten würde, denn das eingebrachte Grundstück gehört ihm nicht mehr und bildet keinen Teil seines Vermögens. Der Gebrauch des Ausdrucks „beschränkte Haftung“ im Hinblick auf die Möglichkeit solcher Erscheinungen findet seine Erklärung in der irrigen Vorstellung, die Aktionäre „beteiligten sich mit Einlagen“ an einer Gesellschaft, die zwar keine Sozietät im gewöhnlichen Sinne, im Sinne einer persönlichen Vereinigung, d. h. der Vereinigung bestimmter Personen, sondern die

---

[6]) Fr. 7 § 1. Digestorum, Quod cujuscumque univ. 3, 4, Ulpianus libro 10 ad edictum.

Assoziation von einzelnen Vermögen, eine Compagnie und eine Gesellschaft von Kapitalien darstelle, deren Subjekte die fortwährend wechselnden und gegenseitig zu nichts verpflichteten Aktionäre seien.

Desgleichen ist es fehlerhaft, zu behaupten, daß das Risiko des Aktionärs als solchen sich auf seine Einlage beschränke. In Wirklichkeit ist das, was er eingelegt, garnicht mehr sein Gut, und damit läuft er kein Risiko. Außerdem, wenn wir uns an verschiedene Aktionäre mit der Frage wendeten, was sie eingelegt, was sie riskierten, worauf sich ihr Wagnis bezöge, so würden wir zunächst wohl die Antwort hören, sie hätten keinerlei Einlage in die Aktiengesellschaft gemacht, die Aktien vielmehr bei der Bank, an der Börse usw. gekauft; der Betrag, den sie für die Aktie gezahlt hätten, wäre ein anderer gewesen, als derjenige der Einlagen der ersten Zeichner, und ihr Wagnis und ihre Sorge gingen dahin, der Kurswert, der Marktpreis ihrer Aktie könnte fallen usw. Was immer auch den Gegenstand ihrer „Gefahr" und ihres Risikos ausmachen mag, dieses Risiko darf in keinem Falle Unternehmerrisiko genannt werden, und es ist nicht angebracht, für diese Erscheinung eine besondere Kategorie des „beschränkten" Unternehmerrisikos einzuführen. Wenn ich jemand 100 Rubel borge, so laufe ich die Gefahr, bei Zahlungsunfähigkeit des Schuldners den mir von ihm geschuldeten Betrag nicht zu erhalten, und in diesem Sinne habe ich ein Risiko, das sich auf den Betrag von 100 Rubel beschränkt; es wird aber keinem einfallen, ein solches Risiko mit dem Begriff des Unternehmerrisikos zu verwechseln. Nur wenn es sich um Aktionäre handelt, verfällt die Literatur in eine derartige Vermengung gänzlich verschiedener Begriffe.

Und aus dieser Begriffsvermengung ist die Waffe gegen das Institut der Aktiengesellschaften geschmiedet worden.

Danach wären die Aktionäre „privilegierte" Unternehmer. Ihr Privilegium bestünde in dem Prinzip der beschränkten Haftung. Jeder gewöhnliche Unternehmer genösse Vorteile und die volle Freiheit, dafür trüge er aber auch die volle Verantwortung. „Die Privilegien zerstören die Staaten und die gesellschaftliche Ordnung und sind also zu beseitigen."[7]) Es werde behauptet, daß die Untersagung von Aktiengesellschaften dem Grundsatze

---

[7]) Perrot l. c. Seite 179.

der Freiheit widerspräche. Was wäre das aber für eine Freiheit, die nicht in der Verantwortlichkeit ihr Gegengewicht fände? Im Wirtschaftsleben sei es eben die volle Verantwortung des Unternehmers, die der Gesellschaft als Garantie gegen Freiheitsmißbräuche diene, das Hauptmotiv für den wirtschaftlichen Erfolg der Unternehmung und die Grundlage bilde, auf der allein die Einführung und die Anerkennung der Freiheit möglich sei.

Perrot befremdet es, wie Menschen, die das Vorhandensein von Privilegien im Aktienrecht, und zwar im eigentlichsten Wesen und Grundprinzip dieses Rechts, nicht bestreiten, es dennoch als im modernen Staate zulässig gelten lassen. Speziell über Lasker und dessen berühmte Rede vom 4. April 1873 läßt er sich in folgender Weise aus:

„Auch Herr Lasker erkennt in seiner Rede vom 4. April 1873 ausdrücklich an, daß „die Aktie mit zu vielen Privilegien ausgestattet ist, um ihr völlig freie Hand zu lassen". Wie passen nun solche Klassenbevorzugungen, solche enorme Bevorzugungen überhaupt zur modernen Staatsraison und Volkswirtschaft? — Art. 4 der preußischen Verfassung besagt z. B. „Alle Preußen sind vor dem Gesetze gleich." — Wie kommt man dazu, mittelst Aktiengesetzes Klassenprivilegien zu statuieren und warum greift Herr Lasker diese Privilegien als solche nicht an?" . . . (S. 179.)

„Mit Redensarten von „Attentat auf die Freiheit der wirtschaftlichen Bewegung" wolle man uns also gütigst verschonen. Unser Aktiengesetz ist keine „Freiheit" für das Volk, für die Gesamtheit, sondern lediglich ein Privilegium für die Geldmacher und die „sehr ehrenwerten" Schwindler der Fondsbörse, am meisten aber für die großen Bankiers und Geldinstitute." (S. 180.)

Mit Bezug auf die herrschende Meinung bemerkt er ferner, daß

„Dieser Mut und Ernst der Logik . . . . . in unserer Zeit, wesentlich mit infolge der destruktiven Einwirkungen des Aktienwesens, in immer größeren Kreisen der Bevölkerung völlig zu schwinden beginnt. Auch die Logik des Denkens, die Ehrlichkeit des Schlußfolgerns, wird durch das Aktienwesen korrumpiert." (S. 182.)

Was nun die Motive anlangt, welche Gelehrte und Staatsmänner daran hindern, logisch zu denken und aus anerkannten Prämissen Schlüsse zu ziehen, so befindet sich Perrot natürlich im Irrtum, jedenfalls aber übertreibt er stark; doch im allgemeinen können seine Schlußfolgerungen bei Übereinstimmung mit seinen

Hauptprämissen nicht widerlegt werden. Was andere von diesen logischen Folgerungen abhielt, war wohl hauptsächlich der richtige praktische Sinn, der praktische und politische Takt, der nicht einmal den Gedanken einer vollen Abschaffung des Aktienrechts aufkommen ließ, wenn dies auch ein aus richtigen Obersätzen folgerichtig gezogener Schluß zu sein schien.

Übrigens ist es Perrot nicht allein gewesen, der den Mut hatte, aus den herrschenden Anschauungen und Formeln den logisch richtigen Schluß zu ziehen.

Von hoher Bedeutung für die Bewegung, die in Deutschland in den siebziger Jahren des vorigen Jahrhunderts zugunsten einer Reform des Aktienrechts entstanden war, hatte sich unter anderem das im Jahre 1872, noch vor Ausbruch der Aktienkrisis abgefaßte Gutachten der Kommission der Handels- und Gewerbekammer zu Chemnitz erwiesen.

Die Kommission ging davon aus, daß die volle Verantwortung des Unternehmers für den Erfolg oder den Mißerfolg des Unternehmens die unentbehrliche Voraussetzung für die gesunde Entwicklung der Industrie bildete, daß die Befreiung der Aktionäre von der vollen Haftbarkeit ein Ausnahmerecht und eine Bevorzugung bedeutete, und erklärte sich prinzipiell für die Beseitigung dieser Abnormität.

„Es zeigen sich aber auch bereits," heißt es unter anderem in dem Gutachten, „alle Mißstände, welche das Privilegienwesen zu allen Zeiten in seinem Gefolge gehabt hat und welche in jedem Lehrbuch der Volkswirtschaft nachgelesen werden können.[8])

Der Bericht der Chemnitzer Kammer erregte seinerzeit nicht wenig Aufsehen und es wurde dagegen von verschiedenen Seiten Einspruch erhoben. Eine eigentliche Widerlegung der Beweisführung des Berichtes ist durch diese Einsprüche jedoch nicht erfolgt. Statt einer Widerlegung wurde der Einwurf gemacht, keine Gesetzgebung könnte vor geschäftlicher Unsolidität schützen, Aktiengesellschaften wären auf dem Gebiete der großartigen und riskanten Unternehmungen nützlich, die Beseitigung der Aktiengesellschaften würde eine Verletzung der wirtschaftlichen Freiheit und eine Schädigung der Industrie bedeuten, eine derartige Maßnahme würde vor allem die Wirkung haben, daß die freien

[8]) Vgl. Hirths Annalen des Deutschen Reiches, Jahrg. 1873, S. 607. Dieses Gutachten ist auch in Hechts Schrift, Das Börsen- und Aktienwesen der Gegenwart, S. 157 ff. angeführt.

Mittel des Landes fremdländischen Unternehmungen zuflössen u. dgl. m.[9])

Es ist demnach nicht zu verwundern, daß diese Beweisführung auch späterhin Anhänger fand. So bildet den Mittelpunkt der Ausführungen von Tellkampf[10]) der Satz, daß das Privilegium der beschränkten Haftung ein ungerechtes und schädliches Klassenprivilegium bedeute und abgeschafft werden müsse (S. 4, 5, 7 fg., 14 fg. usw.).

Auf Seite 16 und 17 bemerkt Tellkampf unter anderem:

„Man hat . . . die Gesetzgebungsgewalt benutzt, um zum Vorteil der Privilegierten und zum Nachteil aller übrigen eine künstliche und ungerechte Begrenzung der natürlichen Verpflichtung (der Haftung jedes Unternehmers mit seinem ganzen Vermögen) zu bilden. Allgemein dagegen gilt in der Handels- und Geschäftswelt der Grundsatz, daß jeder mit seinem ganzen Vermögen für die Verpflichtungen haftet, die er allein oder in Verbindung mit anderen eingegangen ist . . . Auf diese Weise leiden die Mitglieder der Aktiengesellschaft (bei Zahlungsunfähigkeit des Unternehmens) nur geringen Schaden, während die Gläubiger ruiniert werden und während das Publikum den Verlust der entwerteten Papiere tragen muß. Läßt sich an der Ungerechtigkeit solcher Ausnahmerechte oder Privilegien irgend zweifeln . . .“ usw.

Obwohl jetzt die Privilegienfrage faktisch ad acta gelegt ist und niemanden mehr beunruhigt,[11]) so wird nichtsdestoweniger die beschränkte Haftung (d. i. die Beschränkung der Haftung der Beteiligten auf den Betrag ihrer Einlage) weiter als eine spezi-

---

[9]) Vgl. die Erklärung der Leipziger Handelskammer, 1873, Hecht l. c. S. 175 ff., ferner in den Verhandlungen des Vereins für Sozialpolitik am 12. und 13. Oktober 1873 das Referat von Wagner S. 67 ff; die 8. These seines Referates lautet:

„Im übrigen ist die Aktiengesellschaft mit ihrem spezifischen Rechtsprinzip der auf die Einlage begrenzten Haftbarkeit des Aktionärs eine berechtigte und der modernen Volkswirtschaft unentbehrliche privatwirtschaftliche Unternehmungsform auf dem Gebiete der einzelnen Produktionszweige.“

[10]) J. L. Tellkampf, Vorschläge zur Verbesserung des Aktiengesellschaftswesens, 1876.

[11]) Unter anderem wird in den Motiven zum deutschen Aktiengesetz von 1884 (Reichstag, 5. Legislatur-Periode, IV. Session 1884 Nr. 21, Seite 56) der Hinweis auf die im Aktieninstitut enthaltene „rechtliche Anomalie“ und „Abweichung von den allgemeinen Rechtsprinzipien“ lediglich als Argument zugunsten einer energischen und strengen Normierung des Aktiengesellschaftswesens gebraucht.

fische Eigenschaft der Aktiengesellschaft betrachtet und dient insbesondere als Ausgangspunkt für die Erklärung der Schattenseiten des Aktienwesens, neben dem Hinweis auf die „Vielheit der Unternehmer“ sowie darauf, daß hier die Teilhaber des Unternehmens ohne Mühe und ohne Unternehmerleistung den Unternehmergewinn einheimsen.

Dadurch wird die Frage nicht allein auf den Boden falscher theoretischer Formeln übertragen, sondern es wird auch die praktische Auffassung des Wesens der Sache entstellt oder jedenfalls erschwert, indem der materielle Schwerpunkt des Gegenstandes verschoben und, falls der Forscher seinen Grundsätzen in strenger Konsequenz treu bleibt, auf praktische Irrwege hingeleitet wird, auf denen man bei Endergebnissen anlangt, die den tatsächlichen Verhältnissen im Aktienwesen geradezu entgegengesetzt sind. Ganz besonders merkwürdig erscheinen die Ergebnisse eines diesbezüglischen logischen Denkens in der Abhandlung von Tellkampf. Diese Ergebnisse widersprechen geradezu der Wahrheit und den offenkundigen Tatsachen. Ein jeder, der mit den wirklichen Erscheinungen im Aktienwesen auch nur einigermaßen vertraut ist und nicht schwarz weiß zu nennen vermag, selbst wenn ihn irgend eine theoretische Formel auf weiß schließen läßt und ihn in Erstaunen versetzt, sich in seiner Erwartung getäuscht zu sehen, wird zugeben, daß es keineswegs die Gläubiger sind, die im Aktienwesen zu leiden haben, sondern entschieden die Aktionäre. Das periodisch ertönende Klagen und Jammern geht stets von den Aktionären aus; als Opfer in Aktienprozessen treten gerade die „mit gesetzwidrigen Privilegien ausgestatteten“ Aktionäre auf. Was die sonstigen Kreditoren der Aktienunternehmen anlangt, so sind sie im allgemeinen mit ihren Schuldnern sehr zufrieden.

Diese Tatsache erscheint auch vollkommen natürlich und erklärlich, trotz der Theorie, die im Aktienwesen Bevorzugungen zugunsten der Aktionäre und zum Nachteil der Kreditoren sehen will. Die Aktiengesellschaft ist sehr kreditfähig, und es ist im allgemeinen, trotz der „beschränkten Haftung“, weniger gefährlich, ihr Geld zu borgen, als andern Privatunternehmern. Die Aktiengesellschaft haftet dritten Kreditoren gegenüber mit ihrem ganzen Vermögen und dieses Vermögen genügt den Kreditoren der juristischen Person der Aktiengesellschaft, wie dies auch sonst bei den Kreditoren juristischer Personen der Fall ist, gewöhnlich vollkommen, denn die Wirtschaftsverhältnisse der juristischen Personen sind vor aller Augen, und jeder kann sich leicht Gewißheit verschaffen, ob es bedenklich sei oder nicht, ihnen Kredit zu gewähren. Außerdem spielen die juristischen Personen nicht Karten, haben keine heimlich Geliebten, reisen nicht nach Monaco, übertragen nicht ihr Vermögen auf ihre Frauen usw. Mögen die öffentliche Bilanz und der Geschäftsbericht einer Aktiengesellschaft noch so ränkevoll und abscheulich geschmiedet sein, sie schaffen immerhin eine gewisse Klarheit und verhindern Fehler auf Seiten der Vertreter des Kreditangebots, wie sie bei Kreditgewährung an einen physischen Unternehmer durch nichts verhütet werden können.

Ad oculos werden diese Sätze durch das Versicherungswesen demonstriert, bei dem nach der Natur des Unternehmens das Fernbleiben auch nur des leisesten Zweifels an der finanziellen Solidität des Unternehmers besonders erforderlich ist. An diesem Beispiel ist es jedermann klar, daß sich der private physische Unternehmer, trotz der unbeschränkten Haftung mit seinem ganzen Vermögen, zum Subjekt eines Versicherungsunternehmens keineswegs eignet, während die Aktiengesellschaft im allgemeinen ausreichende Garantie bietet. Dies sind durch Tatsachen genügend belegte, theoretisch äußerst durchsichtige und allgemein bekannte Wahrheiten, und wir haben uns hier nur dabei aufgehalten, um zu zeigen, daß die Theorie, die wir ablehnen, mit logischer Notwendigkeit zu Ergebnissen hinführt, die den offenkundigen Tatsachen, sowie äußerst einfachen und einleuchtenden Sätzen absolut widersprechen.

Um eine theoretisch und praktisch angemessene Behandlung der Aktiengesellschaftsfrage zu erlangen, muß man vielmehr von folgendem Grundsatze ausgehen:

Der Aktionär ist nicht ein mit besonderen Vorrechten (privilegia lucrativa) ausgestatteter Unternehmer, sondern vielmehr ein „Gläubiger“, zu dessen Schaden im Aktienrecht recht gefährliche privilegia odiosa enthalten sind. Das Wort „Gläubiger“ gebrauchen wir hier in dem Sinne einer Person, die einen Gewinn erhält nicht als Unternehmer, sondern ausschließlich als Kapitalist, deren Einkommen keinen Unternehmergewinn, sondern ein Einkommen vom Kapital im engeren Sinne darstellt.[1])

Der Aktionär unterscheidet sich von den sonstigen Gläubigern einer Aktiengesellschaft (der Einfachheit wegen wollen wir hauptsächlich an die Obligationäre denken) in folgenden juristisch und wirtschaftlich wichtigen Punkten:

1. Der Obligationär erhält für sein Kapital einen bestimmten gleichmäßigen Zinssatz, z. B. 4 vom Hundert jährlich. Der Aktionär bekommt ebenfalls Zinsen von seinem Kapital, allein diese Zinsen sind zuweilen starken und unerwarteten Schwankungen unterworfen, von 0 bis 50 und darüber, ohne bestimmte Grenze nach oben hin. Die Höhe dieser Zinsen, genannt Dividende, entspricht ungefähr der Höhe des vom Unternehmer — der juristischen Person der Aktiengesellschaft, die den „Schuldner" des Aktionärs darstellt — erzielten reinen Unternehmergewinnes. Wir sagen „ungefähr", denn fast niemals ist die Dividende dem vom Unternehmer gezogenen Gewinne proportioniert. Dieser Mangel an genauer Übereinstimmung beruht auf zweierlei Ursachen:

a) rechtmäßigen. Schon die Aktiengesetzgebung statuiert für die Berechnung der Dividende, aus bestimmten rationellen Gründen, Vorschriften, welche die Proportionalität zwischen Dividende und Unternehmergewinn ausschließen. Hierzu gehören die Zwangsvorschriften über verschiedene Abzüge vom Gewinne, die vor Ermittelung der Dividende vorgenommen werden

---

[1]) Zur Vermeidung von Mißverständnissen ist zu betonen, daß wir hiermit der Frage, ob die Lage des Aktionärs als das Rechtsverhältnis eines Gläubigers, eines Kreditors, als ein Obligationsverhältnis sich juristisch qualifizieren läßt, nicht vorgreifen wollen. Versuche einer derartigen juristischen Konstruktion sind von Juristen mehrfach gemacht worden. Mit Recht wendet Renaud (Das Recht der Aktiengesellschaften, § 7, 2. Aufl., S. 97 ff.) dagegen ein, daß das Recht auf einen verhältnismäßigen Teil des Vermögens nach Auflösung der Gesellschaft nicht als ein Forderungsrecht gegen die Aktiengesellschaft gelten kann, denn dieses Recht entsteht erst nach Aufhören der Aktiengesellschaft, es würde somit eine Verbindlichkeit zum Gegenstand haben, die erst mit dem Augenblick eintritt, wo der Schuldner nicht mehr vorhanden ist; daß ferner auch der Anteil an der Verwaltung keinen selbständigen Obligationsgegenstand bilden kann, wegen seines allgemeinen Charakters, insbesondere des Mangels an Geldwert usw. Renaud qualifiziert die Rechte des Aktionärs als „Vereinsmitgliedschaftsrecht"; wir würden vorziehen: Rechtsverhältnis (Rechte) des Destinatärs der juristischen Person; die eingehende Begründung und Erörterung der juristischen Konstruktion kommt hier aber nicht in Betracht.

sollen. Ähnlich wirken die (ebenfalls rationellen) Vorschriften über Aufstellung der Bilanz, die dazu führen, daß die offizielle Bilanz nicht den tatsächlichen Unternehmergewinn, sondern einen etwas anderen Betrag ausweist. Außerdem ist es gewöhnlich gesetzlich zulässig, in die Statuten einer Aktiengesellschaft Vorschriften aufzunehmen, die zu einem noch größeren Mißverhältnis zwischen Unternehmergewinn und Dividende führen, als dies nach der gesetzlichen Vorschrift erforderlich ist, so z. B. die Zulässigkeit der Bildung verschiedener, sonst nicht obligatorischer Spezialfonds aus dem Gewinne, die Festsetzung einer hohen Amortisationsrate, die Gestattung einer Dividendenverteilung in den ersten Stadien der Entwicklung eines Unternehmens, wo ein Unternehmergewinn nicht möglich, oder in schlechten Jahren, wo er in Wirklichkeit nicht vorhanden ist;

b) unrechtmäßigen. Den Persönlichkeiten, die das „subjektive Element der Unternehmung" in der Aktiengesellschaft verkörpern, ist es zuweilen recht unangenehm und unerwünscht, den Aktionären den tatsächlichen Betrag des erzielten Unternehmergewinnes bekannt zu geben, oder gar sich durch die Mitteilung, daß statt eines Gewinnes ein Verlust vorliegt, zu kompromittieren. Die Kunst, Bilanzen aufzustellen, hilft den Vorstandsmitgliedern in solchem Falle aus der Verlegenheit; es ergibt sich, daß eine Dividende vorhanden ist, wo der Unternehmergewinn fehlt usw. In derselben Richtung wirken auch verschiedene Rücksichten auf die Börsenverhältnisse u. a. m., so daß ein Statistiker z. B., dem es einfallen würde, die Kurve der Unternehmergewinne der Aktiengesellschaften nach der Kurve ihrer Dividenden in denselben Jahren zu konstruieren, infolge teils rechtmäßiger, teils unrechtmäßiger Ursachen ungenaue Ergebnisse erhalten dürfte, und zuweilen solche, die mit der Wirklichkeit nicht nur nicht übereinstimmen, sondern ihr vollkommenes Gegenteil bedeuten würden.

Immerhin ist im allgemeinen ein gewisser begrenzter Zusammenhang zwischen der Höhe der Dividende und dem jeweiligen Unternehmergewinne vorhanden, vor allem aber ist die Dividende stets mehr oder weniger starken Schwankungen unterworfen.

Es soll hier zur Vermeidung von Mißverständnissen bemerkt werden, daß die Schwankungen der Dividende es uns in keiner Weise verwehren, sie als Zins vom Kapital zu betrachten, bzw.

die Stellung des Aktionärs der eines Gläubigers (im Gegensatz zu der eines Unternehmers), gleichzustellen. Schon das römische Recht kannte eine Form des Darlehns, bei welcher der Gläubiger für das dem Schuldner überlassene Kapital einen recht veränderlichen Zinssatz erhielt. Dabei konnten die vom Gläubiger bezogenen Zinsen tatsächlich mit dem Unternehmergewinn des Schuldners genau übereinstimmen, abweichend von dem Verhältnis der von den Aktionären bezogenen Dividende zu dem Unternehmergewinn der Aktiengesellschaft.

Si ea lege possessionem mater tua apud creditorem tuum obligavit, ut fructus in vicem usurarum consequeretur, obtentu maioris percepti emolumenti propter incertum fructuum eventum rescindi placita non possunt (l. 17 Codicis Just. de usuris 4, 32).

Ein Darlehnsvertrag mit Verpfändung eines Gutes, demzufolge der Gläubiger, statt eines im voraus bestimmten, unveränderlichen Zinssatzes, den Reinertrag des Gutes (bzw. einen Teil desselben) erhält, kann, selbst wenn die gesetzlich zulässige Höhe des Zinssatzes überschritten wird, nicht für ungültig erklärt werden, und zwar aus dem Grunde, weil hier der Gläubiger infolge der Ungewißheit, ob und in welcher Höhe ein Ertrag erzielt werden wird, ein besonderes Risiko eingeht.

Im Mittelalter waren, wie bekannt, derartige Abmachungen recht häufig.

Desgleichen verwandelt sich der Arbeitslohn nicht in Unternehmergewinn, wenn der Lohnarbeiter, statt einer bestimmten Löhnung oder neben einer solchen, eine Vergütung erhält, die sich nach der Höhe des Unternehmergewinnes richtet. Die Beamten einer Aktiengesellschaft u. dergl. m. werden nicht zu Unternehmern, weil sie Tantièmen beziehen.

Die Rente hört nicht auf, Rente zu sein und wird nicht zum Unternehmergewinn, weil der Pachtzins mit dem Unternehmergewinn des Pächters steigt und fällt.

Wenn bei einer Lotterieanleihe keine Gewinne ausgesetzt würden, sondern die Höhe der Zinsen von 0 ($^1/_4$, $^1/_2$ .... 20, 22, usw.) bis 25 % o. ä. für jedes Jahr durch das Los zu bestimmen wäre, so könnte man keineswegs solche Lotteriezinsen, infolge ihrer Veränderlichkeit als Unternehmergewinn und die Darlehnsgeber zu solchen Bedingungen als Unternehmer bezeichnen.

Ebenso ist es nicht statthaft (wie dies die Nationalökonomen gewöhnlich tun), von der Veränderlichkeit der Dividende auf Unternehmergewinn zu schließen.

2. Ein weiterer uns hier interessierender wesentlicher Unterschied zwischen den Rechten des Aktionärs und denjenigen des Obligationärs besteht darin, daß das Anrecht des Obligationärs auf den Kapitalbetrag seiner Forderung ungleich mehr gesichert ist, als das des Aktionärs. Wir ziehen hierbei nicht in Betracht, daß die Obligationen gewöhnlich hypothekarisch sichergestellt werden. Wir haben hier einen anderen Umstand im Auge, nämlich jenes allgemeine und schlechthin geltende Prinzip des Aktienrechts, wonach die Aktionäre bei Zahlungsunfähigkeit der Aktiengesellschaft erst aus demjenigen Teil des Vermögens befriedigt werden, der nach Befriedigung aller anderen Gläubiger der Aktiengesellschaft verbleibt.

Der Aktionär kann mit einem Hypothekengläubiger letzter Stelle verglichen werden, dessen Recht, bei Wertverminderung des Gegenstandes oder schon zur Zeit der Verpfändung, des Garantiewertes teilweise oder ganz entbehrt.

Demgegenüber ist es aber auch möglich, daß bei Auflösung einer zahlungsfähigen Aktiengesellschaft der Aktionär eine mehr oder weniger hohe Kapitalprämie auf seine Aktie erhält, z. B. 200 und darüber, statt 100, je nach der Höhe des Überschusses, der nach Befriedigung aller anderen Gläubiger der Gesellschaft noch verbleibt. Auch in dieser Beziehung kann eine gewisse Analogie zwischen der Stellung des Aktionärs und der eines Lotteriespielers beobachtet werden.

Übrigens denken die Leute beim Ankauf von Aktien gewöhnlich nicht daran, was sie bei Auflösung der Aktiengesellschaft, deren Aktien sie innehaben, erhalten werden. Da die Aktien Umlaufsfähigkeit besitzen und mit Leichtigkeit zum Tageskurse veräußert werden können, so ermittelt der Aktionär gewöhnlich den Kapitalwert seiner Aktien durchaus nicht mittels Erwägungen über die voraussichtliche Höhe des Betrages, der einmal bei Auflösung der Aktiengesellschaft auf die Aktie entfallen dürfte, sondern einfach nach dem Tageskurse. Dieser kann aber denjenigen Betrag, der schließlich auf die in seinen Händen befindliche Aktie entfallen würde, um das Vielfache übersteigen. Wenn heute eine Aktie im Nominalwert von 1000 nach dem Kurszettel zu 5000 notiert wird und Hoffnung vorhanden ist, daß ihr Kurs morgen derselbe bleiben oder 5010 erreichen werde, so beängstigt den

Aktionär die Vermutung oder selbst die Gewißheit, daß nach einigen Jahren oder Monaten der letzte Inhaber der Aktie bei der Liquidation 5000 mal oder noch vielmal weniger erhalten wird, in keiner Weise. Wenn das Eigentum des Aktionärs in zehn solcher Aktien besteht, so beträgt sein Vermögen 50 000.

Hieraus ist unter anderem zu ersehen, daß nicht nur der Gewinn des Aktionärs mit dem Unternehmergewinn des tatsächlichen Aktienunternehmers — der juristischen Person — nicht zusammenfällt, sondern auch das Kapitalvermögen des Aktieninhabers dem Kapitalvermögen des Unternehmers nicht notwendig zu entsprechen braucht. Es sind hier die schärfsten Dissonanzen und Gegensätze möglich. Gleichzeitig mit dem Rückgang und der allmählichen Vernichtung des Gesellschaftsvermögens kann das Vermögen der Aktionäre als Besitzer von Aktien steigen. Es ist außerdem möglich, daß die Erschöpfung des Unternehmens mit der Bereicherung der Aktionäre nicht allein zeitlich zusammenfällt, sondern in manchen Fällen in einem Verhältnis von Ursache und Wirkung steht. Wenn z. B. der Unternehmer — die Aktiengesellschaft — in einem Jahre einen sehr geringen Gewinn erzielt, um jedoch den Mißerfolg zu verschleiern und den Verdacht, der Geschäftsgang sei unbefriedigend, zu beseitigen, eine um so höhere Dividende verteilt hat, so ist sein Kapital dadurch in gewissem Grade geschwächt, er ist ärmer geworden; die Verteilung einer hohen Dividende kann aber gleichzeitig auf Börse und Publikum einen günstigen Eindruck zu machen und den Kurs der Aktien erheblich in die Höhe zu treiben. Da jedoch, wie oben bemerkt, das jeweilige Vermögen der Aktionäre durch den Kurs der Aktien bestimmt wird, so hat das obige, ihren Vermögensstand angreifende Vorgehen der Aktiengesellschaft die Erhöhung des Vermögens der Aktionäre zur Folge, und zwar in doppelter Weise: durch Steigerung des Kapitalvermögens einerseits und Erhöhung ihres Jahreseinkommens andererseits. Und trotzdem wollen die Nationalökonomen die Aktionäre mit den Unternehmern, den Subjekten des Unternehmens und den Besitz einer Aktie mit der Beteiligung am Kapitalvermögen und am Ertrag des Unternehmens identifizieren. Wie kann eine Beteiligung an einem Betrage von Null Mark für irgend ein Vermögen einen Wert von fünf, und noch dazu mit drei Nullen, darstellen? In der Geschichte des Aktienwesens finden sich jedoch noch auffallendere arithmetische Illustrationen zur Theorie des Unternehmertums der Aktionäre.

Die Aktie ist nicht eine Bescheinigung oder Verkörperung der Beteiligung an einem Unternehmen, sondern ein selbständiges Wertpapier, das seinem Wesen und Gattungscharakter nach von einem Beteiligungsscheine eines Unternehmens ebenso grundverschieden ist, wie die Obligation (und andere zinstragende Wertpapiere). Die Aktie ist ein zinstragendes Wertpapier, ebenso gut wie die Obligation o. dergl. Interessant und bedeutsam ist für uns hier jener spezifische wirtschaftliche Gegensatz zwischen diesen beiden Arten von Wertpapieren, daß die Aktie ein Wertpapier mit unbestimmten und schwankenden: einmal positiven und zweitens negativen, einmal Ertrags- und zweitens Kapitalprämien darstellt.

Wir können die Aktie auch als ein Einkommenpapier charakterisieren, dessen Kapitalwert und dessen Ertrag [2]) von o bis n (eine unbekannte, nach oben unbegrenzte Größe) schwanken. Die Obligation ist dagegen ein Einkommenpapier mit fixiertem Einkommen und Kapital. [3])

In diesen Eigentümlichkeiten der Aktien, d. h. in der Veränderlichkeit ihres Kapitalwertes und Ertrages, ist nach den Gesetzen des Rechts keinerlei privilegium, weder lucrativum noch odiosum für die Aktionäre, im Gegensatz zu Inhabern von anderen Wertpapieren und speziell zu Obligationären, enthalten. Den der Aktie anhaftenden positiven Ertrags- und Kapitalprämien stehen negative Prämien, den Schwankungen nach oben, Schwankungen nach unten gegenüber. Andererseits steht es rechtlich einem jeden frei, die ihm zusagende Art Wertpapiere oder eine beliebige einträgliche Anlage für sein Kapital zu wählen; schon aus diesem Grunde kann von einem Rechtsprivilegium der Aktionäre im Vergleich zu den Obligationären oder sonstigen Kapitalisten, die Zinsen auf ihr Kapital erhalten, nicht die Rede sein.

Ferner gehören Aktionäre und Obligationäre im allgemeinen zu ein und derselben Gesellschaftsklasse und haben die gleichen gesellschaftlichen Verdienste. Diese Gesellschaftsklasse setzt sich

---

[2]) D. i. der Kapitalwert und Ertrag des Wertpapieres als solchen, und nicht eine Quote des Kapitals und des Ertrags der Aktienunternehmung.

[3]) Trotz der Fixierung des auf die Obligation zu zahlenden Kapital- (und Zinsen-) Betrages, kann der Kurs von Obligationen ebenfalls schwanken (und zwar aus verschiedenen Gründen unter anderem gerade, weil der Zinssatz ein fester ist). Diese Schwankungen können wir jedoch für unsere Zwecke ausschalten, da sie im allgemeinen verhältnismäßig unbedeutend sind.

aus recht verschiedenartigen Elementen zusammen. So treten stets in den geschichtlichen Werken über das Aktienwesen der Prinz von Wales, seine Dienerschaft, der Klerus, der hohe Adel mit seinem Anhang, Beamte, Witwen und Waisen, und überhaupt die „verschiedensten Gesellschaftsklassen" als Aktionäre auf. Entsprechend der Wirklichkeit, und im Gegensatz zu der Lehre von der Unternehmereigenschaft der Aktionäre, können wir diese Elemente in folgender negativer Bezeichnung zusammenfassen: es sind Rentner[4]) im weitesten Sinne, Besitzer von Kapital, die aus ihm einen Ertrag zu ziehen wünschen, jedoch nicht imstande oder nicht gewillt sind (beispielsweise infolge ihrer gesellschaftlichen Stellung, ihres Amtes oder anderweitiger Beschäftigung, aus Ungeschick oder Trägheit usw. usw.), dieses Kapital durch Betätigung des „subjektiven Elements der Unternehmung" nutzbar zu machen, d. h. sich an der produktiven Unternehmertätigkeit aktiv zu beteiligen.[5]) Die Besitzer von Kapital werden nur in dem Falle gehindert, der bunten Armee der Aktionäre beizutreten, daß sie bereits der Armee der Unternehmer angehören, zumal letztere zur fruchtbringenden Anwendung ihres „subjektiven Unternehmungselements" das Kapital benötigen; sie legen es nicht in Aktien, Obligationen usw. an, sondern borgen selbst noch Kapital bei anderen. Sie sind die Vertreter der Nachfrage nach Kapital und nicht dessen Angebots, wie die Aktionäre, Obligationäre und die sonstigen Rentner. Ihr eigenes Kapital ist festgelegt und kann zum Ankauf von Aktien nur vorübergehend, zufällig und nur zum Teil verwendet werden. Nur zum Teil, d. h. sofern es

[4]) Das Wort „Rentner" ist vielleicht der passendste Ausdruck für den Begriff, den wir oben mit dem Worte „Gläubiger", im Gegensatz zu Unternehmer, unter Vorbehalt bezeichnet hatten.

[5]) Bezeichnend ist folgende Bemerkung von Tellkampf (l. c. S. 5): „Bei den anonymen Aktiengesellschaften hat man eigentlich gar keine Mitgliedschaft im gewöhnlichen Sinne, denn dieselbe ist au porteur, es ist ein wechselndes, gar nicht greifbares Korps von Mitgliedern. Dazu kommt die Täuschung der Aktionäre, die sich nicht für verhaftete Teilnehmer eines Unternehmens, sondern nur für eine Art Gläubiger halten, die für ihr Geld einen Ertrag fordern." Beide Sätze enthalten die üblichen prinzipiellen Irrtümer. Im ersten Satz ist die Gegenüberstellung von Unternehmen mit Inhaberaktien solchen mit Namensaktien und die Feststellung einer außergewöhnlichen Mitgliedschaft bei den ersteren unrichtig. Im zweiten Satz ist dasjenige, was der Verfasser für die Täuschung der Aktionäre hält, in einem gewissen Sinne richtig; er befindet sich aber im Irrtum in bezug darauf, was ihm als der wirkliche Tatbestand und die richtige Auffassung der Lage des Aktionärs vorkommt.

umlaufendes und nicht stehendes Kapital ist; zufällig — sofern nach der Natur des Unternehmens das Betriebskapital manchmal stillsteht, zu totem Kapital wird; vorübergehend — d. h. solange dieser Winterschlaf des Kapitals anhält und bis es wieder in Umlauf und in Tätigkeit im Unternehmen gerät. Die Unternehmer werden demnach zu Aktionären nur sofern sie (zufällig, zum Teil und vorübergehend) Nicht-Unternehmer, sofern sie Rentner sind.

Auch von diesem Gesichtspunkt aus ist es klar, daß von einem Klassenprivilegium, insbesondere davon, daß das Aktienrecht in den Aktionären eine besondere privilegierte Klasse unter den Unternehmern geschaffen hätte, nicht die Rede sein kann. Da aber die Aktionäre innerhalb des Rentnerstandes auch kein Rechtsprivilegium genießen, so ließe sich die Ansicht über die besonderen Vorrechte der Aktionäre nur in folgender, geänderter Form aufrecht erhalten.

Statt von dem Privilegium, das in der „beschränkten Haftung" der Aktionäre enthalten ist, im Gegensatz zu dem für die „übrigen Unternehmer" geltenden Prinzip der vollen Haftung, könnte man nur davon sprechen, daß unter den Rentnern die Aktionäre eine besondere günstige wirtschaftliche Stellung einnähmen. Wenn auch vom juristischen Standpunkt aus in den mit dem Besitz von Aktien verbundenen Kapital- und Ertragsprämien das Vorhandensein eines Privilegiums, mit Rücksicht auf die negativen Prämien, nicht festgestellt werden könnte, da diese ebenso gut möglich wären, wie die positiven, so würden dennoch die negativen Prämien in der Tat wirtschaftlich von den positiven Prämien überwogen, und darin bestände eben das besondere Privilegium der Aktionäre. Sie wären Rentner, die eine höhere „Rente" erhielten, als ihre übrigen Standesgenossen. Nur in dieser Form ließe sich die Ansicht über das „Privilegium der Aktionäre" aufrecht erhalten; hierzu wäre es aber eben nötig nachzuweisen, daß die mit den Aktien verbundenen Gewinn- und Verlustchancen den Aktionären am letzten Ende günstig sind und vorteilhafter ausfallen, als der im voraus festgesetzte Nutzen der übrigen Rentner.

Dieser Satz ist vorläufig noch nicht bewiesen; der Beweis ist kein so leichter und verlangt ein ernsteres Studium, als die Behauptung vom Privilegium der Aktionäre im Vergleich zu „anderen Unternehmern" unter Hinweis auf das Prinzip der „beschränkten Haftung.“ Noch mehr, wir glauben außerdem, daß dieser Satz auch gar nicht zu beweisen ist. Vielmehr kann das Gegenteil bewiesen werden, d. h. daß die Aktionäre im Vergleich zu den übrigen Rentnern ihr Kapital im allgemeinen weniger nutzbringend anlegen, daß sie für die von ihnen erworbenen Wertpapiere einen zu teueren Preis zahlen.

Mit anderen Worten: durch Ausgabe von Aktien läßt sich Geldkapital billiger beschaffen, als durch Ausgabe von Obligationen oder durch Befriedigung des Kapitalbedarfs in einer anderen Form mittels Zusicherung eines festen Zinssatzes und der Rückerstattung des entliehenen Betrages. Es ist möglich, für einen durch Aktienausgabe beschafften Betrag von 1000 Mark geringere Vorteile zu bieten, als für 1000 Mark, die im Wege einer gewöhnlichen Anleihe, Obligationsanleihe usw. erzielt werden. Für eine Aktie ist man im allgemeinen geneigt, mehr zu bezahlen, als für eine Obligation mit dem gleichen inneren Werte.[6])

Das ist das ökonomische Haupttheorem, auf dem es nach unserer Überzeugung allein möglich ist, eine wirklich sachgemäße Theorie des Aktienwesens aufzubauen.

Dieses Theorem geht deduktiv aus dem allgemein verbreiteten psychologischen Zug der Menschen hervor, der in der Tendenz besteht, die günstigen und erwünschten Chancen bei Wahrscheinlichkeitsberechnungen zu überschätzen und entsprechend einer derartigen unverhältnismäßigen Bewertung zu handeln.

Besonders deutlich und schlagend äußert sich dieser psychologische Zug in dem Falle, daß die zu bewertenden Chancen mathematisch genau berechnet werden können und daß das Er-

---

[6]) Bei einiger Flüchtigkeit kann dieser Satz Befremden erregen. Denn eine Aktie, die denselben Zinsertrag gibt wie eine auf den gleichen Betrag lautende Obligation, wird gewöhnlich niedriger als diese geschätzt. Diese Erscheinung widerspricht jedoch keineswegs unserm Satze, der nicht allein die Vergleichung der Dividende des bezüglichen Jahres oder der vorangegangenen Jahre mit dem Zinsfuß der Obligation, sondern zugleich auch die Vergleichung aller übrigen für die richtige Vergleichsschätzung maßgebenden Daten (Kapitalrisiko, Unsicherheit über das Fortbestehen der jeweiligen Dividendenhöhe usw.) voraussetzt. Die Erscheinung, daß eine Aktie, die während der letzten Jahre etwa 5 % ergeben hat, niedriger bewertet wird, als eine dieselben Zinsen tragende Obligation, ist vollkommen natürlich auch vom Standpunkt unseres Satzes aus und beseitigt nicht die Frage, ob es nicht richtiger wäre, die Aktie im Vergleich zur Obligation noch niedriger zu bewerten, ob die Aktie nicht immer noch über ihrem reellen Werte geschätzt wird.

gebnis einer derartigen Berechnung das Überwiegen der ungünstigen Chancen dartut, ein Überwiegen, das in gleichem Maße für alle und jeden zutrifft, die sich dem Risiko unterwerfen.

Man sollte meinen, daß in solchen Fällen Liebhaber für ein Spiel mit so offenbar ungünstigen Chancen nicht aufzutreiben wären. Die Erfahrung beweist das Gegenteil. Wie seltsam dies auch prima facie vorkommen mag, so ist es in Wirklichkeit unschwer, für ein offenbar verlustbringendes Spiel Liebhaber anzuwerben, die bereit sind, einen im Vergleich zu dem tatsächlichen Werte der gebotenen Chancen viel zu hohen Einsatz zu opfern. Aus diesem psychologischen Zuge der Menschen ziehen unter anderem mit richtiger Berechnung und stetigem Erfolg ihren Vorteil diejenigen Regierungen, die sich Geld im Wege der Lotterie verschaffen. Wertpapiere, welche die Chance eines Lotteriegewinnes bieten, haben zweifellos im allgemeinen einen ihren reellen Wert übersteigenden Kurs. Durch eine Lotterieanleihe wird es möglich, über ein bereitwilligeres und billigeres Kapitalangebot zu verfügen, als dies auf anderem Wege der Fall sein kann; wenn man eine Anleihe mit einer Lotterie verbindet, so ist man in der Lage, einen niedrigeren Zinssatz zu zahlen, als bei einer Anleihe ohne Lotterie. Ebenso im Privatverkehr ist es z. B. nicht schwer, eine goldene Uhr im Werte von 100 Mk. für 150 Mk. anzubringen, wenn man sie, statt sie einfach zu verkaufen, in einer Lotterie ausspielt. Auf dieser psychologisch vollkommen richtigen Berechnung beruhen die Wohltätigkeits-, zugleich aber auch die spekulativen und die verbotenen Lotterieen.

Derselbe menschlich-psychologische Zug bildet die ergiebige und unerschöpfliche Quelle für die Bereicherung der Unternehmer des Spielkasinos in Monaco und die Grundlage für das ziemlich reichliche Budget nicht allein des regierenden Hauses, sondern auch des ganzen Staates von Monaco. Jeder Spieler kann sich aus den Regeln des Roulettspieles leicht überzeugen, daß der Einsatz den Wert der dafür gebotenen Chancen mit Notwendigkeit übersteigt, und die große Mehrzahl der Spieler ist sich dessen selbstverständlich vollkommen bewußt; allein jeder von ihnen hofft, daß ihn Fortuna besonders begünstigen wird, obwohl er keinen Grund dazu hat, außer etwa den Glauben an sein besonderes Glück.

Mit bezug auf das Rennen in Zarskoje Sselo, das am Tage

vor Niederschrift dieser Zeilen stattgefunden hatte, lese ich in dem mir vorliegenden Zeitungsblatt:

„Merkwürdig, daß die Spieler selbst (es handelt sich um den Totalisator) bisher noch nicht begriffen haben, daß ihr Spiel der größte Unsinn ist. Wenn sie 1 Rubel auf ein Pferd setzen, so sind sie verpflichtet, davon 10 Kopeken an den Totalisator abzugeben, so daß nach zehnmal wiederholtem Einsatz von dem Rubel eine Null verbleibt. In Moskau hat der Totalisator einen Jahresumsatz von 8 Millionen Rubel und bringt dem Rennklub einen Gewinn von 800000 Rubel ein, der aus den Taschen der leichtgläubigen Hazardspieler gezogen wird.“

Der Verfasser dieser Notiz befindet sich im Irrtum, indem er den Erfolg des Totalisators der Unkenntnis des Publikums über die im allgemeinen ungünstigen Chancen des Spiels am Totalisator zuschreibt. Für die große Mehrzahl der Spieler ist der vom Verfasser erbrachte ziffermäßige Beweis des verlustbringenden Charakters des Spieles gewiß nichts Neues; nichtsdestoweniger zahlen sie in voller Kenntnis der Sache 10 % zugunsten des Totalisators zu, und viele von ihnen würden in gleicher Weise weiterspielen, wenn die Totalisatorgebühr und die dem Publikum aus dem Spiele erwachsende Einbuße bis zu 25 % erhöht würde, wie dies unlängst für den Moskauer Totalisator beantragt worden ist.

Im Falle des Totalisators kompliziert sich der gewöhnliche, zum Vertrauen auf ein besonderes persönliches Glück führende Optimismus in der Chancenbewertung für viele Spieler noch durch eine optimistische Schätzung der eigenen Kenntnis des Pferdesports, der eigenen Geschicklichkeit in der Beurteilung der Eigenschaften und der Chancen jedes einzelnen Pferdes u. dergl. m. Richtet sich der Spieler nicht nach eigener Wahl und persönlicher Beurteilung der wetteifernden Pferde und Jockeys, sondern befolgt er den Rat eines anderen, den er bei der Wahl der Pferde, auf die man setzen soll, für erfahren oder für glücklich hält, so ist das Motiv des Spielens, sowie die Verkennung des meistenteils verlustbringenden Charakters dieses Tuns, außer dem bei Spielern üblichen Optimismus, noch das Vertrauen zum Leiter und Ratgeber. [7])

---

[7]) Zum Verständnis der Spielpsychologie darf auch nicht übersehen werden, daß der Spielprozeß an und für sich für viele Leute einen besonderen Genuß

Ohne je vom volkswirtschaftlichen Standpunkt das Aktienwesen mit dem Lotterie- oder sonst einem Spiele, und die „Einlage in ein Aktienunternehmen“ mit einem Spieleinsatz zu identifizieren, und ohne der Lösung der Frage vom ethischen Werte des Aktieninstituts (davon unten) vorzugreifen, müssen wir hier dennoch feststellen, daß die oben erwähnten psychologischen Kräfte auf die Nachfrage nach Aktien und die Bewegung ihres Marktpreises nicht ohne Einfluß bleiben können.[8])

bedeutet, der Veranlassung gibt zu einer weiteren Erhöhung des ohnehin schon recht optimistisch bestimmten Wertes der erworbenen Chancen, um derentwillen der Einsatz geopfert wird. Dieses Element hat verschiedenen psychologischen Charakter und verschiedene Bedeutung in verschiedenen Arten des Spieles. Beim Hazardspiel wirkt das Bedürfnis nach starken Emotionen und der durch die Spielaufregung gebotene Genuß. Das Subjekt hat hier eine passive Rolle, es ist das Objekt einer psychischen Einwirkung seitens der ausschlaggebenden wirklichen oder erhofften Ereignisse. In anderen Fällen liegt der besondere Reiz und Wert des Spieles in der Freude der Spieltätigkeit, der aktiven Auswahl zwischen den verschiedenen Chancen, den verwickelten Wahrscheinlichkeitskalkulationen, der Berechnung und der feinen Spielpolitik. Auf dem Gebiete der uns im Text beschäftigenden wichtigen wirtschaftlichen Erscheinungen haben diese beiden emotionellen Elemente der Spielpsychologie keine wesentliche Bedeutung. Auf unserem Gebiete ist nicht die Jagd nach Vergnügen, sondern die Berechnung des Geldgewinnes maßgebend; wir schalten daher die soeben erwähnten psychologischen Kräfte, welche einzelnen für die Volkswirtschaft unbedeutenden Spielarten, insbesondere den Vergnügungsspielen, ihr Hauptkontingent an Spielern zutreiben, im Texte aus, wenngleich es sich nicht in Abrede stellen läßt, daß sie bei einigen Aktieninteressenten, Börsenspekulanten u. dgl. mitsprechen, so daß auch ihnen bis zu einem gewissen Grade volkswirtschaftliche Bedeutung zukommt.

[8]) Die weitere Nebeneinanderstellung von Aktienwesen und Lotterie, Totalisator usw. könnte besonders bei dem an wissenschaftliche Abstraktion weniger gewöhnten Leser Anstoß erregen; man könnte etwa meinen, daß diese vom Standpunkt eines gewissen psychologischen Zuges aus vorgenommene Nebeneinanderstellung zugleich ein Übersehen jener wirtschaftlichen und sittlichen Kluft bedeute, die das Roulett, den Totalisator u. dgl. von einem so wertvollen Faktor der Volkswirtschaft und des Fortschritts, wie dem Institut der Aktiengesellschaften, scheidet. Ein derartiges Übersehen wesentlicher Unterschiede, sowie ein oberflächliches und leichtfertiges Gleichstellen des Aktieninstituts und der Lotterie, des Aktionärs und des Hazardspielers findet sich in dem oben angeführten Satze von Perrot, der überhaupt, wie sonst viele, die über das Aktienwesen geschrieben haben, seinem Tadel in der mannigfaltigsten Form, ohne zu sparen, Ausdruck gibt. Wir halten es für nötig hier besonders zu bemerken, wenngleich dies ohnehin aus den weiteren Abschnitten unserer Untersuchung hervorgehen wird, daß der Zweck und der Sinn der von uns zwischen Aktienwesen und Lotterie gezogenen Parallele mit dem Sinne des entsprechenden Satzes Perrots nichts gemein haben.

Wenn bei einer Lotterieanleihe, durch Hinzufügung von Prämienchancen auf Kosten des festen Zinssatzes, das Kapitalangebot gesteigert und verbilligt wird, indem die Möglichkeit eintritt, die Anleihe zu für die Regierung günstigeren Bedingungen abzuschließen, und der innere Wert der ausgegebenen Scheine eine gewisse optimistische Überschätzung erfährt, so ist erst recht zu erwarten, daß eine derartige optimistische Überschätzung in bezug auf den inneren Wert der Aktien stattfindet. Denn im Falle der Lotterie oder anderer Spiele, wie des Spiels am Totalisator, des Roulettspieles, sind die für die Gesamtheit des spielenden Publikums und jeden einzelnen Durchschnittsspieler nachteiligen Chancen des Spieles offensichtlich, während im Aktienwesen dieses jedenfalls etwas mäßigende Element wegfällt, und statt dessen vielmehr die Zuversicht auf den objektiven Erfolg und die Einträglichkeit des Unternehmens in Wirkung tritt. — Der natürliche Hang zur optimistischen Bewertung der Gewinnchancen verschafft sich bei dem Roulett, dem Totalisator und der Lotterie Anwendung und Rechtfertigung in einer künstlichen, unbegründeten, zuweilen widersinnigen Argumentation, die lediglich den Zweck hat, die störende Stimme der Vernunft zu unterdrücken, die auf die handgreifliche objektive Nachteiligkeit des Spieles hinweist. Beim Aktienerwerb liegt ein derartiger, die optimistischen Neigungen hemmender, einfacher und klarer Verlustüberschlag nicht vor, und das optimistische Abwägen der Chancen der Prämienerreichung hat vollkommen freies Spiel.

Dann haben auch die Vertreter der Aktiennachfrage freie Wahl zwischen den Aktien verschiedener Unternehmen und die Möglichkeit, sich für die Aktien gerade desjenigen Unternehmens zu entscheiden, das nach objektiven und vollkommen rationellen Erwägungen besonders glänzende Aussichten bietet. Bei sachgemäßer und verständiger Auswahl der Aktien und einer geschickten Lösung weiterer für die Bereicherung durch Aktien wichtiger Fragen, wie z. B. der Berechnung des Zeitpunktes, zu dem die erworbenen Aktien zu verkaufen oder durch andere zu ersetzen sind, kann man aus dem Aktiengeschäft gewiß große Gewinne ziehen. Infolgedessen findet hier die Neigung zum Optimismus beim Abwägen der Prämienchancen eine Begründung und Unterstützung nicht allein in dem Glauben an das persönliche Glück, sondern auch im Vertrauen auf die eigene Geschicklichkeit und den eigenen Verstand. Selbst wenn die Überzeugung vorherrschen sollte, daß der Ankauf von Aktien eine für das Publikum im allgemeinen verlustbringende Sache wäre, so wäre dennoch die rege Nachfrage nach Aktien eine völlig naturgemäße psychologische Erscheinung, einfach aus dem Grunde, weil der persönliche Optimismus in der Überschätzung der eigenen Geistesfähigkeiten entsprechende Nahrung findet. Der Verlust wird diejenigen treffen, die „dumm“ sind und weniger von der Sache verstehen. Sich selber aber zur Kategorie der Dummen zu zählen und überhaupt die eigenen geistigen Eigenschaften skeptisch aufzufassen, ist selten jemand geneigt. Vielmehr ist der Optimismus auf diesem Gebiete, wie bekannt, eine recht häufige und verbreitete Erscheinung. Freilich wagen es viele, trotz der Überschätzung ihrer intellektuellen Eigenschaften, nicht, die Wahl zwischen den Aktien der verschiedenen Unternehmungen selbständig zu treffen, weil sie sich ihres Mangels an Erfahrung und an notwendigen Kenntnissen speziell auf dem Gebiete des Aktienwesens bewußt sind. Doch in solchen Fällen treten nun die Ratgeber auf, die allem Anschein nach das Geschäft ganz genau verstehen und imstande sind, so weise und gute Ratschläge zu erteilen, wie sie den anderen nicht zur Verfügung stehen. In Wirklichkeit bilden im Aktienwesen die „weisen und guten“ Ratschläge der Führer des unerfahrenen Publikums einen der sehr wichtigen Faktoren, die eben zum Optimismus und zur leichtsinnigen Wertüberschätzung der erworbenen Chancen führen.

Beachtenswert ist, daß die Neigung zur Überschätzung der Gewinnchancen, durch den Glauben an besondere Kenntnisse oder die Weisheit fremder Ratschläge, zu unvernünftiger Selbsttäuschung oft auch in solchen Arten des Spieles führt, wo es jedem Menschen mit gesundem Verstand einleuchtet, daß kein Wissen, keine Kniffe oder Ratschläge den nachteiligen Charakter der Chancen zu verändern vermögen. Ein sonst vollkommen normaler, gebildeter und von Aberglauben freier Mensch beginnt, sobald es sich um Spiel handelt, an die Zahl 3 oder 7, als die für den Einsatz zu wählende Nummer, an die Pik-Dame, den fünften Tag des Monats, an Wahrsagungen, an den neulich gehabten Traum zu glauben. In Monte Carlo befassen sich aufgeklärte Leute mit Zauberei, Kartenlegen, widersinnigen Wahrscheinlichkeitstheorien. Diese Schwäche wird von den Spezialisten der „Theorie“ und Praxis des Roulettspieles mittels mündlicher und gedruckter Ratschläge und Rezepte ausgebeutet. Eine umfangreiche, ungereimte und abergläubische Literatur über das Roulettspiel findet die erfolgreichste Aufnahme. Diese Erscheinungen sind vom psychologischen Standpunkt deshalb so interessant und bezeichnend, weil sie von einer merkwürdigen Intensität der Neigung zum Optimismus bei Bewertung der Gewinnchancen zeugen, so daß zur Rechtfertigung dieses Optimismus und zur Selbsttäuschung alle Mittel gut genug sind. Diese Neigung besitzt ausreichende emotionelle Kraft, um die gewaltigsten intellektuellen Hindernisse zu zerstören und überhaupt das geistige Wesen des Menschen vollends zu unterwerfen. Im Aktienwesen werden gewöhnlich von seiten der Vernunft klare und bestimmte Einwände nicht erhoben; es handelt sich um zahlreiche Kennzeichen zugunsten einer bestimmten Art Aktien und Bedenken gegen dieselben, die man auch ohne an der Sache beteiligt zu sein recht verschieden beurteilen kann; bei einiger nicht einmal recht starker Neigung zum Optimismus in der Bewertung der Chancen, ist es stets möglich, in vollkommen logischer Weise die glänzendsten, in Wirklichkeit aber nicht vorhandenen Aussichten zu begründen.

Eine große Rolle im Aktienwesen spielen allerhand Kunstkniffe (in Prospekten, in der Presse, auf der Börse), die darauf berechnet sind, die optimistische Überschätzung des inneren Wertes der Aktien durch Mitteilung falscher Schätzungsdaten u. drgl. zu steigern. Aus obigen Ausführungen folgt a priori, und die Empirik des Lebens bestätigt es vollkommen, daß das Aktienpublikum geneigt ist, diese Täuschungen äußerst kritiklos und vertrauensvoll hinzunehmen. Infolge der oben erörterten Neigung bahnt es sozusagen der Täuschung den Weg und liebt die Kritik und den Zweifel nicht; es sucht und verlangt nach Rechtfertigung für seinen optimistischen Drang, wie der Roulettspieler, der jeden sinnlosen Ratschlag, jeden abergläubischen Wink freudig und gläubig empfängt. Auf diese Erscheinungen werden wir noch weiter unten zurückkommen. Oben handelte es sich darum, unsern Satz von der Überschätzung des Aktienwertes als eine normale wirtschaftliche Tendenz (ein „wirtschaftliches Gesetz") aufzustellen und zu begründen, die zu ihrer Wirkung und Äußerung besondere künstliche Ursachen, wie Mißbräuche seitens der Beteiligten u. drgl., nicht nötig hat. In Italien bringt das Lotto enorme Gewinne ein, und dies ohne jegliche Mißbräuche, sondern allein infolge der natürlichen psychologischen Tendenz des Publikums, das die Lose zu einem ihren inneren Wert übersteigenden Preise kauft, obwohl ihm dieses Mißverhältnis und die Nachteiligkeit des Spieles sonnenklar sind und durch keinerlei Täuschungen verschleiert werden. Desgleichen hatten wir oben nicht die Zeiten von Aktienkrisen und spekulativem Aktienfieber, sondern vielmehr einen ganz friedlichen und normalen Zustand der Volkswirtschaft im Auge.

Unabhängig von jeglichen zufälligen und krankhaften Verwickelungen in der Volkswirtschaft im allgemeinen und von Mißbräuchen oder sonstigen Krankheiten des Aktienwesens im besonderen, wirkt — und kann infolge der natürlichen Beschaffenheit des Volkspsyche nicht anders — ein „Gesetz“, kraft dessen Wertpapiere mit Prämien, darunter auch Aktien, die Tendenz haben, im Publikum eine ihren inneren Wert übersteigende Nachfrage und Bewertung zu erzeugen.

Der Ernst, die Wichtigkeit, die Gefahr, zugleich aber auch der wirtschaftliche Nutzen jenes entscheidenden und bedeutsamen Schrittes, den die Gesetzgebung mit der Zulassung und der Einführung des Instituts des Aktienrechts gemacht hatte, bestand garnicht in der Anerkennung des „Prinzips der beschränkten Haftung“, sondern in der Gestattung, Aktien als mit sehr großen, mannigfaltigen und beweglichen Prämien verbundene Wertpapiere unter das Publikum zu bringen, in der Gestattung, Kapital für ein Unternehmen mittelst eines Verfahrens zu sammeln, das die natürliche psychologische Möglichkeit bietet, einen größeren Wert gegen einen geringeren zu erhalten, das Publikum — die zahlreichen Kandidaten für die Aktionärwürde, mit der die herrschende Theorie die Unternehmereigenschaft verbindet — gewissermaßen zu besteuern. Die Erteilung einer Konzession für Ausgabe von Aktien hat in dieser Beziehung eine gewisse Ähnlichkeit mit der Verleihung des Rechts zur Eröffnung eines Totalisators, zur Ausgabe von Lotterielosen usw.[9])

Sehr bezeichnend ist, daß Perrot, der, wie wir oben gesehen, seine Blitze gegen das Privilegium der beschränkten Haftung schleudert, an einer anderen Stelle seines obengedachten Werkes (S. 66 ff.) die Mitteilung Max Wirth's,[10]) daß sich in England die in das „Prinzip der unbeschränkten Haftbarkeit“ (d. h. der Solidarhaftung der Aktionäre für die Schulden der Aktiengesellschaft) ge-

---

[9]) Siehe unsere Bemerkung oben S. 50.

[10]) Max Wirth, Handbuch des Bankwesens, S. 61.

setzten Hoffnungen in Wirklichkeit nicht erfüllt haben, als Autorität anführt und dazu bemerkt: „durch die Erfahrung erhärtete Tatsache ist es . . „ daß weder die beschränkte noch die unbeschränkte Haftbarkeit der Aktionäre zu verhindern im stande ist, daß bei den Aktiengesellschaften im großen Durchschnitt der Schwindel immer die Hauptsache bleibt. Das mag hart klingen, dürfte aber mit jedem Schritte, welchen die Ausbildung der kritischen Aktiengesellschaftsgeschichte und Aktiengesellschaftsstatistik tut, nur neue Bestätigung finden."

Perrot übertreibt hier — wie gewöhnlich — stark und stellt übereilt allgemeine Behauptungen auf, er hat aber in der Beziehung Recht, daß das Prinzip der „unbeschränkten Haftbarkeit" das Aktienwesen nicht zu heilen und zu ordnen vermag, wie dies die Erfahrung speziell in England gelehrt hat.

Das „Prinzip der beschränkten Haftbarkeit" an und für sich erklärt, unserer Ansicht nach, das Wesen und die positiven und negativen Eigenheiten des Aktienwesens überhaupt nicht, und in ihm liegt nicht der Schwerpunkt der theoretischen und rechtspolitischen Fragen des Aktienrechts.

Daß das Vermögen einer Aktiengesellschaft zur Befriedigung ihrer Kreditoren nicht ausreicht, ist selbst bei akuten Erkrankungen des Aktienwesens und einem massenweisen Zugrundegehen von Aktiengesellschaften eine außergewöhnliche, ganz vereinzelt auftretende Erscheinung.[11]) Zudem läßt sich durch entsprechende Maßregeln (Vorschriften über rechtzeitige Liquidation) diese Erscheinung fast gänzlich beseitigen oder zum mindesten so einschränken, daß man sie vom praktischen Standpunkte aus ignorieren kann. Dementsprechend kann auch das vielverheißende und nach einer oberflächlichen Theorie anscheinend eine recht zurückhaltende Wirkung auf die Aktionäre ausübende „Prinzip der unbeschränkten Haftung" in der Praxis und Wirklichkeit, in bezug auf seine psychologische und wirtschaftliche, mäßigende und ordnende Wirkung der Null zustreben, während das Prinzip der „beschränkten

[11]) Die Motive zur deutschen Aktiennovelle (§ 2, Reichstag 5. Legisl.-Periode, IV. Session 1884, Drucks. 21, S. 48) sehen ganz richtig ein Symptom einer äußerst ungesunden Entwicklung des Aktienwesens in Deutschland in den 70er Jahren unter anderem in dem Umstande, daß aus 139 die Aktionäre ruinierenden Liquidationen, die von der Krise der 70er Jahre herrührten und zur Zeit der Abfassung der Motive beendet waren, „sogar die Gläubiger in vier Fällen nicht volle Befriedigung" erhalten haben.

Haftung“, das nach der herrschenden Theorie den eigentlichen Kern des Aktieninstituts, das „Aktienprinzip“ als solches bedeutet [12]), im Grunde genommen ein an und für sich verhältnismäßig nebensächliches und unwichtiges Prinzip ist.[13])

Die oben festgestellte normale Tendenz zur Überschätzung des Wertes der Aktien erfährt in den Zeiten wirtschaftlicher Krisen, unter dem Einfluß des „Spekulationsfiebers“ und speziell der Ausschreitungen der Fondsbörsen-Spekulation, besondere Modifikationen. Zur Erkenntnis des Einflusses der Spekulation auf das Aktienwesen ist es von Wichtigkeit, die Psychologie der Spekulation und deren Ausschreitungen richtig zu erfassen.

Die moderne Theorie erklärt die Spekulation und ihre Krankheiten auf eine recht einfache Weise. Die Ursache und die ausreichende Erklärung dieser wichtigen sozialen Erscheinungen erblickt die herrschende Theorie in dem den meisten Menschen eigenen Drange nach leichter und schneller Bereicherung. Diese Erklärung scheint so einfach, klar und einleuchtend, daß die Verfasser in ihren von der Spekulation handelnden Untersuchungen es bei Wiederholung der bezüglichen herkömmlichen und stereotypen Sätze und Erklärungen zuweilen für nötig halten, sich zugleich zu entschuldigen, daß sie so handgreifliche und vor lauter Wiederholung trivial gewordene Grundsätze erörtern, und zu ihrer Rechtfertigung die Wichtigkeit dieser Grundsätze zum Verständnis verschiedener Eigentümlichkeiten der Spekulation hervorheben usw.

So lesen wir in einer hervorragenden Monographie über die Fondsspekulation, in Ehrenbergs Werk „Die Fondsspekulation und die Gesetzgebung“, folgende auf diese Frage bezüglichen Bemerkungen: „Seitdem man begonnen hat, sich mit den Ursachen zu

---

[12]) Vgl. z. B. Ad. Wagner in den Verhandlungen des Vereins für Sozialpolitik, 1873 S. 58: „Auch bei uns sind neuerdings, als ein immerhin beachtenswertes Zeichen der Zeit, Stimmen aufgetreten, welche das Aktienrechtsprinzip als solches (d. h. das Prinzip der begrenzten Haftbarkeit) beseitigt haben wollen“; S. 66 „. . . zwei Stimmen besonders vernehmlich gemacht, weil sie offen das ganze Aktienrechtsprinzip, die begrenzte Haftbarkeit grundsätzlich bekämpfen“ usw.

[13]) Freilich insofern die Freiheit des Aktienbesitzers von jeglicher Verpflichtung für die Umlaufsfähigkeit der Aktie und somit auch unter anderem für die Bildung und Realisierung von Kursprämien von Wichtigkeit ist, erhält sie die entsprechende mittelbare Bedeutung, gleich anderen die Umlaufsfähigkeit der Aktie günstig beeinflussenden Faktoren.

beschäftigen, die den periodisch wiederkehrenden Ausbrüchen allgemeiner Spekulationssucht zu Grunde liegen, ist in der Diskussion hierüber vor allem ein Satz immer wieder und wieder ausgesprochen worden, nämlich der Satz: daß diese Eruptionen lediglich zurückzuführen seien auf den in jedem Menschen schlummernden Wunsch, rasch und ohne Arbeit reich zu werden, und daß dies eine unausrottbare Eigenschaft der Menschennatur sei. . . . Der Vordersatz, welcher die Neigung jedes Menschen, rasch und ohne Arbeit Geld zu verdienen, als Ursache der spekulativen Ausschreitungen bezeichnet, ist ohne allen Zweifel richtig, und seine unanfechtbare Wahrheit wird nicht geschmälert dadurch, daß es einer jener Gemeinplätze ist . . . usw.“ (S. 201.)

Uns scheint im Gegenteil, daß die herkömmliche Theorie einer Kritik nicht Stich hält und gar nichts zu erklären vermag. Ihre feste Autorität und Unbestrittenheit beruht auf der wissenschaftlichen Inertie und Überlieferung, wie dies bei den meisten auf das Aktienwesen bezüglichen gemeingültigen Theorien der Fall ist.

Es dürfte freilich recht vielen Menschen äußerst angenehm sein, ein möglichst großes Vermögen mit möglichst geringem Kraft- und Zeitaufwand, überhaupt mit den geringsten Opfern zu erwerben. Das ist eigentlich ein allgemeines privatwirtschaftliches Postulat, das nicht allein vom Standpunkt der Privatinteressen naturgemäß, sondern auch für die Volkswirtschaft, bei dem jetzigen System der wirtschaftlichen Dezentralisation notwendig ist.

Wohl verleihen die Ausdrücke „leichter Gewinn“, „Bestreben, ohne Mühe und Sorgen reich zu werden“ der üblichen Spekulationstheorie einen Schatten von Mißbilligung; allein diese Nuance ändert ebenso wenig wie die entsprechende spezielle Formulierung etwas an dem Wesen der Sache, nämlich daran, daß man zur Erklärung der Spekulation einfach das privatwirtschaftliche Prinzip und Interesse vorhält, die auf anderen Gebieten als rechtmäßig und rationell anerkannt werden. Wenn jemand, der über freie Kapitalien verfügt, diese in Wertpapieren anlegt und hierbei darauf bedacht ist, die vorteilhafteste Kapitalanlage zu wählen, so haben wir es ja auch mit dem Wunsche zu tun, möglichst viel Geld ohne Mühe und Sorgen zu erlangen. In diesem Falle kann von „Mühe und Sorgen“ noch weniger die Rede sein, als bei der Spekulation, wo manchmal eine recht mühselige und angespannte Tätigkeit, insbesondere eine erschöpfende Arbeit von Geist und Nerven ohne

Rast und Ruhe aufgeboten wird. Wenn ein Handwerker irgend ein Werkzeug erfindet oder kauft, wodurch der für die Erzeugung eines Produkts erforderliche Zeit- und Arbeitsaufwand vermindert und auf das Minimum gebracht wird, so läßt er sich gewöhnlich ebenfalls von der Bestrebung leiten, möglichst viel Geld mit dem geringsten Arbeits- und Zeitaufwand zu verdienen; das ist vollkommen normal, wird vom moralischen Standpunkt aus nicht getadelt, erzeugt keinerlei schädliche Erscheinungen, sondern ist vielmehr der Volkswirtschaft nützlich. Die gewöhnliche Lehre von der Ursache der Spekulation wird schon dadurch verdächtig, daß sie sich zur Erklärung einer bestimmten Kategorie sozialer Krankheiten einer These und eines Prinzips bedient, die der sozialen Gesundheit unentbehrlich sind, und zur Verdeckung des Widerspruches und des logischen Sprunges Wendungen gebraucht, die diesem Prinzip eine unsympathische Färbung geben und ihm einen leichten Makel anhängen.

Der Drang zur größtmöglichen Bereicherung unter dem geringsten Aufwand an Zeit und Arbeit erklärt auf dem Gebiete der Spekulation nur diejenigen Erscheinungen, die der Erklärung gar nicht bedürfen und keine Eigentümlichkeit der Spekulation im Gegensatz zu anderen Erscheinungen der privatwirtschaftlichen Ordnung des ökonomischen Lebens darstellen.

Unter den sozialen Elementen, die sich an der Börsenspekulation beteiligen, sind zwei Gruppen zu unterscheiden: 1) der verhältnismäßig kleine Kreis von Börsenspezialisten und 2) die große, bunt zusammengesetzte Menge von Nichtspezialisten. „(Man) muß . . . . sich freilich von der Anschauung emanzipieren, daß die „Fondsspekulation“ nur von den an der Fondsbörse befindlichen Spekulanten gebildet wird, — ein Irrtum, der noch überaus weit verbreitet ist. Die eigentliche „Börsenspekulation“, d. h. die 500 oder 1000 oder 2000 Personen, die an der Börse selbst die Spekulation gewerbsmäßig betreiben, sie bilden einen zwar qualitativ hervorragenden, quantitativ aber nur ganz geringen Teil der Gesamtspekulation. Diese letztere rekrutiert sich aus allen Ständen und Volksklassen. . . .“ [14])

Es wird gewöhnlich mit voller Berechtigung der ganz naturgemäße Satz hervorgehoben und auch von keiner Seite bestritten, daß die Spekulation im allgemeinen als ein Mittel zum Reich-

---

[14]) Ehrenberg l. c., S. 206.

werden für die erste, weniger zahlreiche Gruppe der im Börsengeschäft erfahrenen und bewanderten Spezialisten dient, während die Opfer der Spekulation hauptsächlich aus der zweiten Gruppe, der bunten Masse von Personen geworben werden, die im Spekulationskampfe unwissend, verständnislos, unerfahren, überhaupt ziemlich wehrlos sind.

Wenn wir nun einerseits den erfahrenen und im Börsengeschäft überhaupt starken, alle Chancen der Bereicherung durch die Spekulation besitzenden Spezialisten und andererseits den unerfahrenen, der genügenden spekulativen Rüstung entbehrenden, im Spekulationsgeschäft zum Besiegten, nicht zum Sieger auserkorenen Spekulanten miteinander vergleichen, wenn wir überhaupt die erste Gruppe der Spekulanten der zweiten gegenüberstellen, so ist es nicht das Verhalten jener, — die ja mit beinahe sicherer Chance auf Erfolg, mit bestimmter Aussicht auf Gewinn spekulieren —, das einer Erklärung bedarf und den Knotenpunkt des Problems bildet, sondern das Verhalten dieser, die eigentümliche Erscheinung, daß die Flamme der Spekulation eine Unmenge Schmetterlinge anzieht, die bemüht sind, und zwar mit Erfolg, ihre Flügel daran zu versengen.

Es wäre seltsam und komisch, wenn jemand das Motiv, welches das Subjekt eines Totalisatorunternehmens dazu veranlaßt, sein Geschäft zu betreiben, für auffällig oder einer besonderen Erklärung und Untersuchung bedürftig hielte o. dergl. Der Unternehmer handelt hier auf Grund einer gewöhnlichen, völlig normalen Berechnung. Nicht sein Verhalten ist sonderbar, sondern das des Publikums, welches anscheinend „bisher noch nicht begriffen hat, daß sein Spiel der größte Unsinn ist“.

Ebenso taugt die herrschende Formel für die psychologische Begründung und Erklärung der Spekulation nur zur Lösung eines nicht vorhandenen Problems, d. h. zur Erklärung der nicht erklärungsbedürftigen und vollkommen begreiflichen Handlungsweise der Spekulationsspezialisten, sofern diese ihr Geschäft als ein einträgliches Gewerbe betreiben, sofern sie sozusagen von einer richtigen kaufmännischen Kalkulation ausgehen.

Im übrigen leidet die herkömmliche Formel Schiffbruch, selbst wenn man sie auf den engen Kreis der Börsenspezialisten anwendet. Wenn zwei von ihnen ein Differenzgeschäft abschließen, das dem einen — dem Gewinnenden — eine gewisse Summe Geld aus der Tasche des Verlierenden einbringen und außerdem noch einen Beitrag zur Börsensteuer, auch nicht etwa vom Himmel, sondern aus den Taschen der Spielenden, liefern soll, so erscheint die übliche Erklärung der Spekulation hier bereits als unzureichend und keinerlei Aufschluß gewährend. Wollte man die Spekulation lediglich auf die Zwecke und Wünsche der Spekulanten zurükführen, so müßte man, um das erwähnte Geschäft zu erklären, außer dem von der herrschenden Theorie hervorgehobenen Motiv, noch etwa folgende Motive heranziehen: 1. das Bestreben einiger Menschen, aus eigener Tasche die Börsensteuer zu bezahlen, 2. das Bestreben, schnell arm zu werden. Wenn wirklich an der Börse Psychopathen, die sich von derartigen Motiven leiten ließen, verkehrten, so könnte man in der Tat sämtliche Erscheinungen der Spekulation nach der Methode der herkömmlichen Theorie auslegen. So lange aber an der Börse und auf anderen Spekulationsgebieten Leute tätig sind, die nicht gern Steuern, Kommissionsrechnungen usw. aus ihrer Tasche zahlen, und die ihr Vermögen „schnell und ohne Mühe" einzubüßen fürchten, kann sich die herrschende Theorie, selbst in Anwendung auf die Börsianer und ihr Verhalten nicht bewähren.

Wenn man sie nun gar auf jene Schmetterlinge, die sich speziell damit beschäftigen, ihre Flügel an der Flamme der Spekulation zu versengen, auf jene Personen anwendet, die gleichsam absichtlich und hartnäckig ihrem Ruin zustreben, so tritt ihre Haltlosigkeit und ihre Unzulänglichkeit bis zur Augenscheinlichkeit klar hervor. Das Phänomen eines faktischen massenweisen Dranges zur Verarmung und zum Selbstruin kann keineswegs im Motiv des Reichwerdens eine ausreichende Erklärung finden

Methodologisch kann das logische Verfahren, das sich aus der das Problem der Spekulation auf so einfache Weise lösenden, herrschenden Theorie ergibt, als die Methode der Abstraktion bezeichnet werden. Hier wird durch Abstraktion ein Zug des menschlichen Charakters, nämlich das Streben nach Reichtum, herausgehoben, und die übrigen Eigenschaften des Menschen, darunter auch seine Angst vor dem Armwerden, seine Bemühung, den Geldeinbußen und dem Ruin auszuweichen, weggelassen. Abstraktionen und Schlüsse aus mittels Abstraktion erhaltenen Prämissen führen nur dann zu richtigen beweiskräftigen oder aufklärenden Ergebnissen, wenn bei der Abstraktion dasjenige beiseite geschoben, weggelassen, ignoriert wird, was auf dem gegebenen Forschungsgebiet unwesentlich ist. Letzteres kann aber von der Abneigung, sein Vermögen zu verlieren, nicht behauptet werden, wenn es gilt, das Phänomen zu erklären, daß eine Menge Menschen, die für dieses Motiv natürlich sehr empfindlich sind, dennoch in der Tat das die Gewinn- und Bereicherungschancen überwiegende Risiko der Verluste und des Ruins eingehen. Es würde sich keiner auf ein Unternehmen einlassen, im voraus wissend, daß es ihm in der einen Abteilung ein Tausend Gewinn, in der anderen ein Tausend Verlust bringen wird. Denn das eine Motiv, der Wunsch: 1000 zu verdienen, wird durch ein anderes Motiv, den Wunsch: den Verlust von 1000 zu vermeiden, aufgehoben, so daß schließlich keine Kraft verbleibt, um den Antrieb zu einem so zweischneidigen Unternehmen zu geben. Das spekulierende, im Spekulationsgeschäft verhältnismäßig hilflose Publikum geht jedoch eine unvergleichlich ungünstigere Kombination ein. Hier steht einem Gewinn von 1000 ein Verlust von 1000 + n gegenüber; allein es handelt sich um eine Wahrscheinlichkeitsberechnung, um das Abwägen von Chancen. Welche Größe n in Wirklichkeit darstellt, können wir natürlich nicht bestimmen; berücksichtigt man aber alle die vielen Elemente, die das Spekulationsspiel für das Publikum verlustbringend gestalten, so wird die Annahme nicht übertrieben sein, daß n (einschließlich Steuern, Provisionsrechnungen usw.) über 50 v. T., d. h. über 5 v. H. Verlust ausmacht; und dies selbst dann, wenn die Methoden des falschen Spieles (künstliche Beeinflussung des Kurses, Ausnutzung besonderer Geheimnisse usw.) von Börsianern, sowie insbesondere der für das Publikum äußerst unvorteilhafte Modus der Bestimmung des Kurses, zu dem die Vermittler zwischen Börse und Publikum mit diesem abrechnen, nicht angewendet werden.

Jedenfalls müßte gerade das Motiv des Geldinteresses das Publikum von der Spekulation, ebenso wie von jeglichem Handel mit dem Totalisator, und von jedem Spiele mit für den Spieler überwiegenden Verlustchancen abhalten; die herrschende Theorie, die aus dem Geldmotiv als einer für die spekulativen Abnormitäten ausreichenden Erklärung ausgeht, entspricht somit nicht nur nicht der Wirklichkeit, sondern ist ihr geradezu entgegengesetzt.

Worin die wahre Ursache des scheinbar seltsamen und ungereimten Verhaltens des Publikums auf dem Gebiete der Spekulation besteht, ist unschwer zu erraten, wenn man die obigen Ausführungen betreffend die Lotterie, das Roulett, den Totalisator usw. berücksichtigt. Sie ist als die subjektive Tendenz zu einer übertriebenen Bewertung der zu erwerbenden Gewinnchancen zu formulieren. Hier wirkt dasselbe wirtschaftliche Gesetz, aus dem wir vorhin viele andere ähnliche Erscheinungen erklärt haben, nämlich das Gesetz der Überschätzung des inneren Wertes der zu erwerbenden Chancen. Diese Mehrbewertung wirft 10 oder mehr v. H. der Summe der Einsätze als Gewinne für den Totalisator ab, erhält und bereichert eine Menge Privatleute in Monaco sowie den Staat Monaco selber und füllt die Taschen jener Börsenspekulanten an, die sie in ihre Kassen zu lenken verstehen, während sie einen Teil davon den Mäklern, den Banken, dem Steuerfiskus usw. überlassen.[15])

Nur eine eigenartige Form der Verwirklichung dieses wirtschaftlichen Gesetzes (dieser psychologischen Tendenz) kann man während der Aktienkrisen beobachten. Zu Zeiten, wo in einem Lande (oder noch weiteren Gebieten der Weltwirtschaft) die Industrie bzw. ein besonderer Zweig derselben außergewöhnlich blüht und gedeiht, pflegt der Erwerb von Aktien, die Gründung neuer Aktiengesellschaften, die Erweiterung der Tätigkeit von bereits bestehenden Unternehmen usw. ein für die Privatbeteiligten (und die Volkswirtschaft) wirklich recht einträgliches Geschäft zu sein, das auch tatsächlich glänzende Ergebnisse hat. Es werden sehr hohe Dividenden erzielt, die Kurse der Aktien schnellen empor. Ist die günstige Konjunktur im voraus eskomptiert worden, indem in deren Erwartung die Gründung neuer Aktiengesellschaften, die Ausgabe neuer Aktien zur Erweiterung bereits vorhandener Unternehmen usw. stattfindet, so beginnen die ehemaligen Hoffnungen sich zu verwirklichen. Die früheren Besitzer von Aktien und die neuen Erwerber werden reich und prosperieren. Die Beobachtung der ringsherum stattfindenden Bereicherung derer, die ihr Geld in Aktien anlegen, zieht als ansteckendes Beispiel immer weitere Kreise von Teilnehmern heran.

Das Verhalten des Publikums zu den Aktien richtet sich

---

[15]) Zur Vermeidung von Mißverständnissen wollen wir auch hier betonen, daß die Vergleichung der Börsenspekulation mit dem Roulett usw. keineswegs die Ignorierung der radikalen Unterschiede bedeutet, die vom Gesichtspunkt des wirtschaftlichen Nutzens zwischen Börse und Spielhaus bestehen, insbesondere nicht die Ignorierung jener Seiten und Gebiete der Börsentätigkeit, die von dem Hazardspiel wesentlich abweichen und vom volkswirtschaftlichen Standpunkt unentbehrlich sind.

nicht allein nach den persönlichen Erwägungen, Berechnungen und Neigungen der Individuen als solcher (wie z. B. beim Roulettspiel), sondern auch in bedeutendem Maße nach dem Zustande der Massenpsychologie, der „Stimmung" der Gesellschaft als solcher. Im Gegensatz zu der bewußten Veranschlagung zukünftiger Wahrscheinlichkeiten und Chancen, bietet die einer bestimmten Kategorie von Erscheinungen oder Handlungen günstige oder ungünstige Stimmung der Gesellschaft einen meistenteils unbewußten Niederschlag der aus der Gegenwart und der nächsten Vergangenheit gezogenen Erfahrung der Massen, die ganz unabhängig davon zustande kommt, was bei bewußter Überlegung in Zukunft erwartet werden kann. Eine Periode der wirklichen Blüte des Aktiengesellschaftswesens und des Gedeihens zahlreicher Aktionäre erzeugt naturgemäß eine unbewußte Massen-„Stimmung", die der Nachfrage nach Aktien und dem Entstehen neuer Aktiengesellschaften äußerst günstig ist und so lange anhält, bis Erfahrungen entgegengesetzter Natur die Sympathie in Antipathie verwandelt haben. Die unbewußten und halbbewußten Tendenzen der empirischen Psychologie der Menge, eben deshalb, weil sie empirisch (aus dem Rückstand vergangener Tatsachen, nicht aus Erwägungen über künftige Tatsachen) entstanden sind, verändern sich und erhalten eine neue Richtung später, als dies nach den Regeln des bewußten Denkens stattfinden müßte, nämlich erst nachdem die der früheren Richtung entgegengesetzte bittere Erfahrung gemacht worden ist.

Diese Eigentümlichkeit der sich in den uns interessierenden Perioden herausbildenden Massenpsychologie tritt nun als Verbündeter der vorhin erörterten gewöhnlichen Tendenz zur Bildung eines optimistischen Plus beim bewußten Abwägen der Gewinnchancen der zum Erwerb angebotenen Aktien auf; es ist daher ganz naturgemäß und der psychologischen „Ordnung der Dinge" entsprechend, wenn in solchen Zeiten die Erhöhung der Aktiennachfrage und der Aktienkurse, die Ausdehnung der aktienmäßigen Produktion und überhaupt die steigende Entwicklung der aktienmäßigen Unternehmerschaft und Spekulation die den tatsächlichen Bedürfnissen entsprechenden, vernünftigen Grenzen überschreiten.

Es scheint sich aber bei den betreffenden wirtschaftlichen Anomalien nicht allein um den übertriebenen Optimismus in bezug auf die Chancen einer weiteren gedeihlichen Entwicklung der bestehenden Gesellschaften und der Menge neuentstehender Unternehmen zu handeln. Es werden Erscheinungen beobachtet, die sogar vom Standpunkt des äußersten Optimismus bei Schätzung der Wahrscheinlichkeiten unbegreiflich sind, einfach unglaubliche Erscheinungen, und menschliche Handlungen, die den Handlungen Irrsinniger ähneln (Aktien-„Manie“, Spekulations-„Fieber“). Es werden Aktien solcher „Unternehmen“ aufgekauft, die, wie schon aus ihren Namen oder Prospekten ersichtlich, zweifellos „Seifenblasen“ sind. Die Kurse der Aktien steigen zu so unglaublichen Höhen, daß sie selbst bei Unternehmungen, die sich in der glänzendsten Lage befinden, gleichfalls offenbare „Seifenblasen“ sind.

Wenn auch zu John Law's Zeiten die Gesellschaft sich zum Glauben, daß ein wundertätiges Geheimnis der Bereicherung für alle und jeden entdeckt wäre, verleiten lassen und es übersehen konnte, daß es sich um einen Kartenbau handelte, der unvermeidlich einstürzen mußte, so darf man doch von den späteren und den neuesten analogen Fieberanfällen kaum dasselbe annehmen. Die Ursache der während dieser Fieberanfälle vorkommenden ungeheuren Ausschreitungen liegt nicht im optimistischen Vertrauen auf den weiteren Fortschritt des industriellen Erfolges, denn es läßt sich nicht an den Erfolg eines Unternehmens glauben, dessen betrügerischer und fauler Charakter schon aus dem Prospekt klar hervorgeht; in solchen Fällen ist vielmehr anzunehmen, daß viele sich der Abnormität der Erscheinung bewußt sind und es voll begreifen, daß die angespannten Seifenblasen früher oder später platzen und diejenigen zugrunde richten müssen, die zur Zeit des Zusammensturzes Aktionäre sein werden. Diejenigen, die trotz dieser Einsicht die Aktien hohler Unternehmen, oder sonst Aktien zu einem ungeheuer hohen Kurse kaufen, rechnen gar nicht auf den objektiven Erfolg des Unternehmens, den reellen Wert der von ihnen erworbenen Chancen, sondern lediglich darauf, daß das Fieber anhalten und der anormale Kurs der Aktien eine Zeitlang noch weiter steigen wird, so daß es ihnen möglich sein wird, die erworbenen Aktien noch vor dem Krach mit einer erheblichen Prämie loszuschlagen. In den Tagen des Zusammensturzes, der allgemeinen Panik, des allgemeinen, den Kursniedergang und die völlige Entwertung der Aktien beschleunigenden Dranges, sie loszuwerden, stellt sich heraus, daß die Masse der zugrunde gerichteten Aktionäre sich in bezug auf die Weiterentwicklung des Fiebers und das Anhalten der Hochkonjunktur verrechnet hat. Es zeigt sich nun, daß sie die Chancen eines weiteren Steigens des Optimismus in der Chancenbewertung ihrerseits zu optimistisch veranschlagt hatten. Hier kann man die potenzierte Wirkung der vorhin erörterten psychologischen Tendenz, nämlich die Wirkung der optimistischen Mehrbewertung der erworbenen Chancen im Quadrat feststellen.

Der zu Zeiten des Zusammensturzes eintretende allgemeine Ruin der Aktionäre, die um sich greifende Panik und die Verzweiflungsrufe der Zugrundegerichteten machen auf die Massenpsychologie einen tief erschütternden Eindruck. An die Stelle der früheren Begeisterung für das Aktiengeschäft tritt nun eine Angst und ein Abscheu vor Aktien, Gründern von Aktiengesellschaften usw. Auch der Kurs der Aktien vollkommen sicherer Unternehmen fällt in den Tagen solchen Rückschlages oft unter ihren reellen Wert und erholt sich erst nach einiger Zeit, nachdem die panische Erregung vorüber ist.

Der übermäßig hohe und in keinem Verhältnis zu ihrem reelen Werte stehende Kurs der Aktien während des Aufwallens der Aktienspekulation ebenso wie das rasche und plötzliche Fallen des Kurses in der zweiten Hälfte der Krise sind so auffällige, allgemein bekannte und anerkannte Tatsachen, daß es sich wohl erübrigen dürfte, sie hier noch durch besondere Beweisführung zu erhärten.

Dagegen bedarf das von uns deduktiv aus psychologischen Prämissen abgeleitete Gesetz der allgemeinen und normalen Überschätzung des reellen Wertes der Aktien, einer auf Tatsachen gestützten, statistischen Nachprüfung. In der Literatur vermissen wir wissenschaftliche Untersuchungen über die, wie wir unten sehen werden, äußerst wichtige Frage des Verhältnisses zwischen dem inneren Werte der Aktien und denjenigen Summen, die das Publikum dafür zahlt, indem es die Aktien unmittelbar oder durch Vermittlung Dritter von den Gründern übernimmt; insbesondere gibt es keine statistischen Untersuchungen über die Frage, welche von den beiden Kategorien von Personen, die Aktionäre oder die Obligationäre, nach den bisherigen Erfahrungen im Aktienwesen die vorteilhaftere Anlage für ihre Kapitalien gewählt haben, ob es im Durchschnitt aus der Gesamtheit der gesammelten statistischen Zahlen hervorgeht, daß sich die beiden Kategorien von Rentnern vom Standpunkt des von ihnen aus ihren Kapitalien gezogenen Geldnutzens im allgemeinen in der gleichen wirtschaftlichen Lage befanden oder nicht, und in diesem Falle auf welcher Seite der Vorteil war.

Verschiedene nebenbei gemachte Äußerungen in den Abhandlungen über das Aktienwesen bezeugen, daß man allgemein daran glaubt, die Aktionäre erzielten überhaupt einen höheren Geldnutzen als die Obligationäre. Aus dieser Ansicht werden, wie wir oben gesehen und uns noch auf anderen Gebieten weiter unten überzeugen werden, manchmal wichtige praktische Schlüsse gezogen; der wissenschaftliche Nachweis und die sorgsame Forschung treten hier jedoch hinter dem Glauben und der ungeprüften landläufigen Meinung zurück. Übrigens stößt man in der Literatur auf Bemerkungen, die, wenn sie auch eine ausreichend begründete wissenschaftliche Lösung der Frage nicht darstellen, immerhin, so scheint es, dazu führen müßten, die üblichen Anschauungen etwas skeptischer und kritischer zu behandeln und die Frage wissenschaftlich zu stellen und zu erörtern.

So finden wir z. B. in der hervorragenden und interessanten Abhandlung von Oechelhäuser „Die Nachteile des Aktienwesens und die Reform der Aktiengesetzgebung" unter anderem folgende Bemerkungen:

„Die Dividende allein bietet allerdings nicht den vollständigen Maßstab der Vergleichung (der mit den Privatunternehmen konkurrierenden Aktiengesellschaften hinsichtlich ihrer Rentabilität, ihres privatwirtschaftlichen Erfolges) mit dem Privatgeschäft, da Gehälter und Tantièmen der Vorstände und Aufsichtsräte, sowie die Reservefondsquoten, dem Dividendenbetrag zugesetzt werden müssen, um die Vergleichung mit dem Gewinn aus dem Privatbetrieb, der die Remunerationen für die persönlichen Leistungen der Inhaber usw. einschließt, richtig zu stellen. Allein wenn man auch hierauf jegliche Rücksicht nimmt, so zeigt doch schon die oberflächlichste Vergleichung einen großen Abstand der Rentabilität (eine bedeutend geringere Rentabilität der Aktiengesellschaft). Läßt man selbst die in der letzten Gründungsperiode, nach Schluß 1870, entstandenen Aktiengesellschaften außer Betracht, und hält sich vorläufig bloß an die sogenannten alten soliden Gesellschaften, so betrug z. B. deren Dividende nach dem Berliner Kurszettel, im Durchschnitt der 5 Jahre 1870—1874:

Bei den Eisenbahnen	5,87 %
„ „ Banken und Kreditinstituten	8,36 %

Bei den Bergwerks- und Hüttengesellschaften 12,31 %
„ „ übrigen industriellen Gesellschaften 6,44 %

Und unter diesen 5 Jahren waren die 3 glänzendsten, welche wir je erlebt haben! Für die Vergleichung mit den gleichzeitigen Resultaten der konkurrierenden Privatgewerbe . . . . . stehen nun allerdings keine konkreten Zahlen zu Gebot. Allein wer nur einigermaßen geschäftskundig ist, und in jenen Jahren einen Einblick in die Gewinnverhältnisse der Privat- (also nicht Aktien-) Geschäfte, selbst weit kleineren Umfangs, getan hat, wird uns nicht widersprechen, wenn wir deren Rentabilität, auch unter Berücksichtigung der obenerwähnten Zuschläge zu den Dividenden, auf weit höher veranschlagen. Und dies waren nur die alten Gesellschaften! Rechnet man aber, wie es die Vergleichung erfordert, die Ergebnisse der zahllosen neuen Gründungen seit Mitte 1870 hinein, so kommt im ganzen genommen, trotz der einbegriffenen glänzenden Zeiten, für die gesamten Aktienkapitalien noch lange keine Verzinsung heraus, wie sie eine Anlage in den solidesten Staatspapieren, oder ersten Hypotheken, abgeworfen hätte. (Im Text unterstrichen.) Das Privatgewerbe hat sicherlich in gleicher Zeit das Doppelte eingebracht." (Seite 6 und 7.)

Einzelne Erwähnungen der bescheidenen Höhe der Dividenden finden sich auch in verschiedenen das Aktienwesen betreffenden statistischen Arbeiten. So z. B. in Conrad's „Handwörterbuch der Staatswissenschaften" 1890 Bd. I (unter „Aktiengesellschaften") bemerkt Jurashek zu den statistischen Zahlen, welche die Schwankungen der Dividenden in Österreich während der letzten von ihm behandelten zehn Jahre (1878—1887) angeben, folgendes (S. 144):

„So haben 1878 nur 52 % der bestehenden Gesellschaften mit einem Aktienkapital von ca. 65 % des ganzen Aktienkapitals Dividenden bezahlt, 1883 aber konnten 66 % der Gesellschaften (immer ohne Eisenbahngesellschaften gerechnet) mit 88 % des Aktienkapitals Dividende zahlen; 1887 stellten sich diese Ziffern wieder auf 59 und 80 % . . . Die Dividende wie der Reinertrag erhebt sich im Durchschnitte wenig über den normalen Zinsfuß von 5 % . . . Wie die folgende nach dem österreichischen statistischen Handbuche berechnete Tabelle zeigt, zahlen seit 1878 87 % der bestehenden Gesellschaften keine Dividenden oder solche unter 10 %, und bloß 13 % werfen Dividenden über 10 % ab" . . . usw.

Derselbe Verfasser bemerkt bezüglich der niederländischen Aktienstatistik (eod. S. 172):

„Die von den Aktiengesellschaften in den letzten 26 Jahren ausgezahlten durchschnittlichen Dividenden waren, wie die vorhin gegebene Tabelle zeigt, mäßig. Sie schwankten zwischen 3,8 und 7,6 % und betrugen im Mittel 5,4 %" . . .

Das verhältnismäßig niedrige Niveau der Dividenden wäre um so eher geeignet, die Aufmerksamkeit der Forscher auf sich zu ziehen und die Frage anzuregen, ob nicht überhaupt der Erwerb von Aktien für die Rentner eine verlustbringende Art der Kapitalsanlage sei, als man die Zahlen der von den Aktionären erhaltenen Dividenden, die in Prozenten auf das Nominalkapital ausgerechnet sind, offenbar ganz bedeutend ermäßigen müßte, um sie mit den von den Besitzern von Obligationen und sonstigen fest fundierten Wertpapieren bezogenen Zinsen unter einen Nenner zu bringen.

Vor allem ist es erforderlich, von der Summe der Dividenden, welche die Aktionäre in einem gegebenen Lande, oder überhaupt, erhalten haben, die Summe des von ihnen verlorenen Kapitals abzuziehen; Oechelhäuser berührt diesen Punkt nicht. An der oben (S. 55) angeführten Stelle der Motive zur deutschen Aktiennovelle, wo davon die Rede ist, daß von den 139 zu jener Zeit beendigten Liquidationen, in 4 Fällen sogar die Gläubiger nicht volle Befriedigung erhalten haben, wird zugleich verzeichnet, daß die Aktionäre in 69 Fällen (von obigen 139) nichts, in 70 Fällen weniger als pari, nämlich von 2,09 % bis 77,51 % des Kapitals bekamen, und daß allein schon diese 139 Liquidationen die Aktionäre den Verlust von 241 748 027 Mk. Grundkapital kosteten.

Aber ein noch wichtigeres Moment bei der Vergleichung des Geldnutzens der Aktionäre und anderer Rentner bietet folgender Umstand. Die statistischen Tabellen weisen die Dividendenzahlen in Prozenten des Nominalbetrages der Aktien aus. Diese Zahlen könnten bis zu einem gewissen Grade als Anzeiger des Geldnutzens der Aktionäre dienen, wenn wir (gemäß der üblichen theoretischen Ausdrucksweise bzw. der hergebrachten Formulierung des ersten oder eines der ersten Paragraphen der Aktiengesetze) annehmen wollten, daß sich die Aktionäre „mit Einlagen beteiligen" etc., d. h. daß die Aktionäre einen bestimmten Teil des Grundkapitals in das Unternehmen einbringen und daß ihre „Haftbarkeit“ (ihr Risiko) sich auf diese Einlage beschränke. In Wirklichkeit aber verhält sich die Sache anders. Nur ein gegewisser, kaum erheblicher Prozentsatz der Aktionäre erwirbt die Aktie zum Nominalwerte oder beteiligt sich tatsächlich am Unternehmen mit einer „Einlage“, die dem Nominalbetrage der Aktie gleichkommt. Der bei weitem größte Teil der Aktionäre kauft die Aktie nicht zum Nominalpreise, sondern zu einem von demselben abweichenden Kurse, der zuweilen den Nominalwert der Aktie um ein Vielfaches übersteigt. Dieser Umstand verliert zwar bei Berechnung der Gewinne oder Verluste, welche die Gesamtheit der Aktionäre eines gegebenen Landes während eines bestimmten Zeitabschnitts gehabt hat, zum Teil an Bedeutung, weil die Kursdifferenzen zum Teil in den Händen der Aktionäre verbleiben. Nehmen wir beispielsweise eine Gesellschaft, deren Aktien auf 1000 Mk. lauten und an der Börse 1025, dann 1200, dann 2000, 3000 usw. notieren, so können wir von den entsprechenden Kursprämien, insofern sie den Aktionären zugute gekommen sind, absehen, die Reihe der Aktienbesitzer als einen einzigen Aktionär betrachten und zu unseren Zwecken annehmen, daß ein Aktionär, der sich im Besitze einer Aktie mit dem Nominalbetrage von 1000 und dem Kurse von 4000 befindet, seine Dividende als Zinsen für ein Kapital von 1000 erhält. Allein man darf die Kursdifferenzen auf diese Weise nur teilweise außer Betracht lassen, und zwar nur insofern, als die Aktie beim ersten Übergang an das Publikum, in die Hände eines Rentners, dessen Lage uns hier eben interessiert, mit dem Preise von 1000 Mk. bezahlt wurde. Ist sie jedoch, als sie zuerst von den Gründern (oder den Vermittlern zwischen Gründern und Publikum) veräußert wurde, mit 1200 oder 2000 bezahlt worden, so muß die Höhe der Dividende in unserem Sinne nicht als der Zinsertrag von einem Kapital von 1000, sondern unter Zugrundelegung eines Kapitals von 1200 oder 2000 berechnet werden. Eine entsprechende Berichtigung muß in solchem Falle auch in bezug auf die Bestimmung der Kapitalverluste des Aktienpublikums während eines gegebenen Zeitraums stattfinden. Die statistischen Zahlen zeigen uns den Verlust an Nominalkapital, d. h. nur einen Teil des wirklichen Kapitalverlustes der Aktionäre, sofern das Publikum den Gründern oder Emissionsvermittlern nicht den Nominalbetrag des Grundkapitals sondern mehr zahlte. In den Werken über das Aktienwesen, speziell in den Kapiteln, wo von „Gründerprämien", „Gründergewinnen" die Rede ist, findet man recht interessante Illustrationen zu unserer Frage.

„Die Kapitalisten, welche die Konzession erhalten haben, realisieren alsdann, ohne den Beutel zu öffnen, höchst bedeutende Gewinne. Sie sind die einzigen Inhaber der Aktien zu Pari, und wenn sie deren einige ihren Freunden oder solchen Personen überlassen, deren Einfluß ihnen nötig ist, so geschieht es aus purer Liebenswürdigkeit oder aus Berechnung. So sind die 22000 Aktien der Bahn nach Versailles (rechtes Ufer) durch den Gesellschaftsvertrag (d. h. in der konstituierenden Generalversammlung) in folgender Weise verteilt worden: (folgen die Namen der Syndikatsmitglieder und des von jedem erhaltenen Aktienanteils). Nun sind am Tage der Emission diese selben Aktien von 700 auf 725 Frcs. an der Börse gestiegen: — dadurch wurden die vorgenannten 8 Personen in den Stand gesetzt, durch Verkauf der Aktien am selben Tage einen Gewinn von über $4^1/_2$ Millionen zu realisieren, nicht an der dividendentragenden Aktie, sondern an der „Promesse" der Aktie, welche die Verpflichtung einschloß, den Betrag derselben einzuzahlen." [16])

„Man hat berechnet, daß die Finanziers, welche die französischen Eisenbahnen gründeten, schon in den 50er Jahren 400000000 Frcs. Gründergewinn eingestrichen hatten." [17])

Dabei ist noch zu berücksichtigen, daß die am Tage der Emission oder bald darauf stattfindende Kurssteigerung noch nicht die gesamte Differenz zwischen dem Kurs- und dem Nominalwert der Aktie darstellt, um welche die Zahlen der statistischen Aufstellungen des Aktienwesens zu unseren Zwecken geändert werden müssen. Denn die Gründer bringen zunächst gewöhnlich nur einen Teil des von ihnen geschaffenen Aktienmaterials auf den Markt. Der Rest wird dem Publikum allmählich, nach Maßgabe der weiteren Kurssteigerung übergeben.[18]) Außerdem muß noch in

---

[16]) Proudhon, Manuel du speculateur à la Bourse. Perrot l. c. S. 148, 149.

[17]) Perrot eod.

[18]) Neben den Gründern verdienen bei diesen Operationen auch die Vermittler zwischen den Gründern und dem Publikum, die Unternehmer im Emissionsgeschäft, die wir freilich im Bereich unserer Frage keineswegs unter das „Aktien-Publikum" zählen dürfen. „Souvent les syndicats financiers se chargent à forfait d'une grande quantité de titres: le public qui se presse à leurs guichets ne les obtient qu'à un prix supérieur. La société qui fait l'émission en garde la

Betracht gezogen werden, daß bei späteren, neuen Emissionen bereits bestehender Gesellschaften die Aktien manchmal schon zu einem sehr hohen Kurse auf dem Markte erscheinen, und daß die Gründer und die Vermittler zwischen diesen und dem Publikum[19]) aus dieser Quelle oft nicht weniger bedeutende Gewinne ziehen.

Wenn man sich dies alles überlegt, so wird es klar, daß die statistischen Tabellen, welche die Höhe der Dividenden in Prozenten des Nominalkapitals der Aktien ausweisen, weit davon entfernt sind, eine richtige Darstellung der wirklichen Gewinne des Aktienpublikums auf dessen Kapital zu geben. Sie zeigen lediglich die Vorteile und verbergen die Nachteile, auch übertreiben sie die Vorteile nicht wenig, indem sie die Dividenden in Prozenten nur eines Teiles des von den Aktionären in Wirklichkeit gezahlten Betrages umrechnen.[20])

Wie müßte Oechelhäuser unter Berücksichtigung des oben Gesagten über die Lage der Aktionäre urteilen, wenn er ohne-

---

majeure partie dans ses caisses: elle fait publier que la souscription a été plusieurs fois converte, en sorte que les titres font immédiatement prime sur le marché et que les financiers les écoulent peu à peu à des prix de plus en plus élevés." (Prof. Cl. Jannet: „Le capital, la spéculation et la finance," Paris 1892, page 173).

In konsequenter Weiterverfolgung dürfen wir auch die Börse im engeren Sinne nicht vergessen, mit deren Kursbeeinflussung und Kursdifferenzen, deren bedeutender Teil nicht in die Taschen des Aktienpublikums fließt (vgl. oben S. 61 ff.).

Schließlich absorbieren auch verschiedene mit dem Übergang der Aktien aus einer Hand in die andere verbundenen Spesen einen Teil der Dividende.

[19]) Vgl. z. B. die interessanten Zahlen, die in den Motiven für die Entscheidung des Pariser Gerichtshofes (la Cour de Paris) vom 8. März 1887 in Sachen Crédit Général Français angeführt werden: „Considérant que, lors de la première augmentation du capital, un syndicat s'est formé ..... pour l'écoulement sur le marché des 62708 actions nouvelles souscrites chez les prévenus et que la liquidation de ce syndicat a procuré un bénéfice de 112 fr. 25 par action; considérant qu'à la suite de la seconde augmentation un second syndicat a été constitué sous la même direction pour le placement des 75763 actions appartenant aux .... et qu'après la vente des titres chaque action a bénéficié de 90 fr.; considérant que le 14 septembre 1881 un troisième syndicat portant sur 30000 titres a été organisé" etc. etc. Jannet l. c.

[20]) Die Entstehung und Entwicklung optimistischer Vorstellungen wird vielleicht auch teilweise dadurch gefördert, daß die Leser gewöhnlich bei Durchsicht der statistischen Tabellen des Aktienwesens unwillkürlich nicht den normalen Zinsfuß der Zeit, auf die sich die Dividendenstatistik bezieht, im Auge haben, sondern den niedrigeren Zinsfuß der darauf folgenden Zeit, in der die Tabellen gelesen werden.

dem schon bei dem Ergebnis anlangt, daß das Kapital der Aktiengesellschaften, obwohl seine Berechnung die glänzendste Entwicklungsperiode der deutschen Industrie einschließt, bei weitem nicht die Verzinsung erreicht, die es bei Anlegung in den solidesten Staatspapieren und ersten Hypotheken abgeworfen hätte? Er rechnet ja zu den Aktiva die Tantièmen und Gehälter hinzu, d. h. solche Beträge, die den Aktionären nicht zufließen, während er es unterläßt, in die Passiva die jedenfalls nicht unerhebliche Summe aufzunehmen, welche die Aktionäre über den Nominalwert der Aktien hinaus gezahlt haben.

Das zwischen den Dividenden, welche die Aktionäre in einem gegebenen Lande erhalten, und dem tatsächlichen Ertrag, den sie auf ihr Kapital erzielt haben, bestehende Größenverhältnis zu bestimmen, ist leider nicht möglich, da die hierfür erforderlichen Daten fehlen, speziell der von den Aktionären für den Aktienkauf verausgabte Geldbetrag sich nicht zahlenmäßig feststellen läßt.

Um das vorstehend deduktiv ermittelte wirtschaftliche „Gesetz“ rechnerisch zu prüfen und seine Wirkung zu bestimmen, wäre es übrigens nicht angängig, wie dies Oechelhäuser zur Bekräftigung seiner Meinung tut, sich auf ein einzelnes Land und eine gewisse kurze Spanne Zeit zu beschränken.

Infolge verschiedenartigster örtlicher und zeitlicher Ursachen kann die von uns hervorgehobene psychologische Tendenz durch andere Faktoren künstlich unterstützt und gesteigert oder umgekehrt paralysiert werden.

Allein, wenn wir auch nicht imstande sind, unser „Gesetz“ zahlenmäßig darzulegen und ausreichend statistisch zu belegen (ebenso wie es unsere Gegner statistisch nicht widerlegen könnten), so darf es trotzdem nicht als ein durch Tatsachen nicht bewiesener und daher nicht zuverlässiger „aprioristischer Schluß“ bezeichnet werden. Sollten auf dem Gebiete der Sozialwissenschaften nur diejenigen Theoreme und Theorien von wissenschaftlicher Bedeutung und ernst zu nehmen sein, die sich durch spezielles statistisches Material belegen lassen, so gäbe es keine solche Wissenschaft, insbesondere keine theoretische Volkswirtschaftslehre, sondern nur eine gewisse verhältnismäßig beschränkte Anzahl unzusammenhängender und zufälliger Lehrsätze. Wollten sich die Gesetzgeber nur von Erwägungen leiten lassen, die man durch entsprechende Zahlen nachweisen kann, so würde sich daraus nicht allein der Stillstand der gesetzgeberischen Tätigkeit, sondern auch die Erscheinung ergeben, daß selbst die wenigen Gesetze, die veröffentlicht werden könnten, irrtümlich und verderblich sind, infolge der Ignorierung von Sätzen und Prämissen, die zwar nicht in Zahlen ausgedrückt sind, deshalb aber ihre Bedeutung und ihre Richtigkeit nicht einbüßen.

Unser wirtschaftliches Gesetz beruht auf Tatsachen und ist durch Tatsachen bewiesen. Dieselben Tatsachen werden auf dem Gebiete der Lotterie, der Spekulation und anderen Gebieten, auf denen für einen bestimmten Geldbetrag unbestimmte Gewinnchancen erworben werden, beobachtet. Diese Erscheinungen sind allein durch das Gesetz der optimistischen Überschätzung des reellen Wertes der Chancen zu erklären. Weiter unten werden wir sehen, daß unser Gesetz, und unser Gesetz allein, imstande ist, einzelne scheinbar sonderbare psychologische Erscheinungen und wirschaftliche Geschehnisse befriedigend aufzuklären, die bei der Entstehung und der weiteren Lebensbetätigung der Aktiengesellschaften auftreten. Diese Tatsachen und Erscheinungen bekräftigen wiederum unser Gesetz.

III.

Die Schwankungen der optimistischen Tendenz. Die „Unwissenheit“ des Aktienpublikums, Prospekte, Betrügereien, Gründergewinne.

Die physischen Körper ziehen einander an. Ihre Anziehungskraft ist proportional ihrer Masse und umgekehrt proportional dem Quadrat ihrer Entfernung. Dieses einfache und für die physische Welt allgemein gültige Naturgesetz „führt“ in konkreten Fällen zu sehr verschiedenen „Resultaten“. Trotz der gegenseitigen Anziehung zweier Körper kann deren Annäherung, infolge verschiedener Komplikationen und Hindernisse, ausbleiben. Aber selbst bei (idealer) Abwesenheit jeglicher Komplikation, bei der „reinen“ Wirkung dieses Gesetzes, äußert es sich, wie schon aus seiner Formel zu ersehen ist, je nach Entfernung und Masse der Körper, sehr verschieden. So ist das Gewicht eines fallenden

Körpers in jedem Augenblick ein anderes, als im Augenblick zuvor. Ebenso muß auch das von uns oben gefundene ökonomische Gesetz der Wertbestimmung der Aktien sich in Wirklichkeit auf sehr verschiedene Weise äußern, nicht allein infolge verschiedener von außen kommender Komplikationen, sondern schon infolge seines eigentlichen Wesens. Die Gravitation des Aktienmarktpreises in der Richtung der optimistischen Überschätzung ihres reellen Wertes hängt (abstractis abstrahendis) von der Intensität jenes Elements ab, welches, wie wir oben gesehen, den Aktien überhaupt eigen ist und eben die Überschätzung der Aktien herbeiführt. Allein dieses Element (das Element der Chancen einer bedeutenden Prämie, das „Lotterie"-Element) haftet verschiedenen Aktien zu ein und derselben Zeit oder einer Aktie zu verschiedenen Zeiten nicht entfernt in gleichem Maße an. Wenn z. B. eine Aktie kraft eines Paragraphen des Statuts der Umlaufsfähigkeit entbehrt bzw. ihre Veräußerung mit besonderen Schwierigkeiten und Hindernissen verbunden ist, so wird eo ipso die Möglichkeit, durch Veräußerung der Aktie zu hohem Kurse eine Kapitalprämie zu erzielen, aufgehoben oder erschwert und eingeschränkt; der Schwerpunkt wird dann auf die Zinsprämien (Dividendenschwankungen) übergeleitet, d. h. auf Prämien, die im Vergleich zu den Kapitalprämien von recht bescheidenem Umfang sind, somit auch vom Standpunkt unseres Gesetzes eine relativ nur sehr bescheidene Rolle spielen können. Wenn man jedoch von der im Aktienwesen in der Regel geltenden freien Umlaufsfähigkeit der Aktien ausgeht, so bleibt auch in diesem Falle noch ein großer Spielraum für bedeutende Unterschiede in der Intensität des verschiedenen Aktien anhaftenden Lotterieelements. Handelt es sich um die Gründung eines industriellen Unternehmens bekannter und erprobter Art nach üblichem Muster, eines Unternehmens, das auf die Erzeugung und den Absatz eines Produktes gerichtet ist, dessen Produktionskosten und Marktpreis bedeutenden Schwankungen nicht ausgesetzt sind usw., so ist hier die Intensität des Lotterieelements sehr gering, dementsprechend kann hier auch die Wirkung des von uns festgestellten Gesetzes nicht sehr erheblich sein.

Handelt es sich dagegen um die Aktien eines Unternehmens von mehr individueller Natur, bzw. einer neuen, „große Hoffnungen" gestattenden Art, bieten die Bedingungen des künftigen Betriebes, dessen technische Ergebnisse, die zu erwartende Nachfrage nach diesen Ergebnissen usw. in ihrem bedeutenden Teile eine unbekannte Größe, so daß man recht hohe Prämien, einen bisher vielleicht nie dagewesenen Gewinn gewärtigen kann, so muß hier unser Gesetz, seinem Wesen nach, günstige Bedingungen zu einer starken und heftigen Äußerung vorfinden. Diese aus unserer Theorie auf deduktivem Wege gewonnene Folgerung findet in der Geschichte des Aktienwesens reichliche Bestätigung. In dieser Geschichte kehrt immer hartnäckig die bemerkenswerte Erscheinung wieder, daß über alle Maßen übertriebene, „fabelhafte“ Aktienkurse in verschiedenen Ländern und zu verschiedenen Zeiten, vorwiegend oder ausschließlich, oder in besonders scharfer Form beobachtet werden können: zunächst auf dem Gebiete entfernter, überseeischer Unternehmungen, die für die Volksmassen eine ganz unbekannte Größe darstellen, gerade weil das Land ihrer Tätigkeit weit entfernt und unerforscht ist (verschiedene „Indien“, zu denen nicht John Law allein seine Blicke wandte, Amerika, solange es noch für Europa in der Hauptsache unbekannt war [1]) usw.), sodann aber bei Unternehmungen einer neuen Art, so lange sie „neu“ bleiben (Eisenbahnen, Asphalt, crédits mobiliers). Jede Geschichte der Aktienkrisen berichtet uns im Grunde genommen fast ausschließlich über die Schicksale dieser Art Unternehmungen.

Wir haben ferner gesagt, daß das Prämienelement ein und derselben Aktie zu verschiedenen Zeiten bei weitem nicht in gleichem Maße eigen ist. Hier ist folgendes klar und gewiß:

Dasjenige Element, welches das Aktienwesen mit der Lotterie, dem Totalisator usw. gemein hat und dieselbe eigenartige psychische und wirtschaftliche Erscheinung hervorbringt, die auf dem Gebiete des Spieles zum Vorschein kommt, konzentriert sich ceteris paribus auf die Anfangsstufen der Entwicklung und des Bestehens von Aktiengesellschaften und der Zirkulation von Aktien; dann läßt es allmählich nach und verliert an Bedeutung. Eine Aktie bietet nämlich ihrem Erwerber nur in der Anfangsperiode ihrer Existenz und Zirkulation die Chancen einer Kapitalprämie, die den für sie gezahlten Betrag um das Zweifache, das Dreifache etc. übersteigt (resp. einer entsprechenden Zinsprämie). Später, wenn sich die Rentabilität des Unternehmens geklärt und gefestigt wenn es sich beispielsweise gezeigt hat, daß die

---

[1]) Vgl. z. B. Wirth, Geschichte der Handelskrisen, 3. Aufl. S. 138ff.

Aktie 1, 5 oder 10 % Dividende gibt, besonders wenn diese Dividende jahraus jahrein ohne nennenswerte Schwankungen wiederkehrt und kein besonderer Grund vorliegt, für die Zukunft wesentliche Veränderungen zu erwarten, verwandelt sich die Aktie aus einem Wertpapiere mit den Chancen hoher Kapital- und Ertrags- (positiver und negativer) Prämien in ein friedliches, des Elements des Wagens bares zinstragendes Papier, das für die Vertreter des Spieles im Aktienwesen keinerlei Interesse bietet und wirtschaftlich für die Anlage von Witwen- und Waisenkapitalien o. dergl. geeignet ist. Hier wird der Kurs der Aktien nahezu nach den gleichen wirtschaftlichen Prinzipien und Gesetzen bestimmt, wie der Kurs solider Obligationen. Beim Erwerb einer solchen Aktie kann man keinen hohen Ertrag bzw. keine hohe Kapitalprämie erwarten, selbst wenn die Aktie 20 % Dividende gibt; denn für eine derartige Aktie zahlt man entsprechend mehr, als ihr Nominalwert beträgt, so daß die 20 % Dividende eine sehr bescheidene Verzinsung des aufgewendeten Betrages bedeuten. In diesen Stadien und unter diesen Umständen ihres Lebens gehen die Aktien gewöhnlich „in feste Hände" über, sie hören auf, Spielobjekt zu sein, eilen nicht mehr von Hand zu Hand, sondern wählen sich eine Stätte dauernder Ruhe, dienen fast ausschließlich als feste Kapitalsanlage für jene Rentner, die spekulativen Bestrebungen abgeneigt sind.

Nach dem Lärm, der Aufregung, dem Getümmel der Anfangsstadien, tritt im Leben der Aktien eine Periode der Windstille und Ruhe ein. Dementsprechend wirkt auch die Tendenz der optimistischen Überschätzung des inneren Aktienwertes mit besonderer Kraft während der ersten Perioden steigender Aktientemperatur, um dann mit der Klärung des Horizonts und der Konsolidierung des Unternehmens nachzulassen.

Wenn die obenbesprochenen statistischen Berechnungen vorgenommen worden wären und beispielsweise ergeben hätten, daß die Aktionäre vergangener Zeiten für ihre Aktien insgesamt 5 % mehr gezahlt haben, als deren innerer Wert betrug, so dürfte diese Zahl weit hinter der unvergleichlich höheren Ziffer der optimistischen Überschätzung des inneren Aktienwertes zurückbleiben, die für die Anfangsperioden, z. B. das erste Jahrzehnt des Bestehens eines durchschnittlichen Aktienunternehmens maßgebend ist, d. h. für die Zeit, zu der eben diejenigen positiven und negativen Kapital- und Ertragsprämien, die das spezifische

Merkmal der Aktien als einer besonderen Art zinstragender Wertpapiere darstellen, gebildet und angesammelt werden.

Diese Durchschnittszahl würde ihrerseits bei weitem nicht die viel größeren Übertreibungen in bezug auf den Aktienwert zum Ausdruck bringen, die in einzelnen individuellen Fällen stattfinden. Sie würde natürlich nicht bedeuten, daß auf einer gegebenen Entwicklungsstufe jedes einzelnen Aktienunternehmens der Kurs der Aktien deren inneren Wert unbedingt um 15 % oder dgl. übersteigen muß. Dies anzunehmen, wäre ebenso fehlerhaft, wie wenn man die 10 % oder dgl., die das Publikum zu dem inneren Werte der am Totalisator oder bei einem Lotterieunternehmer erworbenen Gewinnchancen hinzuzahlt, auf jeden einzelnen Einsatz eines jeden von den Spielenden beziehen wollte.

Wäre ein Thermometer des Aktienoptimismus erfunden, so würde es in jedem einzelnen Falle ungleiche und überhaupt sehr verschiedene Anzeigen liefern. Solange man indessen über ein derartiges Thermometer nicht verfügt, kann man nur im allgemeinen Wirkungen der Tendenz beobachten, an alles das zu glauben, was zugunsten eines Gewinnes spricht und gegenüber den negativen Anzeichen die Augen zuzudrücken, wobei diese Tendenz sich bald in mäßiger Weise geltend macht, bald zu einer solchen Intensität steigert, daß die ihr entsprechende Chancenbewertung einem Beobachter, der unser Gesetz nicht kennt, als ein Zeichen von äußerstem Unverstand oder Wahnsinn oder krankhaften Leichtsinns vorkommen mag.

Wir haben vorhin gesagt, daß man bei Beobachtung des Verhaltens der Besucher von Monte Carlo zu fehlerhaften Urteilen über ihre geistigen und anderen Eigenschaften gelangen könnte; vollkommen gebildete Leute könnte man für ganz unwissend oder abergläubisch, gute Mathematiker für Menschen halten, welche die einfachsten Berechnungen nicht auszuführen verstehen usw. Wir haben eine Zeitungsnotiz angeführt, die einen derartigen falschen Schluß über das am Totalisator spielende Publikum enthält; nämlich den verwunderten Hinweis auf den Unverstand und die Unkenntnis der Spieler darüber, daß für sie das Spiel am Totalisator einen handgreiflichen Verlust bedeutet, daß das Spiel-„Kapital“ schon beim zehnten Einsatz absorbiert wird usw.

Eine reiche Sammlung ähnlicher Fehler, die aus Nichtberücksichtigung des oben erörterten psychologischen und wirtschaftlichen Gesetzes hervorgehen, läßt sich auf dem Gebiete der

Literatur des Aktienwesens zusammenstellen. Aus dieser Literatur, insbesondere der historischen Literatur des Aktienwesens, könnte man überhaupt recht pessimistische Folgerungen in bezug auf die Bildung und die Geisteseigenschaften des Publikums in verschiedenen Epochen einer nicht sehr entfernten und selbst ganz nahen Vergangenheit ziehen; ja man könnte sogar beim Lesen dieser Literatur zu der Überzeugung gelangen, daß der Mensch als genus von den Naturforschern ganz unbegründet „homo sapiens" genannt wurde; daß das Abzeichen und charakteristische Merkmal dieses genus animalium nicht die sapientia ist, sondern eine ihr entgegengesetzte Eigenschaft, daß sich dieses genus in der Hauptsache aus Gimpeln und Narren zusammensetzt. Wir würden, beiläufig gesagt, einen so trivialen und unliterarisch klingenden Ausdruck, wie das Wort „Narr" keineswegs gebrauchen, wenn wir über ein anderes Thema, als das der Aktiengesellschaften (außer vielleicht über Theorie oder Geschichte des Schimpfstiles) schrieben. Um uns den mit der Aktienliteratur weniger vertrauten Lesern gegenüber zu rechtfertigen, möchten wir hier bemerken, daß sich der fragliche Ausdruck schon seit langem in dieser Literatur eingebürgert hat und selbst während der Sitzungen der „Allerhöchst eingesetzten Kommission zur Revision der gesetzlichen Bestimmungen über Börsen und Aktiengesellschaften" gebraucht wurde. Die „Narren" sind ebenso herkömmliche und typische Figuren der Aktienliteratur, wie der Prinz von Wales, seine Dienerschaft usw.

So heißt es im stenographischen Bericht der ersten auf die Eröffnungssitzung folgenden Geschäftssitzung der genannten Kommission (vom 7. März 1897):

„Es hat sich jedoch herausgestellt, daß das Aktienpublikum nicht genügend vorbereitet ist, um über die Solidität von Aktienunternehmungen ein sicheres Urteil zu fällen. Die Praxis hat die Möglichkeit solcher Aktienunternehmungen nachgewiesen, wie z. B. einer Gesellschaft mit dem Zweck, Afrika mit Amerika zu vermählen, oder einer anderen, deren Zweck es war, eine Rassenmischung zu erzielen, oder endlich einer Gesellschaft, die den Zweck angekündigt hatte, Sägespäne zu schmelzen und Eisenwaren daraus anzufertigen. Nach Eröffnung der Subskription auf die Aktien dieser Gesellschaft wurde das gesamte Kapital gezeichnet, darauf erfolgte aber eine Kundmachung der Gründer, daß sie die Zeichnung nur angestellt hätten, um festzustellen, wie viel Narren in London vorhanden wären."

Es muß übrigens bei dieser Mitteilung oder deren stenographischer Wiedergabe eine Ungenauigkeit untergelaufen sein. Max Wirth berichtet über dieselben englischen „Seifenblasen" unter anderem folgendes: „Die Verblendung war so stark, daß man es wagte, ein Projekt in den Zeitungen mit den Worten anzukündigen: „Zur Zeichnung von 2 Millionen zu einem gewissen vielversprechenden Unternehmen, dessen Zweck man später bekannt machen werde" . . . . . „Ähnliche Vorgänge ereigneten sich damals vielfach: Eine Gesellschaft forderte zur Teilnahme an einem Unternehmen von großem Vorteile auf, aber niemand dürfte wissen, was für ein Unternehmen es wäre. Jeder Subskribent, der 2 Pfd. Sterling per Aktie deponierte, sollte zu 1000 Pfd. per annum berechtigt sein. In 5 Stunden waren 2000 Pfd. Sterling in den Händen der Unternehmer deponiert. Noch eine andere Gesellschaft forderte zur Subskription für eine neue Ausführung des perpetuum mobile auf. Auch die Spaßvögel machten sich über die Torheit des Publikums lustig. Ein angebliches Bureau wurde in Change Alley eröffnet, um Zeichnungen auf eine Million entgegenzunehmen. Der Zweck war nicht angegeben. Dennoch stürmten die Leute herbei, um 5 Schilling auf jedes Tausend, das sie unterzeichneten, zu zahlen, in der vollen Meinung, daß sie ihr Glück machen würden. Nachdem eine bedeutende Summe gezeichnet war, wurde eine Ankündigung veröffentlicht, in der die Leute aufgefordert wurden, ihr Geld ohne Abzug wieder zu holen, da man bloß habe sehen wollen, wieviel Narren an einem Tag gefangen werden könnten . . . . . Diese Scherze waren für die Torheit des Publikums in der Tat recht bezeichnend, denn viele der damals unternommenen Schwindeleien waren so aberwitzig, daß man kaum von Kindern die Naivität hätte erwarten dürfen, daran zu glauben. Allein auch solche fanden Beifall und es wurde viel Geld dabei verloren und gewonnen . . . . . Die ersten Käufer fanden bald zweite Käufer zu noch höheren Preisen, da fortwährend neue Gimpel aus allen Teilen des Landes herbeiströmten. Und so groß war das Gedränge in Change Alley, daß dasselbe Papier an dem einen Ende der Gasse 10 % teuerer verkauft wurde, als an dem anderen."

„Diese Beispiele von hundert anderen genügen, um zu zeigen, von welcher Raserei das Publikum in jener Periode ergriffen war."

„Zur Warnung für die Nachkommenschaft hat ein Zeitgenosse ein Verzeichnis der hauptsächlichsten Schwindelprojekte der damaligen Zeit angefertigt, das wir für interessant genug halten, um es unseren Lesern mitzuteilen.“ (Folgt ein 12 Seiten langes Verzeichnis; ferner ist vom Prinzen von Wales, von Herzögen und Herzoginnen die Rede; verschiedene Verse aus jener Zeit, die das Aktienwesen betreffen, werden angeführt; dann wird von einem exzentrischen Gentleman und einer nicht minder exzentrischen Lady erzählt, die durchaus 3 Millionen Pfund jeder in Aktien verdienen wollten, und, nachdem sie sich in den Aktien der Südsee-Gesellschaft arg getäuscht hatten, ihr Glück von neuem in den Aktien der asturischen Bergwerke versuchten usw.) [2])

Zur Charakteristik des Aktienpublikums werden neben Bezeichnungen, die lediglich auf Mangel an Wissen, an Verständnis, an Bildung, auf schwache Geistesfähigkeiten hinweisen sollen, Ausdrücke gebraucht, die dem Gebiete der Psychiatrie entnommen sind und Geistestrübung, Gemütsstörung bedeuten. Am häufigsten aber spricht man von der Tollkühnheit, der äußersten Leichtgläubigkeit und Leichtfertigkeit des Aktienpublikums. Bei der Schilderung von Aktienkrisen scheinen den Verfassern einzelne solcher Epitheta unzulänglich, und ihre Ohnmacht, die wahre Ursache der beschriebenen Anomalien anzugeben, gleichsam bekennend, türmen sie eine Unmenge verschiedener Epitheta übereinander, gebrauchen mit Vorliebe den Superlativ oder dementsprechende Wendungen, um das höchst Merkwürdige an der Sache zum Ausdruck zu bringen, und entdecken beim Aktienpublikum eine Fülle anormaler und negativer Charaktereigenschaften; endlich machen sie noch besonders aufmerksam auf das Ungewohnte, Unerhörte, Unbegreifliche des vom Aktienwesen gebotenen Schauspiels.

„Nach dem Jahre 1844 warf sich die Spekulation auf Eisenbahnunternehmungen mit einem Eifer, wie er bis dahin kaum je in der Welt für die Anlegung von Kommunikationsmitteln existiert hatte . . . . Nachdem . . . . die ersten gewinnreichen Erträgnisse die Habsucht der Kapitalisten angereizt hatten, erfaßte bald eine wahre Wut, Eisenbahnen anzulegen, alle zu tollen Spekulationen geneigten Köpfe. Die Konkurrenz erwachte, trieb den Wetteifer bis zur Eifersucht und machte blind: es wurden Bahnen projek-

---

[2]) Max Wirth, Geschichte der Handelskrisen, 3. Aufl. S. 64 u. f.

tiert, bei denen der Hauptzweck zu sein schien, daß eine die andere zugrunde richtete. Die Freude an kühnen, neuen, großen Unternehmungen und die Sucht nach Gewinn, der Wunsch, schnell reich zu werden, reichten einander die Hand, — Tollkühnheit und Agiotage hatten überall ihr Spiel .... Die Törichten und die Unwissenden rannten blind hinein ins Verderben, entweder als Beute der Habsüchtigen oder in Gemeinschaft mit ihnen ....“ [8])

Während der Bankgründungsepoche in Deutschland, Anfang der sechziger Jahre, waren nach Wirth die Habsucht und die Leichtgläubigkeit des Publikums nicht mehr verbunden, sondern befanden sich in blindem Wetteifer (S. 295). Zu Beginn der siebziger Jahre schließen in Deutschland diese negativen Eigenschaften des Publikums wiederum ein Bündnis, äußern sich jedoch genau in derselben Weise, wie in früheren Epochen des Aktienwesens:

„Bei dieser Beschaffenheit des Publikums, dessen Leichtgläubigkeit mit der steigenden Gewinnsucht Hand in Hand ging, war es natürlich, daß, wie in früheren Epochen, auch jetzt die abenteuerlichsten Projekte willige Teilnehmer fanden.“ (S. 502.) Einige Seiten weiter erfahren wir übrigens, daß die Leichtgläubigkeit des Publikums nie größer gewesen sei, als in jener Zeit (S. 509).

„Die Leichtgläubigkeit des Publikums ist zu keiner Epoche größer gewesen. Als Beweis dafür dient nicht bloß die Gründung einer Menge von Aktiengesellschaften zu Zwecken, welche die Unrentabilität an der Stirne tragen und trotzdem leicht Zeichner fanden, sondern namentlich auch die beiden Prozesse ....“ „Tausende hatten die Folgen ihrer Leichtgläubigkeit zu tragen, die alles Maß überschritt, denn jeder Mensch, der seiner Sinne mächtig, hätte wissen müssen, daß ein Zins von 40 % ....“ (S. 511).

Endlich bei Schilderung der Spekulation in Frankreich, Anfang der neunziger Jahre, wird dieselbe Leier angestimmt.

„Dem Präsidenten der Gesellschaft (Union générale) gelang es durch diese Vorspiegelung (einer bevorstehenden Beteiligung an Unternehmungen in Serbien, an der Ordnung der türkischen Schuld u. dgl. Aufgaben außerhalb Frankreichs), die Aktionäre vollkommen zu befriedigen, obwohl der problematische und phan-

---

[8]) Wirth l. c. S. 221 u. f.

tastische Charakter seiner Versprechungen deren Mißtrauen hätte erwecken müssen .... Aus dieser Tabelle folgt klar, mit welchem Leichtsinn das Publikum sich von der Spekulation betören und von der Spielwut hinreißen ließ. Die Kurse stiegen in gar keinem Verhältnis zu dem wirklichen Reineinkommen der Gesellschaften; die einzigen Kreditinstitute, welche im Jahre 1880 gegen 1879 ihr Reineinkommen gesteigert, haben im März 1881 eine Preisverringerung ihrer Aktien erfahren, nämlich die Banque Nationale und die Banque d'Escompte de Paris. Alle übrigen Banken weisen, trotz eines mehr oder weniger erheblichen Rückganges ihrer Dividenden, 1880 eine bedeutende Kurssteigerung ihrer Aktien auf .... Aus diesen (Zahlen) erhellt aufs neue, wie gerade diejenigen Banken, die vom Publikum am wenigsten beachtet wurden, dessen Aufmerksamkeit in höherem Maße als die anderen verdienten." [4])

Diese letztere Bemerkung von Wirth enthält unter anderem einen empirischen Satz, der nur noch einen Schritt von unserer Theorie entfernt ist. Er konstatiert Tatsachen und äußert Meinungen, die höchst merkwürdig und paradox erscheinen. Aus den Zahlen, die er anführt, und der Folgerung, die er aus ihnen zieht, ergibt es sich, daß eine Aktie um so höher vom Publikum geschätzt wird, je niedriger ihr innerer Wert ist. Diese Zahlen sind an sich keine genügende Grundlage für die Folgerung, die Wirth aus ihnen zieht, die Folgerung selbst zeichnet sich mehr durch Übereiltheit, als durch wissenschaftliche Gründlichkeit, logische Korrektheit und materielle Richtigkeit aus, sie bildet sogar eine Anomalie in seinem hochbedeutenden, ernsten Werke: „Geschichte der Handelskrisen". Interessant und bezeichnend sind aber seine Bemerkungen als Symptom eines Gefühls der Unzulänglichkeit der bestehenden Theorie des Aktienwesens, als Anzeichen der Empfindung, daß auf diesem vom Standpunkt der herrschenden Ansichten unerklärt gebliebenen und unerklärlichen wirtschaftlichen Gebiete etwas Befremdendes und Paradoxes vorhanden ist, desgleichen aber als Symptom und Beweis dafür, daß die auf dem Gebiete des Aktienwesens beobachteten Tatbestände unausgesetzt auf die ihnen zugrunde liegende im vorangehenden Kapitel besprochene psychologische Wahrheit hinweisen, nämlich auf das Gesetz der optimistischen

---

[4]) Wirth l. c. S. 630 u f

Abweichung vom reellen Werte bei Schätzung der Aktien als Wertpapiere mit bedeutenden und unbestimmten Prämien, daß die Tatbestände uns diese Wahrheit sozusagen aufdrängen. Das Paradoxon von Wirth enthält nicht die volle Wahrheit, es schließt auch Unwahrheit mit ein, doch liegt ein Körnchen Wahrheit darin verborgen. Im allgemeinen trifft es freilich nicht zu, daß die Bewertung der Aktien im Markte ihrem inneren Werte umgekehrt proportional ist; das Gegenteil ist vielmehr richtig: der Kurs der Aktien ist im allgemeinen ihrer wirklichen oder gemutmaßten Ertragsfähigkeit, ihrem inneren Werte überhaupt proportional, obwohl er, wie wir oben nachzuweisen versuchten, einen gewissen Zuschlag zu diesem inneren Werte einschließt, ebenso wie dies beim Totalisator, Lotteriespiel u. dgl. der Fall ist. Da aber in concreto die Abweichung des Aktienkurses in der Richtung der optimistischen Überschätzung des reellen Wertes der Aktien zu verschiedenen Zeiten und bei verschiedenen Unternehmungen ungleich stark sein kann, da speziell die Wirksamkeit unseres Gesetzes eine höhere ist bei Unternehmungen, die unbekannte Größen enthalten, zu unbestimmten Hoffnungen und Erwartungen Anlaß geben, als bei ernsten und konsolidierten Unternehmungen mit feststehender und bestimmter Ertragsfähigkeit usw., — so kann in concreto das scheinbar befremdende Resultat eintreten, daß minderwertigere Aktien einen höheren Kurs haben, als ihnen dem inneren Werte nach überlegene, aber der Wirkung unseres Gesetzes weniger ausgesetzte Aktien.

Die von Wirth angeführten Zahlen, sowie der Satz, den er aus ihnen folgert, sind nicht der unmittelbare Ausdruck einer allgemeinen Regel und eines allgemeinen Gesetzes, sondern nur Anomalien und Ausnahmeerscheinungen; diese Erscheinungen sind aber vom Standpunkt des allgemeinen Gesetzes der Bildung des Marktpreises von Wertpapieren mit Prämien erklärlich und begreiflich. Sie sind ein Ausfluß und ein Einzelfall der ungleichmäßigen Verteilung der von uns festgestellten psychischen Kraft auf die verschiedenen Aktiengattungen.

Ebenso unrichtig, als empirische Verallgemeinerungen, sind die üblichen Klagelieder über die Habgier, Dummheit, Unwissenheit, Tollkühnheit etc. des Aktienpublikums. Und wollten wir dem Aktienpublikum noch so viel solcher und ähnlicher Eigenschaften in einem noch so hohen Grade zuschreiben, sie in noch so mannigfaltiger Weise kombinieren, sie bald in Eintracht und

Gemeinschaft, bald im Wetteifer wirken lassen und dgl., — die wahre Erklärung und das richtige Verständnis für die Sache werden wir durch diese Pleonasmen nicht gewinnen. Diejenigen, die Aktien zu einem ihren inneren Wert „handgreiflich“ weit übersteigenden Preise erwerben, für „Toren“, „Gimpel“ und dgl. zu halten, ist ebenso irrtümlich, wie das zur Börse, zum Totalisator, zum Roulett strömende Publikum als aus Toren bestehend anzusehen. Ist es denn nicht auch seltsam, wie so gute Ernten in Toren und Gimpeln in gewissen Zeiträumen wiederkehren können! Aus Werken, die von der Geschichte des Aktienwesens handeln, könnte man schließen, daß das Publikum periodisch seine Bildung, seine Kenntnisse und Geistesfähigkeiten einbüßt, um sich unerklärlicher Weise in eine staunenswerte Unwissenheit, Naivität und Einfältigkeit einzukleiden. Es geht indes aus diesen selben Schilderungen von Anomalien auf dem Gebiete des Aktienwesens hervor, daß es gerade die gebildetsten Klassen der Gesellschaft gewesen sind, die vorwiegend an all diesen Geschichten beteiligt waren und die Hauptrolle darin gespielt haben. Nicht die Dienerschaft von Grafen, Fürsten, Großkapitalisten war es, die ihren aufgeklärten Herrschaften mit dem Beispiel von Unwissenheit und törichten Handlungen voranging; tonangebend waren vielmehr die „Spitzen der Gesellschaft“. Der Kern der Sache liegt nicht in der Dummheit und Unwissenheit, sondern in einem ganz anderen, allen Menschen gemeinsamen Zug, in der psychischen Kraft, die auch bei einem hohen Grade intellektueller Kultur und Entwicklung, — sofern nur die ihrer Äußerung und Entfaltung günstigen Umstände vorliegen, — zu einem so „blödsinnigen“ Verhalten führt, wie es selbst unter Unwissenden und Einfältigen ausgeschlossen ist, wenn die Bedingungen fehlen, unter denen sich diese Kraft auslöst, die, von den intellektuellen Eigenschaften des Menschen gänzlich unabhängig, dem Intellekt zuwider wirkt. Daher kann hier auch die „Verbreitung der Bildung“, entgegen der auf unserm Gebiet oft geäußerten Meinung, von keiner Bedeutung sein; ebenso wie „Lehren für die Nachkommen“ aus dem speziellen Gebiete des Aktienwesens eine Bedeutung weder gehabt haben, noch haben können, und wie die Belehrung des am Totalisator spielenden Publikums durch Rechenexempel, daß es augenscheinlich töricht und gegen sein Interesse handelt, ein offenbar verlustbringendes Spiel treibe, ihr Ziel ganz und gar verfehlt.

Die immer wieder angeführten und fälschlich ausgelegten

Anomalien und Kuriositäten des Aktienwesens in der Art der vorhin erwähnten werfen ein besonders falsches Licht auf das Aktienwesen und führen zu besonders fehlerhaften Folgerungen und Argumenten, wenn sie nicht innerhalb des historischen Rahmens und zu Zwecken der Beschreibung angeführt werden, sondern in theoretischen oder rechtspolitischen Erörterungen zur Charakteristik der Unwissenheit, Unvorsichtigkeit, Leichtgläubigkeit u. s. f. des Aktienpublikums überhaupt dienen sollen. Es wäre schon für die theoretischen und praktischen Schlußfolgerungen weniger gefährlich, anzunehmen, daß „Pinsel" und dgl. zeitweise in großen Massen entstehen, um das Material für die Ausbeutung zu liefern, als daß man von dergleichen Anomalien als charakteristischen Beispielen der Unbesonnenheit, Unwissenheit usw. des Aktienpublikums überhaupt ausgeht.

In den Zusammenhang unserer Theorie eingegliedert, sagen uns diese Anomalien nichts über die Geistesfähigkeiten, die Erfahrenheit oder Unerfahrenheit, die Bildung oder Unwissenheit usw. des Aktienpublikums; sie sind nur historische Beispiele einer besonders starken Wirkung jener emotionellen Kraft, die überhaupt die Nachfrage nach Aktien anfacht und deren Kurs beeinflußt. Jede emotionelle Kraft kann und wird in den Ausnahmefällen einer äußersten Anspannung ungeheuerliche und zerstörende Wirkungen hervorbringen, die den oberflächlichen Beobachter zu fehlerhaften Urteilen über die intellektuellen Fähigkeiten des Handelnden zu verleiten vermögen. Um die historischen Beispiele von prima facie jeden vernünftigen Sinnes entbehrenden Aktiengesellschaften richtig zu verstehen, muß man ferner berücksichtigen, daß sie sich in der historischen Überlieferung des Aktienwesens erhalten haben und in den bezüglichen Schriften um deswillen nie fehlen, weil sie eben außergewöhnlich, selten und auffallend sind. Ihre Bedeutung in der wirklichen Geschichte des Aktienwesens verhält sich zu der ihnen in den geschichtlichen und theoretischen Werken über die Aktiengesellschaften zugewiesenen Rolle, wie die Rolle der großen Masse der im Aktienwesen vergangener Zeiten Beteiligten zu der Rolle des berüchtigten Prince Wales Bubble in diesen Werken. Einer unendlich kleinen Größe und höchst ausnahmsweisen Erscheinung der Wirklichkeit ist in den Werken der Geschichtsschreiber dieser Wirklichkeit eine wichtige Rolle zuteil geworden.

Selbst wenn die von uns festgestellte psychologische Tendenz äußerst intensiv wirkt, können nur exzentrische Schwindler, nur Menschen mit einer besonderen Neigung zu übertriebenen, seltsamen und phantastischen Gedanken und Handlungen für die Ausbeutung des Publikums ein Verfahren wählen, wie die Ankündigung einer Zeichnung zum Zwecke der Vermählung von Europa mit Amerika u. dgl. Es ist ja sonnenklar im Interesse eines jeden Ausbeuters, einen Prospekt zu veröffentlichen, ohne solchen, den Erfolg der unredlichen Machination — wenn nicht die Chance der Bereicherung durch sie, so doch mindestens den Betrag dieser Bereicherung — unbedingt sehr herabmindernden Unsinn. Es ist vom psychologischen Gesichtspunkt ganz natürlich, daß die Ausbeuter und die Schwindler in der Periode der äußersten Intensität der Wirkung des Spieloptimismus im allgemeinen weniger Sorgfalt und Mühe im Schwindelgeschäft entfalten, als bei normalen Zuständen. Zur Zeit der Krise in Deutschland in den siebziger Jahren wurde vielfach in der Form eines Vorwurfs gegen die Gründer, die das „leichtgläubige“ und „unwissende“ Publikum ausgebeutet hatten, geltend gemacht, daß sie sich nicht einmal die Mühe genommen hätten, den Schwindelprospekt sorgfältig abzufassen, den Betrug zu verdecken, der bei einiger Aufmerksamkeit schon im Prospekt entdeckt werden konnte und bei einer sorgsameren Redaktion des Prospekts unschwer zu verhehlen gewesen wäre. Wenn „beim Ankauf von Aktien überhaupt leider vielfach weniger Vorsicht angewendet“ wird, „als beim Ankauf eines Rockes, eines Paares Handschuhe und ähnlicher Kleinigkeiten“,[5]) so ist es natürlich, daß auch die Gründer bei Ausbeutung dieses „unvorsichtigen“ Aktienpublikums im allgemeinen weniger Kraft und Mühe zu einer geschickten Inszenierung des Betruges verwenden werden, als wenn sie es mit einem „vorsichtigeren“ Publikum zu tun hätten. Allein wir haben es bei Prospekten mit eigentümlichem und exzentrischem Inhalt nicht mit einer natürlichen Abschwächung der Energie, Sorgfalt und Behutsamkeit beim Betrügen zu tun, sondern vielmehr mit absichtlichen Seltsamkeiten, nicht mit Fahrlässigkeit in der Verhehlung des betrügerischen Charakters einer öffentlichen Verheißung erheblicher Gewinne, sondern mit der gewollten Erfindung von Kuriositäten, Unwahrscheinlichkeiten und Paradoxen dem eigenen (unredlichen)

---

[5]) Strombeck, Ein Votum zur Reform der Deutschen Aktiengesetzgebung, 1874 S. 4.

Geldinteresse zuwider, nur vielleicht um einem dekadenten Hang zur Exzentrizität beim Verbrechen Befriedigung zu verschaffen.

Um die vorhin gekennzeichnete psychologische Kraft in ihrer Wirkung und Bedeutung auf dem Aktiengebiete richtig zu erfassen, darf man natürlich nicht von diesen Kuriositäten ausgehen, sondern von der üblichen und normalen Erscheinung, daß die Ausbeutung in Geldgeschäften, zumal in so großen Geldgeschäften, wie denjenigen im Aktienwesen, in 999 von 1000 Fällen nicht aus Vorliebe zur Exzentrizität, sondern des Gewinnes wegen vorgenommen wird.

Von dieser allein rationellen Voraussetzung ausgehend, gelangen wir zu folgendem Ergebnis (das auch durch Tatsachen bestätigt wird): Die Gründer sorgen im allgemeinen selbstverständlich dafür, daß ihre Projekte und Prospekte plausibel und verlockend erscheinen. Zur Abfassung der Projekte und Programme gerade einer soliden Grundlage entbehrender Unternehmungen werden passende „literarische“ Kräfte geworben und mitunter teuer bezahlt, und die Erzeugnisse dieser Kunst bieten zuweilen bemerkenswerte Muster der Virtuosität in der Darstellung, in der Schönheit des Stiles usw. Auch die Eigenschaften der Projekte, welche die Theoretiker für ein Zeichen der Nachlässigkeit halten, liefern zum großen Teil eben den Beweis einer sorgfältigen Behandlung und eines feineren Verständnisses des Aktienwesens, als es in den üblichen, auf diese Kategorie von sozialen Erscheinungen bezüglichen wissenschaftlichen Theorien zutage tritt. Insbesondere zeugt es häufig gerade von einer feinen psychologischen Berechnung, daß man verschiedene unbekannte Größen in den Prospekten beläßt oder in sie hineinbringt, — was doch vom Standpunkt einer oberflächlichen Theorie die Aktien in Verdacht und Mißkredit bringen müßte. Die in der Geschichte der Aktiengesellschaften berühmt gewordenen Prospekte, in denen nicht einmal der Zweck und der Name des Unternehmens angegeben waren, sind freilich Hyperbeln in dieser Richtung. Aber die Zutat einer größeren oder kleineren Dose von Geheimnis und Unbestimmtheit (im richtigen Verhältnis zu der jeweiligen Spannung der dem Aktienwesen eigentümlichen psychischen Tendenz) muß dem Erfolg einer Aktienemission förderlich sein. Ebenso gefährdet die oft als Beispiel angeführte „augenfällige Übertreibung“ in den Gewinnversprechungen das Ansehen des Unternehmens mit nichten, wenn nur diese Übertreibung dem jeweiligen Wirken unseres „Gesetzes“ angemessen ist. Um seine Behauptung, daß die Menschen sich beim Aktienankauf oft weniger vorsichtig gebaren als beim Ankauf von Handschuhen u. dgl., an einem Beispiel zu veranschaulichen, führt Strombeck[6]) eine Aktienausgabe al pari mit Verheißung einer gesicherten Dividende von 10 bis 20 % an und wundert sich, wie das Publikum glauben konnte, daß ihm die Gründer die Aktien edelmütig zum Nominalwerte überlassen hätten, wenn eine derartige Dividende gesichert wäre. Merkwürdig ist jedoch nur, daß er, wie überhaupt die Vertreter der Theorie, sich über so wenig staunenswerte Erscheinungen wundern und aus ihnen eine so staunenswerte Folgerung ziehen kann, wie den Satz, man ginge beim Aktieneinkauf sorgloser und unvorsichtiger vor, als beim Einkauf verschiedener Kleinigkeiten. Dies ist natürlich nicht richtig. Ein Mensch, der vielleicht die Ersparnisse eines ganzen entbehrungs- und mühevollen Lebens auf die Karte eines Aktienunternehmens setzt, wird selbstredend sehr besorgt und aufgeregt sein, oft Schlaf und Appetit verlieren und, weit entfernt davon, beim Handschuh- oder Rockeinkauf sorgsamer zu verfahren, vielleicht überhaupt vergessen, daß er Rock und Handschuh nötig habe. Eben weil er sich den Gedanken an Aktien und deren Chancen völlig hingibt, weil er die möglichen Gewinn- oder Verlustaussichten sehr ernsthaft, sorgenvoll und aufgeregt gegeneinander abwägt und überlegt, weil er sich zum Aktienerwerb nicht so von oben herab, ruhig und gelassen verhalten kann, wie beim Einkauf von Handschuhen u. dgl., eben deshalb kann eine starke Deviation seines Intellekts in der Richtung der Überschätzung der zu erwerbenden Chancen, und zwar noch eine weit stärkere als in Strombeck's verhältnismäßig bescheidenem Beispiel, stattfinden. Handschuhe und Röcke bewertet das Publikum richtiger als Aktien, allein dies geschieht nicht, wie Strombeck meint, weil man es beim Aktienerwerb an der erforderlichen Aufmerksamkeit fehlen läßt, sondern aus ganz entgegengesetztem Grunde. Zu Zeiten, wenn die Aktientemperatur steigt, werden die Prospekte, bewußt oder instinktiv, der durch den emotionellen Faktor bewirkten starken Abweichung der Intellekte von der gewöhnlichen Bahn angepaßt, sie eskomptieren diese Abweichung und nutzen sie schon in der Form der An-

---

[6]) In der angeführten Schrift S. 4.

kündigung aus und, falls das richtige Verhältnis getroffen ist, so schlagen sie direkt in das Ziel ein; sie sind gelungene Prospekte, wenn auch vielleicht eine Woche später jedermann, nicht nur ein Theoretiker oder Historiker des Aktienwesens, einsehen würde, daß es sich um Vorspiegelungen handelte, deren betrügerischer Charakter bei flüchtigster Betrachtung hätte in die Augen springen und den Absatz der auf so kompromittierende Weise anempfohlenen Aktien unmöglich machen müssen.

Gelingt es den Gründern, ihre Tätigkeit der jeweiligen Richtung und Wirkungskraft unseres Gesetzes der Aktienpsychik und -ökonomik anzupassen, wird der Grad der Anspannung der von uns hervorgehobenen psychischen Kraft richtig bestimmt, so richtet sich diese Kraft voll und ganz, ohne unnütze Reibung und unnötigen Verlust auf — die Anfüllung der Gründertaschen. Wenn beispielsweise die Intensität der Wirkung dieser Kraft gleich 20 % ist, d. h. einen optimistischen Zuschlag von je 20 zu 100 des inneren Aktienwertes hervorbringt, so können diese ganzen 20 % (freilich nach Abzug der Emissionsspesen usw., s. unten) das wären z. B. 400000 von 2 Millionen, bequem und getrost von den Gründern eingesteckt werden; jede Aktie, deren innerer Wert 100 ist, kann unter diesen Umständen dem Publikum für 120 verkauft werden.

Nachdem Krise, Krach und Ruin der Aktionäre eingetreten sind, entsteht großer Haß und große Erbitterung gegen die Gründer, und das Wort „Gründer" wird zu einem schmählichen Epitheton. Moeller hält es in einer während der deutschen Krise der siebziger Jahre verfaßten Schrift [7]) für nötig, den Lesern mitzuteilen, daß das Gründen von Aktiengesellschaften an und für sich kein entehrendes Gewerbe ist, daß das Wort „Gründer" seine technische Bedeutung erst nachträglich verändert hat und zu einer schimpflichen Bezeichnung geworden ist (S. 28). „Nur so viel müssen wir erwähnen, bemerkt er auf Seite 17, daß das „Gründen von Aktiengesellschaften" von Hause aus kein anrüchiges Gewerbe gewesen ist, daß dasselbe seinen ehrlichen Namen vielmehr erst in demjenigen Stadium verloren hat, in welchem die industriellen Unternehmungen nach der Ehre zu streben anfingen . . . usw."

Die gegen die Gründer erhobenen Anklagen bestehen darin,

---

[7]) Justinus Moeller, Gründerprozesse, 2. Aufl. 1876 S. 17.

daß ihnen betrügerische Handlungen zugeschrieben werden, sie erhalten — in Menge vor das Strafgericht gebracht — ihre rechtliche Formulierung durch die Verweisung auf denjenigen Paragraphen des Strafgesetzbuches, der gerade vom Betrug spricht. So handelte es sich bei der Unmenge von Gründerprozessen, die in Deutschland eine der Folgen der Krise in den siebziger Jahren gewesen, um die Vermögensbeschädigung der Aktienzeichner „durch Vorspiegelung falscher und durch Unterdrückung wahrer Tatsachen". Desgleichen spielt „Betrug" die Hauptrolle und bildet den Schwerpunkt bei den Beschuldigungen, die in der Literatur des Aktienwesens den Gründern zuteil werden.

Man sollte meinen, daß zu derselben Zeit, wo die „Gimpel" reichlich gedeihen, auch ein Überfluß an Lügnern und Betrügern zu herrschen pflege. Indem man eine gewisse Anzahl ad hoc promovierter Lügner und Betrüger und die entsprechende Zahl „Gimpel" auf die Aktienbühne bringt, läßt sich mit Leichtigkeit das Schauspiel des Ruins der Aktionäre, des Krachs u. dgl. m. inszenieren, und die Ursache dieser Erscheinungen liegt dann freilich klar auf der Hand. Sollte sich die Natur wirklich von Zeit zu Zeit an dergleichen exzentrischen Scherzen ergötzen, so wäre unsere Theorie gewiß eine überflüssige „Hypothese" und es wäre überhaupt müßig, sich über der Analyse und Diagnose sozialer Erscheinungen den Kopf zu zerbrechen und den Gesetzen der sozialen Psychik und Ökonomik mühsam nachzuforschen.

Der Gründerschwindel spielt zum großen Teil, nicht nur in den Augen des Publikums, sondern auch für die Theoretiker, die Rolle eines solchen deus ex machina.

Ja, wir glauben weitergehen und annehmen zu dürfen, daß selbst diejenigen Gründer, die sich tatsächlich des Betrugs bedienen, zum großen Teil sich täuschen, sofern sie in ihrer Bereicherung und dem Ruin der Aktionäre das Ergebnis des von ihnen ins Werk gesetzten Betrugs erblicken. Sie gleichen jenen Hexenmeistern, Quacksalbern und sonstigen Heilkünstlern, die in der Genesung oder der Krankheit des Patienten die Folge der von ihnen angeordneten geheimnisvollen Zaubersprüche und Beschwörungen von bösen oder guten Geistern wähnen, oder jenen Dieben, die das Gelingen ihres diebischen Vorhabens einem Lichte aus Menschenfett zuschreiben u. dgl.

In Wirklichkeit ist es gar nicht das Erscheinen von Lügnern und Betrügern in der Rolle der Gründer, das während einer

Aktienepidemie zu einer massenweisen Verschiebung im Gleichgewichte der Vermögensverteilung, zu einem massenweisen Wandern des Vermögens aus den Taschen des Publikums in die Taschen der Gründer führt. Die wahre und fundamentale Ursache ist das Wirken der von uns festgestellten psychologischen Kraft, deren Natur eine emotionelle, eine im intellektuellen Sinne unbewußte ist.

Wenn man diese den Unternehmern im Aktienwesen während einer Aktienepidemie sich erschließende Quelle eines enormen Gewinnes „Betrug" nennen will, so sind freilich die üblichen Beschuldigungen gegen die Gründer wegen betrügerischer Handlungsweise vollkommen richtig. Dann gehören aber in die Klasse der Personen, die aus dem Betrug einen Vorteil ziehen, auch die Regierungen und milden Anstalten, die sich der Lotterie als Einnahmequelle bedienen, die Städte, die Einkünfte aus einem Totalisatorunternehmen beziehen, der Staat Monaco usw.

Das Publikum, das in Ausnutzung seiner Tendenz zur optimistischen Bewertung der Gewinnchancen mittels der Lotterie, des Totalisators, des Rouletts usw. besteuert wird, pflegt gewöhnlich nicht seine Verluste auf strafbare Vorgänge, insbesondere auf Betrügereien zurückzuführen, es täuscht sich nicht über die Ursache des Spielverlustes. Dagegen wird nach einem Aktienkrach stets eine allgemeine Anklage gegen die Klasse der Gründer wegen Betruges und Schwindels laut. Natürlich gelangt aus der Menge der projektierten Prozesse nur ein Teil zur gerichtlichen Verhandlung, denn es erweist sich in den meisten Fällen, daß diese Anklagen einer genügenden rechtlichen Grundlage entbehren, so daß Juristen rechtzeitig auf die Abwesenheit der zur Feststellung des Betrugs im rechtlichen Sinne erforderlichen Merkmale hinweisen. Dies geschieht indessen nicht immer. Zahlreiche auf Irrtum und falscher Auffassung des psychischen Mechanismus des Aktienwesens beruhende Anklagen führen zu Strafprozessen, die an die mittelalterlichen Hexenprozesse erinnern. Außerdem trübt in Krisenzeiten die öffentliche Entrüstung gegen die Gründer auch das Urteil der Vertreter der Unparteilichkeit und der strengen Beobachtung des Gesetzes, nämlich der Richter, so daß auf Betrug erkannt wird, wo eine Schädigung durch „Vorspiegelung falscher Tatsachen" usw. gar nicht vorliegt, sondern nur etwa Reklame und Äußerung übertriebener Hoffnungen auf den Erfolg des Unternehmens konstatiert werden kann. Bei ruhiger und objektiver Anwendung des Gesetzes würde sich kein Jurist erlauben, das Anpreisen einer Ware, insbesondere die Äußerung der Zuversicht, daß das zu gründende Unternehmen ein sehr einträgliches sein werde (es sei denn, daß eine Mitteilung falscher Tatsachen oder eine den Tatbestand entstellende Unterdrückung der Wahrheit vorliegt) mit dem Betrug im rechtlichen Sinne zu verwechseln. Wir lassen hier die Frage beiseite, ob die Ausnutzung der von uns festgestellten psychologischen Kraft, somit auch die Eröffnung einer Lotterie usw. ein unsittliches Betragen ist; die unsittliche Färbung wird dadurch vielleicht noch erhöht, daß diese Kraft während einer Aktienepidemie sehr anwächst und die Bereicherung auf fremde Rechnung zu einer leichten Sache macht. Auch die bewußt übertriebene Anpreisung von Gewinnchancen in Projekten und sonstigen Reklamen ist gewiß eine unsittliche Erscheinung.[8]) Die übertriebene Bewertung von Gewinnaussichten hat aber mit der Mitteilung falscher Tatsachen, auf Grund deren eine solche Bewertung erfolgt, nichts gemein. Die zahlreichen gerichtlichen Entscheidungen aus der Geschichte des Aktienwesens, die die Gründer zu Gefängnisstrafen usw. auf Grund der Subsumtion von durch das Strafgesetz nicht vorgesehenen Handlungen verurteilten, erfreuten sich einer großen Popularität und gefielen dem Publikum; sie bedeuteten aber einen Justizmord.

Man darf hier übrigens „nicht unerwähnt lassen (bemerkt Moeller auf S. 29 bezüglich der Prozesse in den siebziger Jahren in Deutschland), daß eine Anzahl von Gründerprozessen, welche in letzter Zeit zur gerichtlichen Kognition gelangt sind, mit einer Freisprechung geendet haben, daß u. a. die korrektionelle Kammer eines rheinischen (des Aachener) Landgerichts bei der Erörterung

---

[8]) Es ist übrigens zu berücksichtigen, daß während einer Aktienepidemie auch die Gründer selbst vom allgemeinen Optimismus nicht verschont bleiben und des öfteren Wunder von den von ihnen gegründeten Unternehmungen erwarten. John Law war nicht der einzige, der überzeugt war, er würde die Aktionäre seiner Unternehmungen bereichern. Daß die Gründer von objektiv gänzlich unrationellen Unternehmungen oft von der Genialität ihrer eigenen Projekte überzeugt sind und, weit davon entfernt an den Ruin der Aktionäre zu denken oder Verwünschungen von dieser Seite zu gewärtigen, sich als Beglücker wähnen, ist eine unangezweifelte Tatsache. Vom Standpunkt unserer Theorie aus ist diese Tatsache eine vollkommen naturgemäße Äußerung des nämlichen Gesetzes, dessen wir uns zur Erklärung des anscheinend sinnlosen Verhaltens des Aktienpublikums bedient hatten.

der Anpreisungen des „Prospekts" zu dem Resultate gelangt ist, daß dieselben nichts anderes seien, als gewöhnliche kaufmännische Reklamen, von welchen heutzutage jeder wissen müsse, was er davon zu halten habe."

Die Broschüre von Moeller bringt in den allgemeinen literarischen und unliterarischen Sturm der Entrüstung gegen die Gründer, der in den siebziger Jahren ausbrach, insofern einen Mißklang hinein, als sie den Versuch darstellt, die Gründer zu verteidigen. Vieles in dieser Broschüre ist greifbare Sophisterei und tendenziöse Entstellung und erregt recht unangenehme Gedanken, allein der Verfasser hat unbedingt Recht an den Stellen, wo er das Verhalten der Gerichte in den Gründerprozessen einer abfälligen Kritik unterzieht. „Es bedarf keiner übermäßig tiefen juristischen Weisheit (bemerkt er ganz richtig auf S. 30), um einzusehen, daß die Anwendung des Betrugsparagraphen auf diese nicht ohne eine halsbrecherische Interpretationsequilibristik möglich ist!"

Moeller selbst sucht übrigens den Sündenbock auf falscher Spur. Auf S. 34 und 35 schreibt er z. B.: „Es soll nicht geleugnet werden, daß die Übertreibungen und Marktschreiereien der Gründungsprospekte nicht hie und da manchem ehrlichen Burschen zu Kopfe gestiegen sind und vielleicht den einen oder anderen derselben auf die kuriose Idee gebracht haben, die betreffenden Angaben seien wahr wie das Evangelium! Derartige gläubige Gemüter sind jedoch in unserer Zeit, selbst in kleinen Städten, sehr dünn gesäet.[9]) In allen bekannten Fällen dieser Art, in denen einfältige Leute ihre Ersparnisse in zweifelhaften Aktienunternehmungen angelegt, haben sie sich teils durch ihre Freunde und Bekannten, denen sie ein Urteil über diese Dinge zutrauten, insbesondere durch die kleinen Wechsler und Bankiers in der Provinz, teils durch ihre in jenen Tagen sehr verbreitete Sucht nach mühelosem Erwerb ..... zur Aktienzeichnung verleiten lassen."

Gewiß ist seine Behauptung unrichtig, es hätten nur ganz vereinzelte besonders naive Leute an den in den Prospekten versprochenen Erfolg der Unternehmungen geglaubt. Ebenso wird das Wesen der Sache dadurch nur verdunkelt, daß die Rolle der

---

[9]) Dies ist, beiläufig bemerkt, ein ebenso charakteristisches Beispiel der durch den Mangel einer richtigen Formulierung des Wesens des Aktiengeschäfts hervorgerufenen Verwirrung, wie die entgegengesetzte Behauptung in betreff der Unwissenheit und der Einfältigkeit des Aktienpublikums.

Sündenböcke von den Gründern auf verschiedene andere, kleinere Verführer geschoben wird. In Wahrheit wird das Aktienpublikum (zu seiner verlustbringenden Handlungsweise), ebenso wie die Gründer und ihre Konsorten (zu einer anderen schädigenden Handlungsweise) durch keinen anderen verführt, als durch die uns bekannte während einer Aktienepidemie auftretende psychologische Tendenz.

Was dagegen den Gründungsschwindel anlangt, so läßt sich u. E. die Rolle dieser Erscheinung auf dem Gebiete der Aktienkrisen durch folgende Sätze bestimmen:

1. Es ist zweifellos und psychologisch notwendig, daß die erhöhte Wirkung der optimistischen Tendenz dem Aktienwesen neue Rekruten zuführt, und zwar werden hierbei nicht gerade die besten Elemente der Volksmassen herangezogen. Die Mannschaften für die neuen Aktionärenregimenter werden unter den Elementen geworben, bei denen Neigungen zum Spiel stärker entwickelt sind. Der Führerstamm der Gründer rekrutiert sich vorzugsweise aus Elementen, die sich der Gelegenheit freuen, ohne irgendwelche gesellschaftlichen Verdienste ihre Taschen mittels Ausleeren fremder Taschen anzufüllen. Je höher die Spannung der optimistischen Tendenz ist, um so intensiver geht diese Werbung von in ethischer und wirtschaftlicher Beziehung zweifelhaften Rekruten vor sich. Dieselbe Kraft wirkt weiter und übt einen Druck auf den Charakter und das Verhalten der neuen Rekruten aus; sie demoralisiert sie, indem sie die Eigenschaften, die sie zur Beteiligung am Spiele verführten, zur Entfaltung bringt, die entsprechende Handlungsweise mit hohen Prämien lohnt, die Überzeugung großzieht, das Spiel sei eine gescheite und einträgliche Sache, die Beschäftigung mit mühseliger produktiver Arbeit könne man dagegen den Naiveren überlassen usw. Es ist darum ganz natürlich, daß die Atmosphäre einen bedenklichen Charakter erhält, und manches Material für die Staatsanwaltschaft geschaffen wird; es mehren sich insbesondere die Fälle von Betrug und anderen unsittlichen oder widerrechtlichen Handlungen von seiten der Gründer. Von diesem Standpunkt aus ist es zuzugeben, daß zwischen der Hausse-Periode (der ersten Hälfte) einer Aktienkrise und den Betrügereien und sonstigen Mißbräuchen von Gründern ein kausaler Zusammenhang besteht; allein man soll die Mehrung der Betrügereien nicht als Ursache und Wesen der Erkrankung, sondern als Symptom und

Folge einer tiefer wurzelnden Krankheit betrachten, die in der abnormen Anspannung jener uns bekannten psychologischen Kraft besteht.

2. Das Wirken dieser selben Kraft schafft für die Gründer spezielle Versuchungen zum Gründungsschwindel. Ihre Wirkung besteht nämlich unter anderem darin, daß im Publikum sozusagen eine Disharmonie zwischen Intellekt und emotionellen Kräften mit Überwiegen der letzteren, geschaffen wird. Es entsteht das natürliche psychologische Bedürfnis, die „Stimme der Vernunft“ irgendwie zu betäuben. Wir erwähnten schon vorhin, zu welch ungeheuerlichen intellektuellen Erscheinungen dieses Bedürfnis u. a. in Monte Carlo führt, wie es gebildete und sonst vernünftige Leute an verschiedene absurde Rezepte glauben läßt, eine besondere Literatur zutage fördert, die den Zweck hat, die Selbsttäuschung über die Möglichkeit, den einfachsten arithmetischen Wahrheiten aus dem Wege zu gehen und dgl., zu erleichtern. Dieser Drang nach Täuschung des Intellekts, das Verlangen, das gespaltene Ich auf irgend eine Weise mit sich selber zu versöhnen, führt unter anderem auch eine Wandlung in den Gefühlen und Beziehungen zu Familie und Umgebung herbei. Wenn beispielsweise in der Familie die Frau als „Anwalt der Vernunft“ auftritt und den Mann durch Gründe und Ermahnungen zu hindern sucht, jener Kraft nachzugeben, die ihn zur optimistischen Chancenbewertung hinreißt und in ihm das Bedürfnis nach Selbsttäuschungsmitteln rege macht, so stellt sie sich der Befriedigung eines starken psychischen Bedürfnisses des Mannes entgegen; dies muß in ihm aber naturgemäß eine Mißstimmung und Gereiztheit gegen sie hervorrufen; er wird sein Heim meiden und sich nach solchen Ratgebern umsehen, die ihm die Selbsttäuschung erleichtern, ihm durch narkotische Mittel die quälende innere Uneinigkeit aufzuheben helfen. Er wird dankbar sein für jeden, wenn auch wenig plausibelen Beweisgrund, der seiner emotionellen Stimmung entspricht und die Stimme der Vernunft zu betäuben hilft, und er wird sich zu demjenigen hingezogen fühlen, der ihm diese narkotischen Mittel liefert, dagegen böse sein auf denjenigen, der es, wie z. B. die Frau, versucht, die Rolle der Kassandra zu spielen. Der Nachfrage nach mathematischen Absurditäten in Monte Carlo entspricht in den Zeiten des Aktien-„Fiebers“ die Nachfrage nach Gründungsschwindel. Der vorherrschende Inhalt des Gründungsschwindels bei steigender Aktientemperatur und dessen Hauptfunktion

besteht darin, eine die Versöhnung des Intellekts mit der elementar wirkenden emotionellen Tendenz erleichternde Beweisführung zustande zu bringen, beziehungsweise die dieser Versöhnung hinderlichen Argumente und Tatbestände unschädlich zu machen. Diese Funktion ist eine verhältnismäßig unschuldige. Wenn zu dieser Zeit Aktien, die ihren Nominalbetrag nicht entfernt wert sind, zu einem diesen weit übersteigenden Kurse mit Begeisterung gekauft werden, so geschieht dies nicht, weil im Prospekt auf eine glänzende Konjunktur für den betreffenden Industriezweig hingewiesen, weil eine unglaubliche Dividende versprochen, weil der tatsächliche Wert und Ertrag der erworbenen Grundstücke, Bergwerke usw. unrichtig angegeben wird, weil über den natürlichen Reichtum des Landes, in dem das Unternehmen seine Tätigkeit entfalten soll, falsche oder übertriebene Mitteilungen gemacht werden, weil aus dem Prospekte die Höhe der den Gründern „für die Gründung" der Aktiengesellschaft zugewiesenen „Vergütung" nicht ersichtlich oder weil der Betrag der Prämie durch betrügerische Mittel verheimlicht worden ist usw. usw., sondern es werden vielmehr diese Anpreisungen, diese „Vorspiegelung falscher oder Unterdrückung wahrer Tatsachen" in den Prospekten vom Publikum nicht nur geduldet, sondern auch gefordert, weil es der Täuschung zum Zwecke der Selbsttäuschung und Selbstberuhigung bedarf. Es ist die gewürzte Zugabe, nach der das Publikum verlangt, um sich den Genuß eines faulen, schädlichen Gerichts zu erleichtern. Der kausale Zusammenhang zwischen solchem „Betruge" und dem Ruin der Aktionäre ist eine optische Täuschung, der sich auch die Gründer selbst hingeben, indem sie sich einbilden, daß das von ihnen im Schwindeln entfaltete Talent die wahre Ursache ihrer Bereicherung sei. Wenn nun einmal Krach und Massenruin der Aktionäre eingetreten ist, so verfallen das Aktienpublikum, die Literatur, ja sogar die Gerichte in noch höherem Maße demselben Irrtum und bedienen sich derselben fälschlichen Auslegung sozialer Erscheinungen. Die von uns konstatierte sozialpsychische Kraft erzeugt solchermaßen die verschiedenartigsten Produkte, unter anderem auch viel Makulatur — in Gestalt von geschriebenen und gedruckten Gerichtsakten, die auf einem psychologischen Irrtum oder falscher Auslegung des Gesetzes beruhen, in der Form von minderwertigen und fehlerhaften Schriften in der Tagespresse, Buchliteratur usw.

Das von den betrügerischen Prospekten usw. Gesagte bezieht

sich auch mutatis mutandis auf andere Mißstände, die zu Zeiten von Aktienkrisen massenhaft vorkommen. Dies gilt insbesondere von der Agiotage (künstliche Mittel der Kursbeeinflussung), von den verlockenden Ratschlägen kleiner Bankherren und sonstiger „Freunde und Bekannten". Hier kann man gleichfalls den Satz aufstellen: unzutreffend ist, daß faule Aktien zu einem hohen Kurse vergriffen werden, weil die Agiotage den Kurs auf künstlichem Wege in die Höhe getrieben hat, daß Aktien zu übertriebenen Preisen untergebracht werden, weil schlaue (zu jener Zeit erstandene oder der Theorie zuliebe in schlaue und gewandte Verführer verwandelte) Inhaber von Bankhäusern sie ahnungslosen Leuten aus der Provinz aufhängen usw.; sondern es treten vielmehr Mißbräuche der Agiotage, Zeitungsreklamen, hinterlistige und verlockende Ratschläge von Bankherren usw. in die Erscheinung und werden von Erfolg begleitet, weil eine andere Kraft die Nachfrage nach Aktien entstehen läßt und ihre Kurse in die Höhe schraubt, und sie bedient sich hierbei, um zur Wirksamkeit und Äußerung zu gelangen, beliebiger Formen und accessoria. Eine unsichtbare Kraft erfaßt große und kleine, alte und junge Aktienvögel und reißt sie mit sich fort; sie aber bewegen die Flügel und wähnen, sie flögen selbst.

3. Mit dem Obigen wird selbstverständlich nicht behauptet, daß Betrügereien und sonstige Mißstände bei Aktienkrisen absolut keine positiv wirkende Rolle spielten, daß sie nur eine akzessorische und rein äußerliche Bedeutung hätten. Ebenso wie auf anderen wirtschaftlichen Gebieten, z. B. beim Handschuhhandel, können auch sie in einzelnen Fällen natürlich die reelle Ursache des anormalen Tausches und der anormalen Güterverschiebung bilden. Wir wollten nur mit Bezug auf den Massenruin von Aktionären den entscheidenden Faktor feststellen.

Man kann unsern Gedanken in der Form des folgenden Theorems ausdrücken: Je größer die Intensität der die optimistische Bewertung der Aktienchancen hervorbringenden psychischen Kraft ist, um so mehr verlieren die Betrügereien von Gründern und andern Versuchern an Bedeutung für die Entstehung und Erklärung der Umwälzungen und Katastrophen auf dem Aktiengebiete, um so mehr treten sie zurück im Vergleich zu der Wirkung einer anderen, elementaren Gewalt. Oder man kann auch so sagen: Wenn wir vor uns eine species facti haben, die sich erstens aus der Form nach betrügerischen Handlungen der

Gründer, zweitens aus den darauffolgenden Verlusten der Aktionäre zusammensetzt, so spricht, falls auf dem Aktiengebiete Friede herrscht, die Vermutung für das Vorhandensein eines kausalen Zusammenhanges zwischen diesen beiden Erscheinungen; während eines Aktienfiebers ist es dagegen zu präsumieren, daß ein Kausalnexus nicht vorhanden ist.

In Wirklichkeit befolgen die Gerichte, wie oben angegeben, die entgegengesetzte Regel. Gerade während der Liquidation eines Aktienfiebers verurteilen sie mit Leichtigkeit und bestrafen streng selbst solche Handlungen der Gründer, die bei unbefangener Anwendung des Gesetzes nicht als strafbare bezeichnet werden können, — diese Praxis verdient aber kein Lob.

Publikum und Literatur, Regierungen und Parlamente konzentrieren ihre Aufmerksamkeit auf die Mißbräuche des Aktienwesens und planen Repressivmaßregeln gegen die Gründer gerade aus Anlaß von Aktienkrisen und nach denselben — dies ist aber nicht rationell, obschon psychologisch naturgemäß. —

Unrationell erscheint endlich vom Standpunkt der Interessen der handelnden Personen die Tatsache, daß zur Zeit einer erhöhten Aktientemperatur die Gründer oft die Besteuerung des Publikums in einer Form vornehmen, die eben einen strafrechtlichen Charakter aufweist, obwohl das Geld sozusagen von selbst in ihre Taschen fließt, obwohl sie in Wirklichkeit gar nicht durch den Betrug reich werden, obwohl sie ohne Anwendung solcher Mittel, die im Strafrecht vorgesehen sind, das Geld mit demselben oder nahezu demselben Erfolge einstreichen könnten, und zwar ebenso rechtmäßig und einwandsfrei, wie die Regierungen und wohltätigen Anstalten, die sich durch die Lotterie, den Totalisator Geld beschaffen, wie die Regierung und die Privatunternehmer in Monaco usw.

Das Einstreichen von Gründerprämien erfolgt in verschiedenen Entwicklungsstadien der Aktiengesellschaft und in sehr verschiedenen Formen.

Eine dieser Formen haben wir bereits vorhin erwähnt, indem wir darauf hingewiesen haben, daß die in Prozenten auf den Nominalbetrag der Aktien berechnete Dividende, von andern Gründen abgesehen, schon deshalb nicht als richtiger Maßstab der Einträglichkeit der Aktien für das Publikum dienen kann, weil die Gründer und ihre Konsorten bemüht sind, und zwar gewöhnlich mit Erfolg, die Aktien an das Publikum zu erhöhtem Kurse abzusetzen.

Um das Gelingen dieser Art Prämienerhebung zu fördern und zu erhöhen, werden wiederum häufig verschiedene künstliche Mittel angewendet.

Dahin gehören, außer der strafrechtlich nicht verbotenen Reklame, außer ebensolchen Anpreisungen, endlich außer solchen Anpreisungen, die unter den strafrechtlichen Begriff des Betrugs fallen, alle sonstigen Mittel der künstlichen Kursbeeinflussung, deren Tatort gewöhnlich die Börse ist, aber auch die Aktiengesellschaft selbst sein kann. An der Börse können beispielsweise zwischen den Gründern (oder ihren Helfershelfern im Aktienemissionsgeschäft) rein fiktive Käufe und Verkäufe von Aktien zu immer höheren Kursen stattfinden, die den Zweck haben, Aufmerksamkeit, Appetit und wirkliche Käufe von seiten des Publikums anzuregen usw. Im Wirkungsbereiche der Aktiengesellschaft selbst kann behufs Steigerung des Aktienkurses die Verteilung einer Dividende platzgreifen, wenn ein Gewinn in Wirklichkeit nicht vorhanden oder selbst Unterbilanz und Verluste vorliegen, oder eine Dividende gezahlt werden, die zu dem bescheideneren Unternehmergewinn der Aktiengesellschaft in keinem Verhältnis steht u. s. f.

Eine weitere Form der Gründerprämien und ein Mittel zu deren Erhebung ist die unmittelbare Gewährung einer Vergütung oder die Festsetzung verschiedener künftiger Geldvorteile für die Gründer im Gesellschaftsvertrage, z. B. eines bestimmten Anteils am Gewinn des Unternehmens, des Rechts auf Bezug von Aktien künftiger Emissionen zum Nominalpreise u. dgl.

Außer solchen besonders klaren und reinen Geldgewinnen bedingen sich die Gründer gewöhnlich verschiedene Rechte mehr persönlichen Charakters aus, die ihnen mittelbar mancherlei Vorteile verschaffen; sie erhalten z. B. in der Aktiengesellschaft mit hohen Bezügen ausgestattete Ämter und Sinekuren (als Direktoren, Verwaltungsräte, Aufsichtsräte usw.).

Hierher gehören ferner verschiedenartige Werkverträge, Lieferungen für die Aktiengesellschaft u. dgl., die den Gründern zu besonders vorteilhaften Bedingungen überlassen werden.

Eine weniger rechtmäßige Form bietet die übertrieben hohe Bemessung der den Gründern zu ersetzenden Auslagen dar; z. B.

für Erlangung der Konzession[10]) u. dgl.; dabei werden vielfach die einzelnen Posten und sonstige ausreichende Angaben, auf Grund deren man die Summe der Ausgaben prüfen könnte, nicht mitgeteilt; es wird vielfach allzu dunkel und unbestimmt von verschiedenen großen Ausgaben gesprochen; manchmal werden Andeutungen gemacht, aus denen zu entnehmen ist, daß öffentliche Fragen und nähere Mitteilungen unangebracht sein würden.

Die Hauptrolle bei den Erörterungen über unrechtmäßigen Gewinn aus dem Gründungsgeschäft und über den sogenannten Gründungsschwindel spielt aber in der Aktienliteratur die Beraubung und Ausbeutung der Aktiengesellschaft in den Fällen der sogenannten qualifizierten Gründung mittels nicht in Geld erfolgender Einlagen (apports), deren Wert stark übertrieben wird.

Diese Erscheinung wird gewöhnlich in den Vordergrund geschoben, wenn von den Schattenseiten des Aktienwesens die Rede ist.[11])

Dieser Art von Mißbräuchen wird auch hauptsächlich die Aufmerksamkeit der modernen Aktiengesetzgebung gewidmet, und es wird für die eingehende Regelung der gegen dieses Übel gerichteten Maßnahmen viel Mühe und Raum aufgewendet.

„Ein Übel, mit welchem die modernen Handelsgesetzbücher nicht recht fertig werden können", bemerkt der Verfasser des (russischen) „Vorentwurfes eines Gesetzes über Aktienunternehmungen", „ist der Gründungsschwindel in mannigfaltigster Gestalt. Die häufigste

---

[10]) Der Verfasser denkt an das in Rußland noch jetzt geltende Konzessionssystem. Anm. b. d. Übersetzung.

[11]) Vgl. R. van der Borght, Statistische Studien über die Bewährung der Aktiengesellschaften, 1883 S. 11 u. f.; Verhandlungen des Vereins für Sozialpolitik am 12. u. 13. Oktober 1873, S. 82 (Referat von Wagner); Cl. Jannet, Le capital, S. 167, usw. Ad. Wagner (l. c.) erachtet es als eine besonders wichtige Aufgabe des normativen Systems des Aktienrechts, die Gründerübergriffe bei Umwandlung von Einzelunternehmen in Aktienunternehmen zu bekämpfen: „Die Anlage von Aktienfabriken und die Hinüberführung von Privatfabriken in Aktiengesellschaften läßt sich oft billigen. Aber große Mißstände sind namentlich bei der letzteren Maßregel hervorgetreten. Es ist nicht sowohl ein rein wertloses Objekt übernommen, als ein vielleicht ganz gutes Etablissement ganz übermäßig bezahlt worden. Dritte Personen, die Gründer, haben ferner große Gewinne bei der Operation gemacht, welche ungetrennt im Übernahmepreise mit enthalten waren. Die Folge war, daß das Unternehmen der Aktiengesellschaft übermäßig teuer aufgehängt worden ist und die Aktiengesellschaft von vornherein mit einem viel zu großen Kapital arbeitete, für welches selbst ein gutes Geschäft keine genügende Rente mehr abwerfen konnte" usw.

Form und die beste Veranlassung dazu liefert die Umwandlung eines Individualunternehmens in ein Aktienunternehmen und die Bildung einer Aktiengesellschaft zu diesem Behufe. In anderen Fällen wird eine Aktiengesellschaft gebildet, um an sie irgend ein unbewegliches Vermögensstück, einen Vertrag, eine erlangte Konzession, ein erhaltenes, häufiger gekauftes Privileg für Ausbeutung einer Erfindung oder Entdeckung unter einer maßlos übertriebenen Einschätzung abzugeben. Das sind die Fälle der sogenannten qualifizierten Gründung. Dabei ist natürlich gleichgültig, wem das zur Übergabe erkorene Unternehmen, Grundstück usw. gehört, dem Gründer oder einem Dritten, mit dem sich der Gründer im voraus verständigt, über die Teilung der zu erwartenden Beute geeinigt hat."[12])

Und in der Tat sind derartige Mißbräuche, wie die Gründerprozesse und andere Untersuchungen gezeigt haben, recht häufig und recht bedeutend. Grundstücke, industrielle Anlagen u. dgl. werden von den Gründern an die Aktiengesellschaft bisweilen zu einem Preise übergeben, der ihren tatsächlichen Wert um das Doppelte übersteigt. Es finden sich nicht wenig Beispiele noch auffälligerer Übergriffe. So z. B. in den siebziger Jahren: „in Wien zahlte man .... für Häuser, die 300000 Gulden gekostet, $1^1/_2$ Mill. Gulden; in Berlin wurde ein Terrain, welches ein vielgenannter Gründer jener Zeit für 600000 Tlr. gekauft hatte, bald danach von einer Aktiengesellschaft für $1^3/_4$ Mill. Tlr. angekauft."[13]) Ein „Wertobjekt von 50000 Tlr. ist für 150000 Tlr. von den früheren Inhabern Granger und Hyan an die Gründer verkauft und von diesen wieder den Aktionären für nicht weniger als 330000 Tlr. in Rechnung gestellt worden."[14]) Ein in der Nähe von Steglitz für 150000 Tlr. erworbenes Grundstück wurde dem Aktienpublikum für 850000 Tlr. angeboten usw.[15])

Recht energische Maßnahmen gegen die übertriebene Bewertung von nicht in Geld bestehenden Einlagen sind in der deutschen Aktiennovelle von 1884 und im neuen deutschen

---

[12]) In den Akten der Allerhöchst eingesetzten Kommission für Revision der gesetzlichen Bestimmungen über Börsen und Aktiengesellschaften. Motive, S. 8.

[13]) Handwörterbuch der Staatswissenschaften, herausgeg. von Conrad, I, 1890, Artikel „Aktiengesellschaften", S. 116.

[14]) Perrot, Das Aktienunwesen, S. 133.

[15]) Perrot eod. S. 144; vgl. O. Glagau, Der Börsen- und Gründungsschwindel in Deutschland, passim; Wirth, Geschichte der Handelskrisen, S. 483 usw.

Handelsgesetzbuch enthalten. Danach haben die Gründer die Pflicht, bestimmte Unterlagen für die Bewertung (insbesondere die auf den Erwerb seitens der Gesellschaft abzielenden Rechtsgeschäfte, die Erwerbs- oder Herstellungspreise aus den zwei letzten Jahren, die Erträgnisse der zu überlassenden Anlage während derselben Zeit) anzugeben; diese Vorschriften sind mit energischer Sanktion versehen worden; ferner ist die Revision und Prüfung durch Dritte vorgesehen und geregelt, namentlich durch amtliche Revisoren, die von dem die Kaufmannschaft vertretenden Organ oder vom Gericht bestellt werden und zu untersuchen haben, ob keine Zweifel über die Angemessenheit der Bewertung der zu überlassenden Gegenstände bestehen usw.

Die übertriebene Bewertung von Apports ist zweifellos eine der schlimmsten Krankheiten des Aktienwesens. Es ist auch zuzugeben, daß gesetzgeberische Maßnahmen, die speziell gegen diese Erscheinung gerichtet sind, in gewissen Grenzen eine rationelle Bedeutung haben.

Nichtsdestoweniger bedürfen die gangbaren Ansichten über diesen Gegenstand eines wesentlichen Vorbehalts und wesentlicher Einschränkungen. Namentlich wird die Rolle dieser Mißbräuche beim Ruin der Aktionäre und speziell die Bedeutung dieser Erscheinung im Verlauf der österreichischen und der deutschen Krise der siebziger Jahre, wo sie besonders epidemisch und mit besonderer Intensität zutage getreten, sehr ungenau beurteilt und überschätzt. Aus der Tatsache, daß der Preis des überlassenen Grundstücks o. dgl. um 500 000 zu hoch gewesen und daß die Aktionäre in den Aktien der betreffenden Gesellschaft denselben oder einen noch höheren Betrag verloren haben, darf noch keineswegs gefolgert werden, daß zwischen der Überschätzung der Apports und dem Ruin der Aktionäre ein voller kausaler Zusammenhang besteht und daß, wenn zu jener Zeit beispielsweise Gesetze vorhanden gewesen wären, die dieser Art von Mißbräuchen vorbeugen, der Ruin der Aktionäre nicht eingetreten, bzw. um den entsprechenden Betrag geringer ausgefallen wäre.[16])

[16]) Weiter geht u. a. Cl. Jannet, Le Capital, S. 167. Er zitiert nach dem Paris-Kapital Zahlen, welche die Lage von zehn industriellen Aktiengesellschaften im Jahre 1891 charakterisieren und namentlich die Summe der von jeder dieser Gesellschaften übernommenen Apports angeben (ohne jedoch den Betrag der Wertüberschätzung auszuweisen) sowie die Kursverluste der Aktionäre, die sich insgesamt auf 84 629 000 Frcs. belaufen; und er führt diese Verluste

Je intensiver die Wirkung der uns bekannten psychologischen Kraft ist, um so mehr schrumpft die Bedeutung der Überschätzung der Apports zu einer sozusagen rein redaktionellen zusammen, um so mehr verliert diese Überschätzung den Charakter einer realen Ursache der Bereicherung der Gründer und des Ruins der Aktionäre. Es ist dies bloß ein besonderes Registrierungsverfahren, eine besondere Form für die Erhebung des optimistischen Zuschlages zum inneren Werte der Aktien. Die Gründer der siebziger Jahre würden wahrscheinlich in den meisten Fällen die gleiche, mitunter vielleicht auch eine viel höhere Besteuerung des im Publikum wütenden Aktienfiebers erzielt haben, wenn sie für die Apports nicht mehr gefordert hätten, als sie selber gezahlt, ja sogar wenn sie so großmütig gewesen wären, die Apports unverhältnismäßig billig, unter dem Erstehungspreise abzugeben. Der billige Erwerb von Bauterrain seitens einer Aktiengesellschaft wäre eine gute Empfehlung für die Aktien und ein kurstreibender Faktor, der wiederum die Taschen der Gründer anfüllt, die diese Aktien unter sich verteilt haben und sie nach und nach unter das Publikum bringen. Von den Gründern ist zu Zeiten von Aktienepidemien ein großer Steuerbetrag in der Gestalt der Wertüberschätzung von Apports erhoben worden; dieser Betrag kann jedoch kaum damit verglichen werden, was das Publikum infolge des Emporschnellens der Kurse verloren hat. Uns befremdet die Tatsache, daß von Aktionären in manchen Fällen für ein Apport das Drei-, Vier- oder Mehrfache seines tatsächlichen Wertes gefordert wurde. Allein diese Übertreibungen werden sehr bescheiden, geradezu winzig erscheinen, wenn wir sie mit den historischen Beispielen von Kursübertreibungen vergleichen. Aktienkurse erreichten zur Zeit Law's 18000 Livr. bei einem Nominalwerte von 500 Livr. Die Liquidation hat für die Aktionäre etwa nur 1% des Nominalbetrags ergeben.[17] Das sind bemerkenswerte Zahlen. Hier hat man einen optimistischen Zu-

---

auf die Überschätzung der Apports zurück. Eine derartige mehr als zweifelhafte Beweisführung in bezug auf die Bedeutung und die Wirkung von Apports nennt er augenscheinlich. („. . . d'où il ressort avec évidence que les pertes infligées aux souscripteurs ont pour cause la majoration du prix de vente d'immeubles, clientèle, matériel payé avec les deniers de la société au lieu de l'être avec des actions d'apport ou des parts de fondateurs." Dieser letztere Satz enthält noch einen weiteren Fehler.)

[17]) Max Wirth, Geschichte der Handelskrisen, S. 50.

schlag, der über 300000 % des inneren Wertes der Aktie ausmacht. Freilich hat das Publikum nicht den ganzen Betrag der Wertsübertreibung verloren, auch ist das von uns angeführte Beispiel ein ganz außergewöhnliches. Zweifelsohne ist es aber vielen Gründern in der Geschichte des Aktienwesens gelungen, 300 %, 500 % und mehr (besonders wenn man die Scheinzeichnungen mit berücksichtigt) auf das bei der Gründung verwendete Kapital ohne jegliche Apports und übertriebene Kostenrechnungen zu erhalten.

Welche Maßnahmen die Gesetzgebung gegen diese oder jene Form der Erhebung der Gründungssteuer auch erfinden mag, diese Steuer wird stets bei großer Intensität der Wirkung der optimistischen Tendenz in entsprechender Höhe erhoben werden.

Wie man den Strom durch Errichtung eines Pfahls in der Mitte des Flusses nicht aufhalten kann, so kann man auch die für die Aktionäre verderbliche Wirkung unseres Gesetzes der optimistischen Überschätzung zur Zeit einer erhöhten Aktientemperatur nicht dadurch beseitigen, daß man die übertriebene Bewertung von Apports oder die Aufstellung einer unverhältnismäßig hohen Kostenrechnung für Gründung der Gesellschaft untersagt.

IV.

Die konstituierende Generalversammlung.

Im Zusammenhang mit dem Gründerschwindel spielt in der Literatur des Aktienwesens die sogenannte konstituierende Generalversammlung, die Versammlung der ersten Aktionäre eine sehr bedeutende Rolle. Auf die Machtlosigkeit und die mangelhafte Organisation der konstituierenden Generalversammlungen wird die Leichtigkeit von allerhand Mißbräuchen zurückgeführt. Nach Ansicht einiger Forscher ist es überhaupt nicht möglich, diesen Versammlungen einen ernstlichen und ordnungsmäßigen Charakter zu verleihen. Ein entschiedener Vertreter dieser pessimistischen Anschauung ist Perrot. Er sagt über die konstituierende Generalversammlung folgendes:

„Ein sehr wichtiger Vorgang ist die Konstituierung der Aktiengesellschaft. Solange die Gesellschaft nicht förmlich konstituiert ist, existiert sie nach dem vom Gesetze gegebenen Vorschriften als solche noch nicht: — sie ist nur ein Embryo, aus dem die Gründer machen, was sie wollen, und zwar bewirken sie dies großenteils durch die konstituierende Generalversammlung.

In dieser „konstituierenden Generalversammlung“ sollte, z. B. nach den Art. 209—211 des Deutschen Aktien-Gesetzes von 1870, die Zeichnung des Gesellschafts-Kapitals nachgewiesen und das Statut genehmigt werden. Zugleich handelt es sich gerade in dieser Versammlung um die Genehmigung der Gründungsvorgänge, mittels welcher die Gründergewinne gemacht werden.

Nun liegt die Sache höchst unglücklich so, daß die Gründer es völlig in ihrer Gewalt haben, in dieser „konstituierenden Generalversammlung“ alles beschließen zu lassen und zu beschließen, was ihnen paßt: — ein Übelstand, der sich überhaupt gar nicht ändern, noch abstellen läßt. Es beruht dies darin, daß bis zu dieser „konstituierenden Generalversammlung“ die ganze Gesellschaft überhaupt nur aus den Gründern und ihrem nächsten Anhange zu bestehen pflegt. Unter allen Umständen sind in dieser Generalversammlung die Gründer mit ihrem Anhange naturgemäß und notwendig in der Majorität. Es ist sogar möglich, und nicht selten dagewesen, daß die konstituierende Generalversammlung überhaupt nur aus Gründern bestanden hat: drei Personen genügen dazu.

So ist es geschehen, daß Gründer von Berlin in die Provinz gereist kamen, ein fertiges Statut für die zu gründende Gesellschaft in der Tasche mitbrachten, das Aktienkapital selbst zeichneten, eine konstituierende Generalversammlung unter sich abhielten, sich die Zeichnung des Aktienkapitals und die Einzahlung selbst bescheinigten, über dies alles das vorgeschriebene notarielle Protokoll aufnehmen ließen und — in einer halben Stunde war die ganze Komödie fertig. Natürlich war dabei vorher der Ankauf irgend eines Etablissements mit dem Eigentümer desselben abgemacht, die Gründer verkauften dies Etablissement an die Aktiengesellschaft, d. h. zunächst an sich selbst in der konstituierenden Generalversammlung zu einem doppelt oder dreifach höheren Preise und rechneten darauf, durch den Vertrieb der Aktien zu Gelde zu kommen. Kommt das Geld ein, so teilen die Gründer die Differenz zwischen dem wirklichen Kaufpreis und dem bedeutend höheren, der Gesellschaft angerechneten Kaufpreise als Gründergewinn . . .

So weit es irgend wünschenswert ist, ernennen die Gründer sich in dieser „konstituierenden Generalversammlung" auch selbst zu Direktoren und Verwaltungsräten mit fetten Tantièmen, Präsenzgeldern usw. Überhaupt werden in dieser konstituierenden Generalversammlung alle Maßnahmen getroffen, die nötig sind, den Gründern auch in Zukunft alle wünschenswerten Vorteile und die beständige Herrschaft über die Gesellschaft zu sichern.

So geschieht es auf die natürlichste Weise von der Welt, daß die Gründer zugleich auch Verwaltungsräte und Finanzdirektoren zu sein pflegen.

Wir haben diese Vorgänge nunmehr noch durch ein paar Beispiele, welche zufällig gerichtlich eruiert sind, zu erläutern" . . .[1])

An Stelle der von Perrot angeführten Beispiele, wollen wir uns, um die Rolle der Versammlungen der ersten Aktionäre bei dem Gründerschwindel zu veranschaulichen, eines Beispiels aus der russischen Aktienpraxis bedienen, das in den Motiven zum „Vorentwurf eines Gesetzes über Aktienunternehmungen" enthalten ist.

„Dies sind die Verhandlungen der ersten Generalversammlung einer der neu gegründeten Unternehmungen, wie man sie im Versammlungsprotokoll verzeichnet findet. Es wird zunächst eine Liste vorgelegt mit den Namen sämtlicher ersten Aktionäre, d. h. derjenigen Personen, unter die das ganze Grundkapital verteilt worden ist; neben jeder Unterschrift ist die Zahl der von jedem einzelnen der Beteiligten übernommenen Aktien vermerkt. Ferner wird die Erklärung der Gründer, daß das Grundkapital nicht allein verteilt, sondern auch eingezahlt worden ist — entweder in vollem Beitrage oder in den statutarisch zulässigen Teileinzahlungen — nebst der Angabe, wo die auf die Einzahlungen eingegangenen Beträge deponiert sind, entgegengenommen und zu Protokoll gebracht. Sodann erfolgt die Verlesung des Berichtes der Gründer, woraufhin die Versammlung einstimmig folgende Beschlüsse faßt: a) das gesamte Vorgehen der Gründer soll gebilligt und die von ihnen für Rechnung der Gesellschaft laut vorliegender Aufstellung gemachten Auslagen im Gesamtbetrage von 652170 Rub. 48 Kop. sollen genehmigt werden; b) der

---

[1]) Perrot, Das Aktienunwesen, S. 130ff.

zu wählende Verwaltungsrat wird ermächtigt, den Kauf des Gutes NN, über dessen Erwerb Vorverhandlungen von den Gründern bereits eingeleitet worden sind, zu vollziehen, wobei das Areal den Interessen der Gesellschaft entsprechend vom Verwaltungsrat zu bestimmen ist; c) von einem der Gründer soll das gesamte Gelände, das er selbst vor Monatsfrist mit der Absicht, es an die Gesellschaft zu übertragen, erworben hat, gekauft werden; d) das vorläufige Übereinkommen der Gründer mit zwei ausländischen Gesellschaften über eine während der Dauer von 15 Jahren an sie zu zahlende Steuer soll genehmigt werden; e) dann folgt die Verteilung der Bezüge zwischen den Mitgliedern des Verwaltungsrates und deren Kandidaten, und der Verwaltungsrat wird ermächtigt, seine Mühen und Sorgen einem bezahlten leitenden Direktor, dessen Gehalt ebenfalls festgesetzt wird, zu überlassen, und f) es erfolgt die Wahl des Verwaltungsrates und der Kandidaten. Die Gesellschaft ist daraufhin für errichtet erklärt worden." [2])

Obwohl allgemein anerkannt ist, daß in den Versammlungen der ersten Aktionäre allerhand Mißbräuche und Unregelmäßigkeiten stattfinden können, schreibt ihnen nichtsdestoweniger die herrschende Meinung eine wichtige Bedeutung zu, und es handelt sich hauptsächlich um die geeigneten Maßnahmen zur Erhöhung der Macht und zweckentsprechenden Regelung der Tätigkeit und der Funktionen der sog. konstituierenden Generalversammlungen. Das Gesamtergebnis der in den siebziger Jahren in Deutschland über die Rolle der ersten Generalversammlungen gemachten Beobachtungen sowie der Erörterung der Mittel zu deren gehöriger Ordnung, findet sich in den amtlichen Motiven zur deutschen Aktiennovelle von 1884 wie folgt zusammengefaßt:

„Nachträgliche (nach Errichtung der Gesellschaft erfolgende) Anfechtungen der Zeichner müssen gegenüber der ins Leben getretenen Gesellschaft versagt werden; desto notwendiger ist die Zulassung der Diskussion oder nochmaliger Entschließung, bevor und damit die Gesellschaft ins Leben trete. Besonders notwendig erscheint diese Beschlußfassung in den Fällen einer qualifizierten Gründung, in welchen die Bildung des Grundkapitals durch Apports oder übernommene Gegenstände sich kompliziert. Schon das Handelsgesetzbuch hatte für diesen Fall eine solche General-

---

[2]) Motive S. 22, 23.

versammlung für die Kommanditgesellschaft auf Aktien vorgeschrieben (Art. 180 HGB.). Von dort ist sie durch die Novelle von 1870 in Art. 209a, 209b auf die Aktiengesellschaften allgemein übertragen worden. Gleichermaßen setzen auch die meisten modernen Gesetzgebungen und Entwürfe einen solchen Akt als notwendiges Konstituierungsmoment fest. Der Entwurf, welcher das Prinzip eigener Entschließung der Beteiligten durchführen will, kann hiervon nicht abgehen. Die gegen das Bedürfnis einer konstituierenden Generalversammlung vielseitig erhobenen Angriffe hatten zum Teil ihren Grund in der zweifelhaften Bedeutung des bisherigen Art. 209a, welcher die von der Versammlung zu übende Tätigkeit nicht klar erkennen ließ. Es sollte die Zeichnung des Grundkapitals und die Einzahlung von 10% bzw. 20% durch Mehrheitsbeschluß „festgestellt" werden. Mochte nun vom Gesetz mit dieser Feststellung nur eine Anerkennung von Tatsachen oder aber eine Abnahme der Verantwortlichkeit von denjenigen Personen, denen solche eigentlich oblag, bezweckt sein, — jedenfalls verlangte das Gesetz von der Generalversammlung die Entscheidung über Tatsachen, von denen sie keine Kenntnis haben konnte, und bot eben dadurch den Gründern eine bequeme Handhabe, sich durch den Beschluß der Generalversammlung von jeder Verantwortlichkeit und Regreßpflicht gegen die Gesellschaft zu befreien. Zum anderen war die Generalversammlung durch ihre Abhängigkeit von den Gründern zu einer bloßen Formalität geworden; ihre Machtlosigkeit hat ihr in der Tat jedes Ansehen in der öffentlichen Meinung entzogen. Wird fortan die der Versammlung obliegende Tätigkeit klar und richtig bestimmt und ihre Bedeutung gehoben, so wird die konstituierende Generalversammlung nicht mehr zu einer auf den Schein berechneten Formalität herabsinken. Nach den Vorschlägen des Entwurfs soll die Sukzessivgründung ihren Schwerpunkt in der Generalversammlung finden. Dieselbe soll nicht über Tatsachen entscheiden, sondern direkt beschließen, ob auf Grund der Statuten und der zusammengebrachten Beteiligung der Aktionäre die Errichtung der Gesellschaft erfolgen oder unterbleiben soll. Dabei verlangt der Entwurf, um die Beschlußfassung tunlichst der Herrschaft der Gründer zu entziehen, daß in allen Fällen die der Errichtung zustimmende Mehrheit der erschienenen Aktionäre nach den Köpfen mindestens ein Vierteil sämtlicher im Verzeichnis aufgeführter Aktionäre begreifen und auch nach den Summen mindestens den vierten Teil des ganzen Grundkapitals umfassen muß (Art. 210a Abs. 4). Eine solche Mehrheit, welche nach dem bisherigen Recht nur behufs Genehmigung der Einlagen, Übernahmen oder der zugunsten eines Aktionärs bedungenen besonderen Vorteile bei der qualifizierten Gründung erfordert wurde, wird nicht immer oder doch nicht in der Regel zur Verfügung der Gründer stehen, sich dagegen in diesem Stadium, in welchem der Aktienbesitz noch nicht so zerstreut ist, unschwer zusammenfinden . . . Je mehr aber freilich der Entwurf auf die Wichtigkeit und Selbständigkeit der konstituierenden Versammlung hinweist, desto mehr muß er es sich angelegen sein lassen, sie in den Stand zu setzen, die ihr vom Gesetz zugewiesene Aufgabe zu erfüllen. Die hierzu dienenden Macht- und Hilfsmittel umfassen die Sicherung der Erfordernisse für eine jede Gründung und beschränken sich nicht auf den Fall der Sukzessivgründung." [8])

Der Glaube an die Möglichkeit, der ersten Generalversammlung eine ernste Rolle zu verschaffen, desgleichen der Glaube an die heilsame Wirkung der in der deutschen Novelle von 1884 und dem an deren Stelle getretenen Handelsgesetzbuch von 1897 durchgeführten Maßnahmen, darunter der Teilnahme des Gerichtes an der konstituierenden Generalversammlung (§ 196 des neuen HGB.), dürften jedoch kaum mehr als eine Selbsttäuschung sein. Entgegen der in den Motiven zum Ausdruck gebrachten Überzeugung, daß die Gründer nicht immer in der Lage sein werden, die nach dem Gesetz für sie notwendige Mehrheit zusammenzubringen, halten wir vielmehr den folgenden Satz für richtig:

Die Gründer können nicht nur die vom deutschen Gesetz geforderte Mehrheit, sondern auch die Einstimmigkeit erreichen, wenn es ihnen gut erscheint; denn es liegt vollkommen in ihrer Hand zu entscheiden, wen sie zur Zeit der konstituierenden Versammlung mit der Aktionärrolle versehen wollen. Übrigens ist schon in den Erwägungen, auf denen die Bestimmungen der Novelle und des neuen Handelsgesetzbuchs beruhen, ein deutlicher Widerspruch enthalten. Wie kann man von der Wichtigkeit und Ernsthaftigkeit der konstituierenden Versammlung sprechen, wenn man diese Behauptungen durch ein so kompromittierendes Argument unterstützt, wie die zum Ausdruck gebrachte Hoffnung, daß

---

[8]) Reichstagsm., 5. Legislatur-Periode, IV. Session 1884, Nr. 21 S. 105, 106.

die vom Gesetz vorgeschriebene Mehrheit „nicht immer oder doch nicht in der Regel“ zur Verfügung der Gründer stehen wird.[4]) Welch merkwürdige Motivierung für ein Gesetz! und was soll man von einem Gesetze halten, das sich dadurch auszeichnet, daß es „nicht immer“ zur Komödie und zur Umgehung führen werde. Das Bewußtsein der gewissen Wichtigkeit der Erreichung eines Rechtszweckes rechtfertigt noch bei weitem nicht solche rechtspolitische Maßnahmen, die sich „nicht immer“ als ein für diesen Zweck untaugliches Mittel erweisen dürften.

Übrigens, wenn die Gesetzgebung es durch irgendwelche Mittel erreichte, daß in den konstituierenden Generalversammlungen die Mehrheit nicht aus den Gründern und ihrem Anhang, sondern aus fremden Leuten, unabhängigen Aktionären bestünde, so wäre es auch dann ein Irrtum, anzunehmen, daß der Massenruin von Aktionären zur Zeit steigender Aktientemperatur dadurch verhindert oder auch nur nennenswert eingedämmt werden könnte, und daß diese Maßnahmen die Quelle übermäßiger Gründergewinne auf fremde Kosten zum Versiegen bringen würden.

Diese von den Gründern unabhängigen Aktionäre sind nämlich zunächst von dem jeweiligen Zustand der Massen- und der individuellen Psyche abhängig; sie stehen eben unter dem Einfluß der Kraft, deren Wirkung unter anderem in der Epidemie der abnormen Gründergewinne zutage tritt. Auch sie werden, trotz ihrer persönlichen Unabhängigkeit, sich den Gründern und ihren Vorschlägen gegenüber bei gewissen Bedingungen so gebahren, als befänden sie sich unter der magnetischen Gewalt dieser Gründer und folgten, wie die gefügigen Medien, den Eingebungen des Hypnotiseurs. Je höher die Spannung des Aktienoptimismus, um so williger werden sie auf alles eingehen, damit sich nur nicht die Aktien, deren Bezugsrecht sie sich durch die Zeichnung gesichert hatten, mangels der erforderlichen Einigung in wertlose Papierwische verwandeln. Fest davon überzeugt, daß ihr Kapital sich vervielfältigen wird, werden sie wenig geneigt sein, sich mit kleinlichen Chikanen inbetreff einer Kostenrechnung, der Bewertung eines Grundstückes o. dgl. abzugeben. Wenn man Prämien gewärtigt, deren Betrag sich nach Tausenden beziffert, so ist eine Erhöhung der Kosten um 10 oder um 100 belanglos. Zu der Zeit, wo das Gründungsgeschäft blüht und die Gründer

---

[4]) L. c. S. 106.

sich auf fremde Kosten bereichern, herrscht Freundschaft und gutes Einverständnis nicht nur zwischen den Gründern und ihren Klienten, sondern auch zwischen den Gründern und den unabhängigen Aktionären. Keinerlei Streitigkeiten und Verdächtigungen, kein Hader, keine Mißstimmung gibt es zu jener Zeit, und die das Publikum besteuernden Gründer genießen bei demselben Popularität, ja zum Teil begeisterte Verehrung. Gesteinigt werden diese früheren Beglücker erst nachher, zu einer Zeit, wo die Quellen der Gründungsprämien auch ohne jegliche gesetzgeberische Maßnahmen plötzlich ihre Ergiebigkeit einbüßen und gänzlich versiegen.

Wichtiger ist aber ein anderes. Es darf nicht übersehen werden, daß, wenn Maßnahmen ergriffen werden, damit auf 1000 lautende und vom Publikum zu diesem Preise angekaufte Aktien nicht einen Teil ihres inneren Wertes, z. B. 100, infolge der Minderung des Kapitals zugunsten der Gründer verlieren, dadurch doch nicht verhindert werden kann, daß Aktien mit dem Nennwerte 1000 und dem gleichen inneren Werte, von den Gründern zum Kurse 1000 + 100 und mehr abgesetzt werden. Ein noch so strenges und engherziges Vorgehen der ersten Generalversammlung gegenüber den Gründern wäre nicht imstande, jene elementare Kraft zu überwinden, die jedem in Aktien verkörperten Tausend 100 beizugeben drängt. Ob dieses 100 beim Ankauf der Aktie zum Nominalpreis oder beim Verkauf der von den Gründern geschaffenen Aktien zu erhöhtem Kurse hinzugezahlt wird, — immer ist der Verlust für die Aktionärenkreise unvermeidlich. Denn der Schwerpunkt liegt nicht darin, ob die Aufstellung über den Gründungsaufwand richtig oder falsch ist, sondern darin, daß die Aktien, wenn sie auf dem Aktienmarkte erscheinen, höher geschätzt werden, als ihrem reellen Wert entspricht. Bei dem Massenruin des Publikums ist nicht der Zeitpunkt und die Form dieser oder jener Vorgänge vor oder nach der Errichtung der Gesellschaft ausschlaggebend, sondern der Zeitpunkt des Überganges der Aktien an das Publikum.

V.

Die Verteilung der Steuer auf die Aktienpsychik.

Die Pächter des Spielkasinos in Monaco besteuern die Tendenz der optimistischen Chancenbewertung nicht ausschließlich zu ihren eigenen Gunsten. Einen Teil der Steuer müssen sie an den Staat, zur Unterhaltung des Fürsten usw. hergeben. Ein bedeutender Teil der Steuer, die das spielende Publikum an den Totalisator entrichtet, wird zugunsten der Stadt abgehoben u. s. f. Auch das Aktienwesen könnte der Staat zur Bereicherung des Fiskus benutzen. Dem Steigen der Aktientemperatur entsprechend könnte er die Aktiensteuer erhöhen und besonders in den Zeiten eines Aktienfiebers eine schnelle und bedeutende Bereicherung des Fiskus erzielen. Wenn wir von der theoretischen Begründung dieses Gedankens absehen und uns zu den Tatsachen der Geschichte des Aktienwesens wenden, so ergibt es sich, daß diese These nichts Neues darstellt, sondern vielmehr schon wiederholt Anwendung gefunden hat. Als Beispiel wollen wir hier einen sozusagen qualifizierten Fall der Beteiligung der Regierung an der Verteilung der Aktienbeute vorführen, einen Fall, wo die Regierung dieser Beteiligung wegen eine große und schändliche Rechtsverletzung, namentlich einen offenbaren und gewaltsamen Vertragsbruch begangen hat:

„Im Herbst 1718 hatten die Brüder Paris (von der französischen Regierung) die Generalpacht für 48½ Millionen erstanden. Sie hatten dadurch und durch alle ihre finanziellen Geschäfte dem „System“, wie man Law's Finanzprojekte nannte, eine systematische Opposition, ein sogenanntes „Antisystem“, entgegengestellt. Jetzt bot Law für die Generalpacht 52 Millionen und da er im Namen der Westgesellschaft, oder wie diese nach Vereinigung aller Handelsgesellschaften genannt wurde, der „indischen Compagnie“, sich anheischig machte, der Regierung 1200 Millionen zu 3 % zu borgen, welche diese in Stand setzen sollten, alle Schulden, Renten und Kautionen von Stellen zurückzuzahlen, so hob — das Anerbieten war zu lockend — die Regierung den alten Pachtvertrag durch einen Gewaltstreich auf. ...“ [1])

[1]) Max Wirth, Geschichte der Handelskrisen S. 39.

„... Jetzt stand sie (die Bank von John Law) binnen wenigen Monaten als eine Macht da, der alles Geld, was der Staat brauchte, durch die Hände lief, die den Staat gleichsam (?) von Schulden befreit und ein Reich der Herrlichkeit gegründet zu haben schien, das man früher kaum zu träumen wagte. ... Da es ihm (John Law) bei so unermeßlichem Reichtum auf eine Million mehr oder weniger nicht ankommen konnte, so schenkte er, um sich populär zu machen, der Regierung eine Million, mit der Bitte, dafür dem Volke die Steuern auf Talg, Öl und Karten zu erlassen. ... Schon damals wurde die dritte Generation von Aktien, deren Ausgabe in 50000 Stück am 27. Juli 1719 gestattet wurde, „Enkelinnen" genannt. Durch diese Aktienemission sollte sich die Compagnie die Mittel zur Bezahlung des Pachtschillings des Münzregals von 50 Millionen verschaffen. Bereits war das Agio der „Großmütter" auf 100 % gestiegen, die „Enkelinnen" wurden daher zum Kurs von 1000 Livres emittiert, wodurch 25 Millionen Nominalkapital den gesamten Pachtschilling eintrugen." [2])

Doch die Hauptrolle bei der Verteilung der von der Aktienpsychik des Publikums erhobenen Steuer spielten in der Geschichte des Aktienwesens nicht die Staaten, sondern andere Personen. Das Verzeichnis dieser Personen in der Reihenfolge ihrer sozialen Stellung ließe sich durch eine recht lange, abnehmende Progression darstellen, deren erstes Glied „Könige", deren letztes „Lakaien" bilden würden.

Statt historischer Illustrationen dieser Art wollen wir hier die Hauptkategorien derjenigen Aufwendungen von Gründern anführen, die sozusagen die Form der Verteilung der Steuer auf die Aktienpsychik der Massen zwischen den Gründern und anderen Personen (abgesehen von dem Staat) bilden:

1. Kosten der Erlangung von Konzessionen, Patenten und Privilegien. Erpressungen seitens derjenigen Personen, die für die Erteilung oder Verweigerung der Konzession mehr oder

---

[2]) Eod. S. 40. Die jungen Aktien der bekannten 1853 gegründeten Darmstädter Bank besaßen zwar nicht die Reize der „Enkelinnen", „Urenkelinnen" usw. von John Law, sie hießen „Söhne", „Enkel" usw., erfreuten sich aber nichtsdestoweniger des Wohlwollens der (Hessischen) Regierung, wie dies aus § 4 der Statuten dieser Bank zu ersehen ist, wo es u. a. heißt: „Bei der Emission der zweiten Serie ist der Großh. Hess. Regierung und den obengenannten Gründern das Vorzugsrecht vorbehalten, die zu emittierenden Aktien zum Nominalwerte zu übernehmen." (Vgl. Wirth l. c. S. 280.)

weniger maßgebend sind, können natürlich bei der Eigentümlichkeit der Aktienpsychik mit großer Leichtigkeit und gutem Erfolg betrieben werden. Die Gründer knausern natürlich nicht, sind vielmehr gewöhnlich recht freigebig. In den Chroniken des Aktienwesens werden Schenkungen erwähnt, die in verschiedener Form dem König (als Bezahlung der Schulden der Krone, Überreichung von 1000 Livres jeden Morgen zum Frühstück usw.), seinen Günstlingen und anderen einflußreichen Personen des Hofes gemacht werden, ferner Bestechungen von Ministern und anderen Beamten, von Mitgliedern des Parlaments usw. Die Beträge der Bestechungen erreichen manchmal eine bedeutende Höhe. Die Bestechungen selbst werden gewöhnlich vorgenommen und ausgeführt, ohne daß es in die Öffentlichkeit durchsickert und ohne daß die Schuldigen ermittelt werden, obwohl manchmal sehr deutliche Symptome und Indizien vorhanden sind.[3]) Auch bei Aufdeckung und Überführung bleibt das Vergehen oft ungestraft. Es hat sich im übrigen in den siebziger Jahren herausgestellt, daß selbst in Preußen, dessen Beamtenstand sonst als Muster von Ehrlichkeit und Unbestechlichkeit bezeichnet werden kann, bei Erteilung von Eisenbahnkonzessionen epidemische Demoralisation und Bestechungen stattgefunden haben. Die Angelegenheit wurde jedoch auf eine ziemlich friedliche Weise erledigt, vielleicht weil man sonst eben zu viel hätte strafen müssen.[4])

2. Ausgaben für die Presse. In den Zeiten des Aktienfiebers tritt eine allgemeine Verderbtheit und Bestechlichkeit der Presse an den Tag. „Ein anderes Zeichen der Zeit war die tiefe Kor-

---

[3]) Vgl. z. B. Wirth, S. 632. „Obwohl diese Bestimmung keinen anderen Zweck haben konnte, als die Agiotage zu begünstigen, so erfolgte doch (1881) die Genehmigung der (österreichischen) Regierung mit beispielloser Beschleunigung in 24 Stunden. Dieses geschah unter vollständiger Mißachtung des von der österreichischen Regierung unter dem Ministerium Auersperg-Lasser am 1. März 1872 erlassenen Regulativs, durch welches der ständigen Kommission für die Prüfung und die Genehmigung der Statuten von Aktiengesellschaften zur Richtschnur Grundsätze vorgezeichnet wurden, an deren Spitze die Unstatthaftigkeit der Emission neuer Aktien vor Volleinzahlung der alten gestellt war."

[4]) Vgl. z. B. M. Wirth S. 485. „Als einst (1847) der französische Minister Teste überführt wurde, für die Erteilung einer Bergwerkskonzession eine Bestechung von 100000 Frcs. angenommen zu haben, wurde derselbe vom Pairshofe gerichtet und zu drei Jahren Zuchthaus verurteilt. Die ganze europäische Presse war voll Entrüstung. Der Geheimrat Wagner kam mit gelinder Pensionierung davon."

ruption der Presse. Vor der Gründung der Österreichischen Kreditanstalt erhielt jede größere Zeitungsredaktion eine Beteiligung von 500 Aktien. Die Augsb. Allg. Ztg. vom 27. Dezember 1855 erzählt dies als etwas ganz Bekanntes und fährt dann fort: „Man ist übrigens so weit gegangen, es den Herren mehrenteils freizustellen, die Aktien selbst zu übernehmen oder bis zu einem festgesetzten Termine eine Prämie von 15 % = 13 fl. per Aktie gegen Verzicht auf die Aktien einzukassieren. Ein großer Teil der Herren hat sich zu letzterem entschlossen“.“ [5])

„Als im März 1888 die Emission der Aktien der „Assurance Financière“ vorbereitet wurde, ... unterzeichneten die Herren Boulan und der Journalist Xau einen Vertrag über 2850000 Frcs. (28 Frcs. 50 pro Aktie oder 11 Frcs. 40 vom Hundert) für Publikationsspesen in den Zeitungen und Zeitschriften von Paris und den Departements. Freilich sind diese ungeheuren Summen nicht für Anzeigen auf der vierten Seite verausgabt worden .... Bedeutungsvoll ist der Umstand, daß Anstalten, die mit der Regierung eng liiert sind, sich solcher Manipulationen bedienen. „Ich bin Direktor eines großen Finanz-Instituts“, schrieb zynisch der Direktor des «Crédit Foncier», „ich brauche die Gunst der öffentlichen Meinung, und ich zahle dafür.“ Zwei Millionen verteilt unter die Zeitungen als monatliche Zahlungen für ihr Schweigen oder ihr Lob, — das schien doch zu auffallend ....“

„Es wäre ganz interessant, eine Zusammenstellung der an die Presse verteilten Summen auszuarbeiten“, meint «L'Economiste Français» in seiner Nummer vom 20. Juni 1891. „Nach einigen Anhaltspunkten zu urteilen, handelt es sich um mehrere Dutzend Millionen. Noch nie ist ein so vollständiges und beharrliches Bestechungssystem in bezug auf alle Organe eines großen Landes (Frankreich) zum Vorschein gekommen.“

„Nicht anders liegen die Sachen in Deutschland. Die meisten Zeitungen sind im Dienst der Banken. Die «Norddeutsche Allgemeine Zeitung», bis dahin das Organ des Fürsten Bismarck, ist nun, wie bekannt, Privateigentum einer Gesellschaft von Bankherren ....“ (vgl. Wuthke, Die deutschen Zeitschriften und die Entstehung der öffentlichen Meinung, 1879).[6])

3. Ein besseres Ansehen hat die schon vorhin erwähnte

---

[5]) Ehrenberg, Die Fondsspekulation, 1883 S. 108 Anm.

[6]) Jannet, Le capital, la spéculation, 1892 S. 173 u. f.

Kategorie der Emissionskosten, die den Banksyndikaten und einzelnen Personen, die nicht als Gründer, sondern beispielsweise als Kommissionäre bei dem Aktienvertriebe mitwirken, reiche Gewinne zuwendet. Weniger wichtig, aber auch weniger einwandsfrei sind verschiedene Ausgaben zur Gewinnung des Beistandes und der Gunst der Börse.

4. Endlich müssen die Gründer und Hauptinitiatoren ihre Beute oft mit verschiedenen Personen teilen, die ihnen materielle Unterstützung und sonstige zur Gründung erforderliche Mittel gewähren, wie Geldkapital, Apports, Räumlichkeiten für beratende und konstituierende Versammlungen, für das Gründungsbureau, persönliche Dienste beim Anwerben besonders einflußreicher, angesehener, kapitalkräftiger Beteiligungen usw. usw.

Daß dergleichen materielle und persönliche Leistungen überhaupt bezahlt werden, hat freilich nichts auf sich. Allein hier handelt es sich nicht um den gewöhnlichen Kaufpreis, die Miete, um die Zinsen auf das vorgeschossene Kapital, sondern um den anormalen Aufschlag zu diesen üblichen Äquivalenten, um die Überschätzung der von den Gründern in Anspruch genommenen persönlichen Dienste und materiellen Gegenstände.

So geschieht es insbesondere auf dem Gebiete der sogenannten Apports nicht allein, daß sie der Gesellschaft von den Gründern zu einem höheren Preise angerechnet werden, als der, den diese in Wirklichkeit dafür gezahlt haben, sondern die Gründer selbst erwerben oft jene Gegenstände zu einem ganz übertriebenen Preise.

„Bezüglich der industriellen Gründungen läßt sich die „Neue Börsen-Ztg.“ u. a. folgendes aus Berlin schreiben:

Die Geschichte solcher Gründungen sekundären Ranges fängt meistens mit einem Agenten an, der sich mit dem Besitzer des verschuldeten Etablissements in Verbindung gesetzt und von diesem die schriftliche Zusicherung einer Vergütung erhält, die mit 5—10000 Tlr. anfängt und sich oft bis 100000 Tlr. versteigt, falls er die nötigen Gründer zusammenbringt. Mit diesem Schein in der Tasche sucht der Aufspürer nun ein Bankhaus, und wenn er die berechtigten Eigentümlichkeiten eines jeden kennt, findet er bald das Geeignete. In den meisten Fällen sichert der Agent sich auch von dem Bankhause eine Provision. Das im Prinzipe gewonnene Bankhaus sucht neue Teilnehmer für das projektierte Gründungsgeschäft, und ist die Sache erst so weit, so ist ein Konsortium bald zusammengesetzt. Das Grundkapital wird in folgender Progression vereint. Als Zifferngrundlage dient die Forderung des Privatbesitzers, der außerdem die Provision für den Agenten hinzuschlägt. Dies ist der Betrag, welchen das Bankhaus dem Unternehmer zahlt, hierzu die Provision des Bankhauses, die zu der dem Agenten gezahlten wenigstens im Verhältnis von 4 zu 1 steht. Für diesen Preis übergibt das Bankhaus die Gründung einem Konsortium. Letzteres besteht aus wenigstens 4—6 anderen Bankiers, die auch verdienen wollen ...“ [7])

Diese Zeitungsnotiz enthält vielleicht eine gewisse Übertreibung und gibt vielleicht etwas übereilt einzelne Fälle für die allgemeine und normale Ordnung der Dinge aus. Doch ist es jedenfalls unzweifelhaft, und wird durch viele Gründerprozesse bestätigt, daß die Gründer den bisherigen Besitzern der von ihnen erworbenen Apports des öfteren einen ganz unverhältnismäßig hohen Preis zahlen; und dies geschieht nicht nur beim Dazwischentreten einer hohe Provision beanspruchenden Vermittlung, sondern auch bei unmittelbaren Verhandlungen, nicht nur in Fällen von Kollusionen mit dem Besitzer und fiktiven Preisen, sondern auch beim Erwerbe ohne geheime Klauseln.

Aus dem oben Gesagten ist ersichtlich, daß die Gründer zum großen Teil nicht die endgültigen Destinatäre jener Steuer auf die Aktienpsychik des Publikums sind, die die Aktionäre bezahlen müssen. Sie fungieren in bedeutendem Maße als Stationen bei der Wanderung des Vermögens aus den Taschen der Aktionäre in die Taschen verschiedener anderer Personen. Und es darf hierbei nicht unbeachtet bleiben, daß die anderen Personen von den Gründern gewöhnlich bestimmte Geldbeträge, bzw. sonstige Vorteile erhalten, ohne ihrerseits ein Vermögensrisiko einzugehen. Die Gründer aber setzen sich bisweilen großer Gefahr aus, indem sie im voraus Teile einer noch nicht eingebrachten, zunächst nur erhofften Ernte an andere Personen verabfolgen. Und wenn es nicht gelingt, die Aktien zu einem Preise weiterzugeben, der die für die Konzession, die Reklamen, die Apports usw. gezahlten Hunderte von Tausenden deckt? Dann droht der Ruin. Im Gefolge der Aktienkrisen findet man ein epidemisches Zugrundegehen nicht allein der Aktionäre, sondern auch der Gründer.

Die Aktienliteratur, die ihr Interesse hauptsächlich dem „Gründerschwindel“, überhaupt den Mißbräuchen widmet, deren

---

[7]) Perrot, Das Aktienunwesen S. 118.

Subjekt die hinterlistigen Gründer, deren wehrloses Opfer das unendlich naive, leichtgläubige, leichtfertige, unwissende usw. Publikum ist, übersieht gänzlich die Tatsache, daß auch die Gründer ihrerseits nicht selten die Geplünderten und Ausgebeuteten sind. Diese Erscheinung paßt in den Rahmen ihrer Theorie nicht hinein. In der Theorie muß den Gründern unbedingt die Rolle und der Charakter geschickter Ausbeuter beigelegt und konsequent erhalten werden.

Die Unzulänglichkeit und Einseitigkeit dieser Theorie geht indes schon aus zahlreichen Gründerprozessen klar hervor. Es ist sehr häufig der Fall, daß die auf der Anklagebank erscheinenden Gründer selbst ruiniert und ein Opfer ihres Unternehmens sind. Sie haben nicht die Aktionäre allein geködert, sie gerieten selber in die Falle, sie rangen verzweifelt, um sich zu retten, sind aber durch ihr verzweifeltes Gebaren nur noch tiefer ins Verderben gesunken. Wenn aber die Gründer dadurch ruiniert werden, daß sie mit allen oder beinahe allen ihren Aktien, d. h. Makulatur, für deren Schaffung und Absatz sie Unsummen an verschiedene Ausbeuter gezahlt haben, dastehen, ohne Zeichner und Aktionäre zu finden, so kommt die Sache gewöhnlich eben deshalb nicht zur gerichtlichen Verhandlung.

Die Literatur sammelt und sichtet nur diejenigen Tatsachen, die ein Zeugnis abgeben von dem Verhalten der Gründer gegenüber dem Aktienpublikum als dem Opfer von Mißbräuchen. Diejenigen Tatsachen, welche auf die an die Gründer gestellten unbilligen Forderungen Bezug haben, gelangen in die Literatur nur sporadisch und zufällig. Man nutzt sie dabei als die Schuld der Gründer erhöhende Belege aus. Die unverhältnismäßig hohen Preise, die die Gründer selbst für ihre Apports zahlen, werden niemals erwähnt, um darzulegen, daß auch die Gründer zu teuer kaufen und unvorteilhafte Geschäfte leichtsinnig abschließen, sie tauchen vielmehr nur ganz vereinzelt bei Schilderung der Lage der Aktionäre auf, zwischen Beispielen, aus denen hervorgeht, w a s die Gründer von den Aktionären für die Apports fordern. Die sehr bedeutenden Summen, welche die Gründer zuweilen für die Gewährung von Konzessionen, für Reklamen usw. zahlen müssen, erscheinen in der Literatur nur gelegentlich, als Beweis und Charakteristikum der unheilvollen Tätigkeit der Gründer, die Bestechungen ins Werk setzen u. dgl. m.

Hätte die Literatur über das Aktienwesen die Beziehungen

der Gründer zu Personen, denen jene zahlen, und zu viel zahlen, mit genügender Aufmerksamkeit behandelt, so müßte sie die Theorie von der hinterlistigen Ausbeutung des leichtsinnigen Aktienpublikums seitens der Gründer durch die Theorie vom Leichtsinn der Gründer und von deren Ausbeutung seitens zahlreicher anderer Personen ergänzen. Die Gründer sind Janusköpfe mit doppeltem Antlitz. Betrachtet man sie von der einen Seite, so sieht man gewiegte Ausbeuter, die die Einfalt anderer ausnutzen; von der anderen Seite erscheinen die Gründer selbst als die leichtsinnigen Opfer von Ausbeutung und Erpressung. Von diesem Gesichtspunkt, oder vielmehr durch Vereinigung dieser beiden Gesichtspunkte, die einen psychologischen Widerspruch in sich schließen, ist es unschwer, die sonst befremdenden Erscheinungen der Aktienepidemien, darunter auch den Ruin der Gründer zu erklären.

Von unserem Standpunkt aus erklärt sich die Sache nicht weniger einfach, aber ohne Widerspruch. Das Gesetz der optimistischen Überschätzung des reellen Wertes von Chancen erklärt die Epidemie des sog. Gründerschwindels. Trotz der scheinbaren Mannigfaltigkeit der Betrügereien und sonstigen Mißbräuche der Gründer, lassen sich dieselben ihrem Wesen nach auf eine Erscheinung zurückführen, nämlich die, daß der innere Wert der Aktie beim Verkauf einen der jeweiligen Wirksamkeit der von uns festgestellten psychologischen Kraft entsprechenden Zuschlag erhält. Diese Kraft übt aber ihren Einfluß auch auf die Gründer aus. Auch sie erstreben und erwerben im Wege der Gründung ungewisse Prämienchancen. Sie erwerben diese Chancen allmählich, durch die Erlangung einer Konzession, die Anschaffung von nötigen Immobilien usw. Je höher die Spannung der optimistischen Tendenz, um so geringer ihre Skepsis bei Bewertung der Gewinnchancen, um so bedeutender ihre Überschätzung des zu erwartenden Gründungserfolges, um so größer ihre Bereitwilligkeit zu allen möglichen Opfern, damit ihnen nur die erhofften Chancen zuteil werden, und um so größer auch der optimistische Zuschlag, den man von ihnen für alles dasjenige fordern kann, dessen sie für das Zustandekommen und den Erfolg des von ihnen geplanten Unternehmens bedürfen.

Demgemäß geraten auch die Gründer in eine ähnliche Lage, wie der Aktionär, der Aktien unverhältnismäßig teuer ankauft, um sie dann noch teurer weiterzuverkaufen. Sie bilden ein

Zwischenglied in jenem gewaltigen Güterverteilungsprozeß, in jenem Kreislauf von Vermögen, dessen bewegendes Prinzip nichts anderes ist, als die von uns festgestellte Kraft, sobald sie einen gewissen Grad von Spannung erreicht hat. Sie gehen, genau wie die Aktionäre, zugrunde, wenn sie bei Eintritt der psychischen Reaktion der Massen, im Augenblick der Unterbrechung der optimistischen Tendenz die Endstation bilden, bei der die optimistischen Werte Halt machen, wenn sie Besitzer derjenigen Objekte bleiben, deren innerer Wert weit hinter dem ihnen beigelegten zurückbleibt.

Die eigentlichen Einsammler des sich aus der Aktienpsychik ergebenden, bisweilen sehr hohen Steuerbetrages, sind diejenigen, die sich im Laufe dieses Verteilungsprozesses nicht Gewinnchancen, sondern bestimmte Vorteile (so z. B. einen hohen Preis für ein an die Gründer verkauftes Grundstück, eine abgetretene Konzession, für Reklame) gesichert haben, darunter auch diejenigen (Gründer oder Aktionäre), die noch ehe die Revision der optimistisch überschätzten Werte und ihre Bloßstellung durch Tatsachen stattfindet, ehe die Kassierung der optimistischen Zuschläge erfolgt, die ungewissen Gewinnchancen gegen einen bestimmten Geldbetrag eingetauscht haben.

Roß und Reiter jagen auf der Rennbahn dem Ziele zu, ohne darauf zu achten, von wem und wieviel für sie am Totalisator gesetzt worden ist. Pferd und Jockey haben ihre eigene Ehre, ihre Fertigkeit, ihre physischen und psychischen Kräfte, die unabhängig sind von jener Kraft, die die städtische Kasse bereichert, dem Totalisator Gewinn bringt und die Taschen des spielenden Publikums zum Teil füllt, zum größeren Teil leert. Diese gegenseitige Unabhängigkeit der Erscheinungen auf der Rennbahn und am Totalisator ist übrigens keine schlechthin gültige Regel. Es gibt Ausnahmen. Die Rennbahn ist mitunter der Schauplatz seltsamer und unerwarteter Erscheinungen, die nur im Zusammenhang mit den hinter den Kulissen des Totalisators wirkenden Kräften zu erklären und zu begreifen sind.

Das Aktienunternehmen an und für sich müßte seinen eigenen Zweck verfolgen, die vorteilhafte Herstellung und den günstigen Absatz seiner Produkte, die Realisierung und Sicherung eines möglichst großen Unternehmergewinnes anstreben, unberührt von jenem Kreislauf der Werte, den wir oben geschildert, und der zwar aus Anlaß eines industriellen oder anderen Aktienunternehmens, jedoch sozusagen außerhalb desselben sich bewegt.

Der Unternehmer auf Aktien (die Gesellschaft, die juristische Person) sollte seine Handlungsweise dem eigenen vernünftigen produktiven Zwecke entsprechend gestalten, ohne sich durch das oft recht unvernünftige Spiel, das mit seinen Aktien getrieben wird, irreführen zu lassen.

Leider ist dies in Wirklichkeit nicht immer der Fall. Die vorhin gekennzeichnete psychische Kraft weist die Tendenz auf, auch die Handlungsweise des Aktienunternehmers zu beeinflussen, und veranlaßt ihn, wenn sie einen gewissen Grad von Intensität erreicht hat, mitunter zu einem so merkwürdigen Verhalten, daß, handelte es sich nicht um eine juristische, sondern um eine physische Person, die Angehörigen oder die Obrigkeit auf den Gedanken kommen könnten, daß ärztliche Hilfe, Internierung in eine Irrenanstalt und Stellung unter Vormundschaft nottäte.

Wir wollen uns nunmehr der Untersuchung der Wirkung zuwenden, die die von uns im Aktienwesen festgestellte psychologische Kraft auf das Verhalten der Aktienunternehmen ausübt.

VI.

Der pathologische Einfluß der optimistischen Tendenz auf die Produktion.

Der Zeitpunkt der Entstehung einer Aktiengesellschaft und des Auftretens eines neuen selbständigen juristischen und wirtschaftlichen Subjekts (der juristischen Person, des Aktienunternehmers) kann verschiedentlich bestimmt werden. Man kann die Eintragung in das Handelsregister, den Beschluß der konstituierenden Generalversammlung über die Errichtung der Gesellschaft usw. zum Zeitpunkt der Entstehung erheben. Mit diesem Augenblick werden verschiedene von den Gründern für die künftige Gesellschaft unternommene Handlungen, in der Gestalt der wirtschaftlichen und juristischen Folgen dieser Handlungen, der Vorteile und der Nachteile, der Rechte und der Verpflichtungen, ipso jure oder mittelst neuer juristischer Akte auf den Namen des neuen wirtschaftlichen und juristischen Subjekts übertragen. Der wirtschaftliche und juristische Effekt ist schließlich derselbe, wie wenn der neue Aktienunternehmer (die juristische Person) diese Handlungen selbst vorgenommen hätte.

Wir können daher, der theoretischen Bequemlichkeit und der Anschaulichkeit der Darstellung wegen, die entsprechende Kategorie wirtschaftlicher Handlungen und juristischer Akte als die Tätigkeit des keimenden und werdenden Unternehmens oder die Tätigkeit des Aktienunternehmers vom Augenblick der ersten Anlage des Unternehmens betrachten.

Es ist zweifellos, daß diese Handlungen oft in einer vom Standpunkt der Interessen des Unternehmens vollkommen verständigen Weise vorgenommen werden, so daß die später formell zustande kommende Aktiengesellschaft oft einen vollkommen gesunden und gut hergerichteten Boden für ihr Gedeihen vorfindet. Allein es ist ebenso unzweifelhaft, daß das uns bekannte Gesetz der optimistischen Überschätzung des inneren Wertes der Prämienchancen auch auf diesem Gebiete häufig pathologische Erscheinungen hervorbringt; und zwar entwickelt sich der pathologische Zustand, der sich durch die Gründung kranker und mißgebildeter wirtschaftlicher Unternehmen in Aktienform kennzeichnet, um so extensiver und intensiver, je stärker zu der gegebenen Zeit die optimistische Tendenz in der Psychologie der Volksmassen wirkt.

Je stärker diese Wirkung nämlich ist, um so größer ist — ceteris paribus — die Kluft zwischen den Interessen der Gründer als solchen und den objektiven Interessen der von ihnen gegründeten Unternehmen.

Zur Erläuterung und zum Beweise dieses Theorems wollen wir annehmen, daß zu einer gegebenen Zeit nicht nur die optimistische Tendenz in der Massenpsychologie nicht wirksam ist, sondern sogar die entgegengesetzte — die pessimistische Tendenz obwaltet, d. h., daß der Kurs der Aktien ihren inneren Wert im allgemeinen nicht nur nicht zu übersteigen strebt, sondern vielmehr auf einem zu niedrigen Niveau verbleibt, einen gewissen Abzug in ihrem reellen Wert aufweist, wie dies manchmal nach einem Krach, während einer Massenpanik der Aktionäre der Fall zu sein pflegt. Zu einer solchen Zeit kann natürlich von dem Erfolg und dem Gedeihen des Gründergewerbes keine Rede sein. Und sollten die Gründer es versuchen, in dieser Zeit Aktien zum Verkauf an das Publikum zu schaffen, so würden sie sehr bald merken, daß es ihnen gar nicht gelingen kann, hohe Gründungsprämien einzuheimsen, daß auch die Agiotageversuche, Anschwellung der Spesenrechnungen, Wertüberschätzung der Apports etc. etc. ohne Erfolg bleiben, daß sie die Aktien zu einem notorisch verlustbringenden Preise abgeben müssen, daß das Geschlecht der „Narren" nicht allein erloschen, sondern durch ein knauseriges, schinderisches, schlaues und argwöhnisches Aktionärvolk ersetzt worden ist, mit dem man gar nichts anfangen kann usw. Die Literatur müßte staunen, daß jetzt die verschiedenen, von dem Gesetzgeber zum Schutze der Aktionäre gegen die Gründer erdachten Maßregeln sich nicht nur als überflüssig erweisen, sondern daß im Gegenteil die Sachlage sich dahin verändert hat, daß nunmehr die Gründer die Benachteiligten sind, daß ihre Interessen des Schutzes bedürfen usw. Dies müßte die Vertreter der üblichen Ansichten über das Aktienwesen umsomehr in Verlegenheit bringen, als alle die Eigentümlichkeiten des Aktieninstituts, von denen sie früher ausgingen und mit deren Hilfe sie mancherlei Anomalien, darunter auch den Gründungsschwindel, so mühelos erklärten, unverändert geblieben sind; indes wollen die „logisch klaren" Folgen derselben zur Rechtfertigung der Theorie nicht eintreten, sondern machen der Theorie zum Trotz den entgegengesetzten Erscheinungen Platz. Die begrenzte Haftung, die Möglichkeit der Kursbeeinflussung seitens der Gründer, die Möglichkeit für die Gründer, die konstituierende Generalversammlung ausschließlich aus ihren Klienten zusammenzusetzen usw. — bleiben bestehen, und doch bereichern sich nicht die Gründer auf Kosten der Aktionäre, sondern die Aktionäre auf Kosten der Gründer.

Das wirkliche Leben widerlegt unrichtige Aktientheorien freilich nicht in dieser Form, sondern in einer anderen, einfacheren Weise. Die Gründer sind nicht so einfältig, daß sie, beispielsweise im Vertrauen auf die Hinweise der Theorie der ungestörten Möglichkeit, die Aktionäre zu übervorteilen, doppelte Preise für die Apports zu berechnen, in der konstituierenden Generalversammlung nach Belieben zu schalten usw., sich mit dem Gründen zum Zwecke des Aktienverkaufs zu einer Zeit befassen, wo die pessimistische Tendenz, der pessimistische Abzug vom reellen Werte der Aktien herrscht. Während einer solchen Zeit hält die Gründung neuer Gesellschaften inne (bis die notwendige Veränderung in der Massenpsychologie, die gewöhnlich jedoch nicht lange auf sich warten läßt, eingetreten ist), und wenn auch vereinzelte Fälle der Gründung neuer Gesellschaften vorkommen, so tragen sie doch nicht die Abzeichen des professionellen Gründertums. Die Gründer bezwecken alsdann nicht die Produktion von Aktien zum Verkauf und zur Gewinnung von Kapitalprämien aus dem Gründungsgeschäft, sondern suchen eine lohnende Kapitalanlage in dem Unternehmen; sie haben die Absicht, die ständigen Aktionäre der neuen Gesellschaft zu werden und die Dividenden zu genießen. In diesem Falle liegt es aber im Interesse der Gründer, der Gesellschaft eine Organisation zu geben, die ihr ein dauerndes oder jedenfalls längere Zeit anhaltendes Gedeihen gewährleistet. Ihre Interessen decken sich vollkommen mit den Interessen des Unternehmens als solchen oder den Interessen der ständigen Aktionäre der Gesellschaft; ja die Gründer und die späteren ständigen Aktionäre der Gesellschaft sind ein und dieselben Personen.

Nehmen wir nun an, das Aktienthermometer beginne das Steigen der Aktientemperatur anzuzeigen, so daß der Kurs der Aktien der optimistischen Überschätzung zustrebt, die marktgängige Kapitalbewertung der Aktien deren tatsächlichen Rentabilitätswert übersteigt. Als Produzent von Aktien zum Verkauf kann man eine ganz andere, ungleich höhere Verzinsung seines Kapitals erzielen, als wenn man ständiger Aktionär bleibt; statt bescheidener Zinsenprämien, die in guten Dividenden bestehen, kann man vielfach größere Prämien, nämlich Kapitalprämien gewinnen. Auf eine ganz natürliche Weise kommt neben der Gründung zum Zwecke eines dauernden Dividendenbezuges, die Gründung zum Zwecke einer vorteilhaften Aktienemission auf. Und je stärker die optimistische Überschätzung des reellen Wertes der Aktien wirksam ist, umsomehr nimmt die Gründung als Produktion von Aktien zum vorteilhaften Verkauf, zur Gewinnung von Kapitalprämien und zwar zu einer möglichst raschen Begebung der Aktien überhand; denn je mehr der Gewinn aus der Produktion und dem Verkauf von Aktien (die Kapitalprämie), den Gewinn aus dem Behalten der Aktien und dem Genuß der Dividende (den Einkommensertrag) übersteigt, um so wichtiger wird der rasche Umsatz des Gründungskapitals, die rasche Produktion und der rasche Absatz von Aktien. Um dies zu begreifen, bedürfen die Gründer durchaus nicht der Kenntnis unserer theoretischen Prämissen und Schlüsse, denn sie verfügen statt dessen über sehr anschauliche, auffällige und überzeugende Erfahrungen (resp. Beobachtungen) in betreff der aus dem Gründungsgeschäft sich ergebenden Kapitalprämien, der Bewegung der Aktienkurse und des Standes der Dividenden. So gehen mit dem Steigen der optimistischen Aktientemperatur die Begriffe „Gründer“ und „ständiger Aktionär“ immer mehr auseinander; statt sich sozusagen im Mittelpunkt der Aktiengeschäfte zu treffen und zu kongruieren, streben sie den entgegengesetzten Polen zu. Die Aktiengesellschaften sind nicht mehr die soliden Gebäude, die die Gründer zum dauernden Bewohnen errichten, sondern Rastplätze auf der eiligen Reise in die Ferne; je kürzer der Aufenthalt, um so besser; und um so unwesentlicher und uninteressanter, ob die Station gut und fest gebaut ist, was aus ihr werden wird, nachdem man sie verlassen usw. · Doch auch dieser Vergleich erweist sich bei einer gewissen Intensität der optimistischen Aktientemperatur als ungenügend. Die Aktienunternehmen verlieren allmählich den Charakter wirklicher Herbergen oder anderer auch nur für einen vorübergehenden Aufenthalt geeigneter Gebäude, und werden zu Potemkin'schen Dörfern, zu dekorativen Anlagen, die auf die Gewährung eines optimistischen Vergnügens berechnet und auf die Überzeugung gestützt sind, daß niemand skeptischen Verdacht schöpfen und die reale Nachprüfung der Übereinstimmung des dekorativen Eindrucks mit der Wirklichkeit vornehmen wird.

Mit anderen Worten:

1. Die optimistische Tendenz bewirkt eine mit dem Wachsen ihrer eigenen Intensität immer größer werdende Differenzierung der Rollen und der Interessen der Gründer einerseits und der Rolle und der Interessen der ständigen Aktionäre andererseits, und sie spaltet zugleich das Aktienunternehmen in zwei verschiedene Unternehmen, mit selbständigen, nicht übereinstimmenden Zwecken. Von dem Unternehmen, das auf die Produktion und den Absatz der den Gegenstand der produktiven Tätigkeit der Aktiengesellschaft bildenden wirtschaftlichen Güter gerichtet ist, löst sich ein anderes Unternehmen ab, das speziell die Produktion und den Absatz der Aktien zum Zwecke hat. Eine charakteristische und sehr anschauliche Illustration zu dieser Wirkung der optimistischen Tendenz liefern besondere Banken, die zuerst in Frankreich in den fünfziger Jahren des vorigen Jahrhunderts, unter der Bezeichnung „Crédit mobilier“ von den Brüdern I. und E. Péreire geschaffen wurden und bald in verschiedenen anderen

Ländern unter verschiedenen Namen rasche Verbreitung fanden.[1]) Wir haben es hier mit selbständigen Aktienunternehmen zu tun, die das Gründungsgeschäft betreiben, die Produktion und den Absatz von Aktien zum Gegenstand haben. Die obenerwähnte Differenzierung tritt hier besonders deutlich und plastisch hervor und nimmt in besonderen Organisationen eine greifbare Gestalt an.[2])

---

[1]) Es wurde z. B. schon 1853 nach dem Vorbild des Crédit mobilier die „Bank für Handel und Industrie" in Darmstadt geschaffen; ebensolche Banken entstanden bald darauf in Braunschweig, Bremen, Rostock, Weimar, Coburg, Leipzig, Frankfurt, Wien usw.

[2]) Man kann aus den oben (passim) dargestellten, das Aktienwesen betreffenden Theoremen deduktiv die „Gesetze" ableiten, welche die Schicksale der crédits mobiliers und ähnlicher Aktiengesellschaften, sofern sie speziell auf die Produktion und den Absatz von Aktien gerichtet sind, bestimmen. Es ist zunächst klar, daß derartige Unternehmen in einer unmittelbaren wirtschaftlichen Abhängigkeit von der jeweiligen Wirkung der optimistischen Tendenz sich befinden. Das Auftreten der pessimistischen Tendenz hat für diese Banken die Bedeutung, daß ihnen der Boden ihrer Tätigkeit entzogen wird, und der Zusammenbruch droht (freilich sofern sie den Gegenstand ihrer Tätigkeit nicht ändern und die Gründungsoperationen nicht durch andere ersetzen). Die Dividenden einer derartigen Aktiengesellschaft sind naturgemäß außerordentlich unstet und jähen Auf- und Abwärtsbewegungen unterworfen, im Zusammenhang mit dem Steigen und Fallen des Aktienthermometers, denn diese Dividenden rühren von Kapitalprämien her (d. h. Prämien, welche die gewöhnlichen Einkommensprämien um ein Vielfaches übersteigen, die Kapitalisierung der Schwankungen der gewöhnlichen Dividenden, oder besser der Dividendenerwartungen darstellen). Man darf auch nicht außer acht lassen, daß es den leitenden Persönlichkeiten solcher Unternehmen, bei einer gewissen Spannung der optimistischen Tendenz, ebenfalls schwer sein wird, sich von der Einwirkung dieser psychischen Kraft freizuhalten. Demgemäß weisen die Gründungsbanken die starke Tendenz auf, in kurzer Zeit zu reicher Blüte zu gelangen und dann plötzlich unterzugehen. Zur Abschwächung dieser Neigung ist die Kombinierung verschiedener anderer Operationen mit dem Gründungsgeschäft sowie ein hoher Grad von Ruhe und Festigkeit des Charakters und der Prinzipien bei den Leitern erforderlich.

Der ‚Crédit mobilier' der Brüder Péreire zahlte seinen Aktionären folgende Dividenden: 1853: 10%, 1854: 13%, 1855: 47%, 1856: 24% (s. Wirth, Geschichte der Handelskrisen S. 274); „im Jahre 1857, wo die Überspekulation ihr Ende erreicht hatte, zahlte die Gesellschaft nach Abzug von 5% Zinsen gar keine Dividende und später wurde sie vor Gericht gezogen" (Wirth l. c.).

Die Darmstädter Bank gab folgende Dividenden: 1854: 2,40%, 1855: 10,67%, 1856: 15%, 1857: 5%, 1858: 5,25%, 1859: 4%.

Dementsprechend zeichnet sich auch der Kurs der Aktien solcher Unternehmen durch einen unruhigen Charakter aus. So notierten die Aktien des

2. Solange der Optimismus in der Aktiennachfrage eine gewisse bescheidene Grenze nicht überschreitet, hat dieser Dualismus das Angebot besonders minderwertiger Aktien und die Mehrung schlechter Unternehmen nicht zur Folge. Wenn auch die Qualität des Unternehmens an sich für die Gründer keine unmittelbare Bedeutung hat — denn ihr privatwirtschaftlicher Zweck ist nicht die Solidität, der Erfolg und die Einträglichkeit des

---

Crédit mobilier im Jahre 1856, bei einem Nominalwerte von 500 Frcs., 1997,50 Frcs., und im Jahre 1870: 87 ½ Frcs.; der Kurs der Aktien der Österreichischen Kredit-Anstalt betrug 1856: 205 %, und 1859: 42 % ihres Nominalwertes; der Kurs der Aktien der Darmstädter Bank war 1856: 170 %, und 1859: 42 % des Nominalwertes.

Es ist naturgemäß, daß bei den so lebhaften und jähen Schwankungen der Prämienchancen die Spielsucht des Publikums, insbesondere zur Zeit, wo diese Unternehmungen den Reiz der Neuheit hatten, sich auf eine überaus heftige Weise äußerte. Die Zeichnung der Aktien der Österreichischen Kredit-Anstalt ergab, statt der aufgelegten 15 Millionen, 644 Millionen, das Kapital wurde somit 43mal überzeichnet. Die Steigerung der Aktientemperatur zu jener Zeit findet in nachstehender Schilderung der Zeichnungsszenen einen lebendigen Widerschein (Augsburger Allgemeine Zeitung, Nummer vom 27. Dezember 1855; vgl. Ehrenberg, Fondsspekulation S. 106):

„Trotz einer Kälte, die in einzelnen Nächten bis auf — 12° R stieg, standen ungeheuere Volksmassen die ganze Nacht durch, unter Aufsicht der Polizei Queue machend, in den an die Bank angrenzenden Straßen .... Die erlangten Zertifikate wurden von aller Welt für 8—15 Gulden per Stück gierig gekauft, obgleich damit noch keineswegs die Ausfolgung einer wirklichen Aktie garantiert war. Unter jedem Haustore wurde gekauft oder gefeilscht, teils Leute zum nächtlichen Dienst gedungen, teils Zertifikate denen abgekauft, die solche erbeutet hatten. Ganze Scharen von Arbeitern erschienen auf dem Platze, zum Teil unter Leitung ihrer Werkführer. Es gab einen Tag, wo man für die bloßen Subskriptionsformulare, die in der Bank umsonst verabfolgt wurden, einen Gulden bezahlte. Gestern (der Bericht ist vom 14. Dezember datiert) wurde bereits Militär in bedeutenden Massen requiriert und für den 15. Dezember als dem letzten Subskriptionstag sah man einem so übermäßigen Andrang entgegen, daß die ärgsten Exzesse befürchtet wurden. Da erschien ein Erlaß, der die Subskription für geschlossen erklärte — zum großen Mißvergnügen des Publikums, das über Vergewaltigung klagte.“ Ähnliche Szenen wiederholten sich auch an anderen Orten. „Alt und jung, vornehm und gering, stand in dicht gedrängten Scharen die ganze Nacht hindurch vor den Bureaux, und als die Stunde zur Öffnung der Türen herannahte, und der Haufe immer mehr anschwoll, gerieten die zunächst Stehenden sogar in Gefahr, erdrückt zu werden. Ähnlich ging es bei den Zeichnungen zu der Meininger, Coburger, Leipziger und Dessauer Kreditanstalt, bei den Zeichnungen zur Geraer, Hannoverschen und Bückeburger Bank. Glücklich die Gründer, welche zur rechten Zeit eine Konzession erhaschen konnten.“ (Wirth l. c. S. 296.)

Aktienunternehmens, sondern der vorteilhafte Absatz der Aktien — so müssen sie nichtsdestoweniger, um der Erreichung dieses ihres Zweckes willen, auch dafür sorgen, daß das Aktienunternehmen selbst eines gewissen ziemlich hohen Grades von Güte, als Mittel der Anregung der Nachfrage nach den Aktien und als Maßstab für die Bewertung der ausgebotenen Aktien, nicht entbehrt. Je schwächer nun bei dem Publikum die Tendenz zur optimistischen Schätzung der angebotenen Unternehmen und Aktien, d. h. je strenger die Zensur ist, um so geringer ist für die Gründer die Möglichkeit, die Aktien eines faulen Unternehmens mit gutem Erfolg loszuschlagen, so daß unter diesen Umständen sozusagen eine strenge Zuchtwahl der in bezug auf Gegenstand, Plan und Durchführung rationellen Unternehmen stattfindet.

Dieser mittelbare, jedoch enge Zusammenhang zwischen dem Unternehmungszweck (Produktion von Aktien zum Verkauf) und dem Unternehmungsmittel, deren an Identität grenzende Übereinstimmung, nimmt notwendigerweise bei einem weiteren Anwachsen der optimistischen Tendenz ab, die Dissonanz wird deutlicher, es entstehen die Bedingungen für das Zustandekommen immer schlechterer Unternehmungen.

Nehmen wir an, es sei zur Einträglichkeit des Gründungsgeschäfts und zur Anregung der Gründungstätigkeit erforderlich, daß das Aktienpublikum den mutmaßlichen Ertrag des Unternehmens mindestens auf 6 % des Grundkapitals schätzt. Wenn hierbei die optimistische Überschätzung der Ertragschancen sukzessive a) 1 %, b) 2 %, c) 3 %, d) 4 %, e) 5 %, f) 6 % ausmacht, so besteht im Falle a eine für die Gründer genügend vorteilhafte Nachfrage für solche Unternehmen (Aktien), die bei nicht optimistischer, objektiver Schätzung 5 % Dividende versprechen; im Falle b ist bereits eine genügend vorteilhafte Nachfrage nach Unternehmen vorhanden, die objektiv 4 % versprechen; im Falle d genügt eine objektive Wahrscheinlichkeit von 2 %; im Falle f ist es nur noch nötig, daß keine Wahrscheinlickeit eines teilweisen Verlustes des Kapitals besteht, ein Ertrag ist überhaupt nicht erforderlich, denn die als notwendig vorausgesetzte Schätzung der Dividende auf 6 % erfolgt seitens des Publikums in der Form der optimistischen Überschätzung des inneren Wertes der Aktien.

Das Gesetz ist ähnlich dem Rentengesetz von Ricardo.

Mit dem Zunehmen der Intensität der optimistischen Tendenz auf dem Gebiete der Aktiennachfrage werden die Bedingungen geschaffen für die Heranziehung immer weniger „fruchtbarer“ Unternehmen. Wenn beispielsweise in einem Lande ein starker Optimismus bei der Schätzung von Eisenbahnaktien sich geltend macht (wie dies in Wirklichkeit viele Länder durchgemacht haben), so werden zunächst für den Eisenbahnbau mittelst Gründung von Aktiengesellschaften diejenigen Strecken gewählt, die tatsächlich ansehnliche Dividenden zu geben versprechen, dann allmählich kommen immer weniger fruchtbare Linien an die Reihe, z. B. auch solche, die nach Abzug des optimistischen Mehrwertes nur noch 1 % oder 0 % Dividende versprechen, oder es werden selbst solche Eisenbahnlinien gegründet, die bei normaler Schätzung nicht nur keine Aussicht auf Ertrag gewähren, sondern gar die Wahrscheinlichkeit des Verlustes eines Viertels und mehr des Kapitals in sich schließen.

Auf anderen Gebieten, z. B. bei städtischen Baugesellschaften ergibt unser Gesetz ein verwickelteres Resultat. Hier werden nicht allein, nach den am besten geeigneten Stadtteilen und einzelnen Grundstücken, auch minder geeignete Stadtteile und Grundstücke herangezogen, sondern es gehen zugleich die Preise für alle Grundstücke (auch für Handwerkerlöhne usw.) überhaupt in die Höhe, und dennoch erwerben die Gründer immer weitere Grundstücke zur Bebauung mittels Aktienkapitals, obwohl bei objektiver Chancenbemessung ein Ertrag nicht mehr zu erwarten ist. Der Bedarf an neuen Wohnungen nimmt ab, die Mieten fallen; allein der wachsende Optimismus des Aktienpublikums füllt auch diese Lücken aus usw.

Im allgemeinen schafft also die Tendenz zur optimistischen Überschätzung des inneren Aktienwertes, vom Standpunkt ihrer Wirkung auf die Produktion betrachtet, die Tendenz zur Überproduktion in ihren verschiedensten Arten und Formen.

Ist dies ihre alleinige Wirkung? Nein, es ist nur eine von den vielen Formen der Beeinflussung der Produktion durch die anormale Bewertung der Aktien.

Die Gründung und weitere Tätigkeit solcher Aktiengesellschaften, die den Prozeß der Überproduktion eröffnen oder fortsetzen und verstärken, sind eine der Formen der (vom privat- und volkswirtschaftlichen Standpunkt) irrationellen Produktion; der „überproduktive“ Charakter des geplanten Unternehmens bildet einen den Erfolg schädigenden Mangel; neben diesem Mangel, bzw. an dessen Stelle, sind noch manche andere Mängel möglich, beispielsweise in der Wahl des Gegenstandes, der Zeit, des Ortes der Tätigkeit eines an sich nicht „überproduktiven“ Unternehmens, in der Festsetzung der erforderlichen Höhe des Grundkapitals, in der Auswahl des persönlichen leitenden Elements usw.

Die optimistische Tendenz ist ihrem Wesen nach wenig wählerisch, sie ist imstande, die verschiedenartigsten Mängel zu verdecken, und wenn sie einen gewissen Grad von Intensität erreicht hat, so verdeckt sie Produktionsfehler, die weit auffälliger und schlimmer sind, als der Umstand, daß ein Unternehmen in das Gebiet der Überproduktion tritt. Wir haben schon oben bei der Erörterung der Wirkung dieser Tendenz auf die Güterverteilung bemerkt, daß sie sich in einzelnen Fällen nicht mit mathematischer Regelmäßigkeit, sondern als eine allgemeine Neigung geltend macht, bei Schätzung der Chancen allerhand Plus zu überschätzen, allerhand Minus zu verwischen und große positive Zahlen an Stelle von unbekannten Größen zu setzen. Es kann so weit kommen, daß die Aktiennachfrage nicht nur eine eingehende kritische Prüfung der angebotenen Unternehmen und Aktien unterläßt, sondern gar nach rein äußerlichen Mitteln der Selbsttäuschung und der Illusion, nach bloßen Bühnenwirkungen verlangt. Demgemäß macht sich auch das Angebot von Unternehmen geltend, die dem verderbten Geschmack des Publikums angepaßt, auf die anormale Psychik und den entsprechenden dekorativen Effekt, und nicht auf die realen Bedingungen und den Erfolg der Produktion berechnet sind.

Die Mängel, welche die optimistische Tendenz bei der Chancenberechnung in die aktiengesellschaftliche Produktion einführt, können, wie gesagt, von verschiedenster Art sein. Wir wollen zur Illustration auf die besonders charakteristischen und typischen hinweisen.

1. Die erste wesentliche Entscheidung des Gründers, die auch die Richtung und die Individualität des Unternehmens vorausbestimmt, ist die Wahl des Gegenstandes und des Ortes der Tätigkeit des Unternehmens. Besonders charakteristisch und interessant ist hier die von uns schon oben erwähnte Vorliebe der optimistischen Chancenwertung für unbekannte Größen, für

x und y bei Aktien und Unternehmen, daher auch für Unternehmungen von einer neuen, von den alten, bekannten Schablonen abweichenden Art, oder für solche mit ferngelegenem, noch unerforschtem Tätigkeitsgebiete. Während die Tatsache, daß ein Unternehmen in dieser Beziehung unerforscht und unbestimmt erscheint, bei skeptischer und normaler Schätzung der von ihm gebotenen Chancen als ein Minus anzusehen ist, übt sie bei optimistischer Schätzung nicht allein eine das eventuelle Minus ausgleichende Wirkung, sondern dient vielmehr als Mittel zur Anregung der Hoffnungen und des Appetits. Diese Erscheinung kann charakterisiert werden als die Nachfrage nach Unternehmen mit Produktionsmängeln und -defekten, die durch die Neuheit des Unternehmens, bzw. die Entfernung seines Wirkungsgebietes verschleiert sind. Die Geschichte des Aktienwesens liefert uns sehr charakteristische Beispiele des Angebots von Unternehmen, die einer derartigen Nachfrage entsprechen. Max Wirth berichtet mit bezug auf die Gestaltung des Aktienwesens in den dreißiger Jahren des vorigen Jahrhunderts in England, unter anderem folgendes:

„Die damals durch Canning erwirkte Anerkennung der Unabhängigkeit einiger südamerikanischer Staaten leitete, wie bereits angedeutet, den Strom der Spekulation nach jenen Gegenden. Gesellschaften bildeten sich zur Gewinnung von Gold und Silber von Bergspitzen und Klüften, wo es weder Arbeiter noch Werkzeuge gab, um die Arbeit zu tun, weder Brennmaterial, noch Wege oder Wagen, um die Produkte fortzuschaffen. Es sollten Perlen an der Küste von Columbien zu finden sein und so kostbare Artikel sollten von der anderen Hemisphäre kommen, daß nüchterne Personen eine gefährliche Veränderung in den Geschäften und dem Geiste des englischen Volkes zu fürchten anfingen: es würde so viel Gold und Silber geben, daß, nachdem der Kanzler der Schatzkammer die Staatsschuld zurückgezahlt haben würde, der Wert des Geldes in England und ganz Europa eine wesentliche Änderung erfahren würde ..... Die höheren Stände fingen an, um sich her zu blicken, als solche Dinge erzählt wurden; und als sie sahen, daß die mittleren und niederen Klassen in kürzester Zeit, wie es den Anschein hatte, sehr reich werden müßten, so stürzten auch sie sich in die wilde Jagd nach dem Reichtum Südamerikas.[3]) Es ist urkundlich und

---

[3]) Wie gewöhnlich, veranstaltet hier Wirth, zur Erklärung der seltsamen

bereits oben von uns erwähnt, daß die Aktien des Bergwerks Real del Monte, auf welche 70 Pfd. pro Stück eingezahlt waren, 2000 Pfd. fürs Hundert brachten, indem sie schnell den Kurs von 1400 erreichten. Leute, welche die gemeinere Art des hohen Spiels — die Spekulation an der Effektenbörse — verschmähten, faßten die Jdee, durch Handelsspekulationen mit den neuen überseeischen Märkten sich zu bereichern. Zu Rio de Janeiro kamen in wenigen Wochen aus Manchester mehr Güter an als früher für 20 Jahre nötig waren; und die mitunter leicht verderblichen Waren blieben am Ufer liegen unter raubgierigem Gesindel und Regengüssen, bis die überfüllten Warenhäuser zu ihrer Bergung Raum gewähren konnten. Es ist bestimmt versichert worden, daß Bettwärmer aus Birmingham unter den Artikeln waren, welche unter der glühenden Sonne jenes Himmelsstrichs ausgeladen worden; und daß Schlittschuhe aus Sheffield bei einem Volk zum Verkaufe ausgeboten wurden, welches niemals Eis gesehen hatte. Porzellan und geschliffenes Glas wurden an einigen Orten den Eingeborenen aufgedrungen als vorzüglicher wie Cocosnußschalen und Kuhhörner, deren sich diese seither zu Eß- und Trinkgeschirren bedient hatten. Ein Werk der Zeit, geschrieben von einem munteren Beobachter der Dinge an Ort und Stelle gibt ein Bild, welches gerade die pikantesten Konturen hervorheben mag, das aber viel Wahres von der Art und Weise in sich haben muß, wie jene südamerikanischen Projekte in Gang gebracht und ausgeführt worden: „Wir hatten alle Arten von englischen Spekulationen in Südamerika und einzelne davon waren wirklich lustig. Neben vielen Brüdergesellschaften, die ich in Buenos-Ayres antraf, fand ich auch einen Schwesternverein von Milchmädchen. Es war plötzlich einigen jüngeren Söhnen John Bull's beigefallen, daß, da es zahllose spottbillige Kühe und eine Masse vortrefflicher Weiden in den La Plata-Staaten gäbe, und da die Leute in Buenos-Ayres keine Butter zu ihrem Brote hätten, eine Butterkompagnie sich vortrefflich machen würde; — und bevor die Idee einige Monate alt war, wurde eine Ladung schottischer Milchmädchen auf ihrer Überfahrt, um in Buenos-Ayres Butter zu machen, von einer Windstille unter der Linie befallen. Als sie ankamen, waren die Schwierigkeiten, mit denen sie zu kämpfen hatten, sehr groß.

---

und auffälligen Tatsachen, einen Nacheifer, der „bis zur Eifersucht" treibt (Geschichte der Handelskrisen, S. 138).

Anstatt sich an ein geduldiges Haustier anzulehnen, wurden sie zu einer Gattung von unabhängigen wilden Geschöpfen geführt, die so grimmig aussahen, daß kein junges Frauenzimmer, das jemals auf einem dreibeinigen Stuhl saß, es wagen konnte, sich ihnen zu nähern, geschweige denn zu melken. Aber die Gauchos griffen die Kühe an, banden ihre Beine mit Streifen von Fell, und sobald sie ruhig wurden, gab es in den Kramläden von Buenos-Ayres Butter genug. Wie aber nun, nachdem alle Schwierigkeiten überwunden waren, die Spekulation beim rechten Lichte besehen wurde, entdeckte man zu großer Bestürzung, daß erstens die Butter sich nicht halten wollte, und zweitens daß, man mochte sie anpreisen wie man wollte, die Gauchos und die Eingeborenen von Buenos-Ayres — Öl lieber hatten.““

Eine ähnliche Produktionstätigkeit ohne reale Grundlage und richtige Berechnung machte sich auch auf dem Gebiete neu aufkommender Unternehmungsarten bemerkbar.

Als beispielsweise in den vierziger Jahren des vorigen Jahrhunderts in Frankreich die Gesellschaften für Gewinnung von Asphalt Mode wurden, entstand ein Asphaltunternehmen nach dem anderen, ungeachtet der Tatsache, daß für die großen Mengen des hergestellten Produkts keine Nachfrage vorhanden war. Dabei hatten nur zwei dieser Gesellschaften tatsächlich Asphaltlager zur Verfügung, die übrigen mußten versuchen, ein dem wirklichen Asphalt ähnliches Produkt auf künstlichem Wege herzustellen.

„Die Aktien stiegen mit fabelhafter Schnelligkeit; Pyrimont-Seyssel-Aktien (von nom. 1000 Frcs.) erreichten im März 1838 den Kurs von 10200,[4]) Houille & Asphalte de Lobsann (ebenfalls 1000 Frcs. nom.) stiegen bis 6000 Frcs., und ähnlich die anderen Aktien. Aber bald zeigte sich, daß die Kurse außer allem Verhältnis zu dem wirklichen Werte der Aktien standen. Der erhoffte Massenbedarf von Asphaltpflaster blieb aus, da das Material sich wegen seines hohen Preises nicht so rasch Bahn brechen konnte, und vor allem wurde es arg diskreditiert durch die vielen Imitationen, die sich bald als völlig wertlos herausstellten .... Am 10. April 1838 standen Pyrimont-Seyssel-Aktien noch 7500, am 14. Mai 6000 .... und der letzte Kurs, der zu finden ist,

---

[4]) Die Gesellschaft „Mines d'Asphalte de Pyrimont-Seyssel“ wurde 1837 gegründet.

wurde im Jahre 1851 mit ganzen 60 Frcs. notiert, — 60 Frcs. nach 10200!“ [5])

Dergleichen Erscheinungen traten auch nach der Erfindung der Crédits mobiliers zutage. „Die Unternehmen waren in der Tat oft so ohne alle innere Begründung, daß z. B. eine Kreditgesellschaft, die sich in Hamburg gebildet hatte und deren Subskription das Hundertfache des festgesetzten Grundkapitals überstiegen hatte, ihre Operationen auf unbestimmte Zeit vertagte, weil sich angeblich kein Direktor gefunden hatte; — wahrscheinlich aber, weil gar nichts zu dirigieren da war .... Die „Dessauer Kreditgesellschaft“, welche 17 % pro 1857 versprochen hatte, schloß, da sie sich den Magen mit Moldauer Aktien (die Aktien einer Bank, welche ebenfalls einer ernsten Grundlage für ihre Tätigkeit entbehrte und ihre Zahlungen infolge fehlgeschlagener Kapitalinvestierungen einstellen mußte) und ähnlichen Artikeln überladen, die Bilanz des genannten Jahres mit einem Defizit von 3¾ Millionen Mark ab.“ [6])

Ein irrationelles Vorgehen und Fehler in bezug auf die Individualisierung des Unternehmens, die Wahl des Gegenstandes und des Ortes der Tätigkeit, kommen natürlich nicht bloß bei überseeischen und neumodischen Gesellschaften vor, sondern werden durch den natürlichen, direkten oder indirekten Einfluß der optimistischen Tendenz, auch auf anderen Gebieten der Aktien-Unternehmerschaft hervorgebracht. Besondere Erwähnung verdient hier die bei einem hohen Stande der Aktientemperatur naturgemäße Erscheinung, daß die Wahl des Ortes und des Gegenstandes des Unternehmens nicht durch die Erwägung bestimmt wird, daß dieser Ort und Gegenstand für die Zwecke der Produktion geeignet erscheint, sondern vielmehr durch den Umstand, daß sich die Gelegenheit bietet, ein gegebenes Objekt, als Apport, zu erwerben und es mit Vorteil in Aktien umzuschlagen. Einzelunternehmen, z. B. Fabriken, die sich aus irgend einem Grunde als mißlungen erwiesen haben und unter normalen Verhältnissen eingestellt und liquidiert werden müßten, finden eine leichte Verwertung und lassen sich mit bedeutendem Gewinn zur Gründung einer Aktiengesellschaft verwenden usw.

---

[5]) Ehrenberg, Die Fondsspekulation S. 62 ff.

[6]) Wirth l. c. S. 297. Vgl. Wirth S. 480 ff. über die Vorliebe für Baugesellschaften in Berlin und Wien in den siebziger Jahren, usw.

2. Neben der Wahl des Gegenstandes und des Ortes des Unternehmens bildet die Bestimmung der geeigneten Höhe des Kapitals einen wesentlichen Bestandteil des Unternehmerprojektes.

Welche Resultate zeitigt nun auf diesem Gebiete die Steigerung der den Aktienkreisen eigentümlichen Tendenz zur optimistischen Überschätzung?

Es ist a priori klar, daß je intensiver die Wirkung der optimistischen Tendenz ist, um so stärker die Neigung der Aktienunternehmungen sein muß, das für das geplante Geschäft zu verwendende Kapital unrichtig, nämlich zu hoch festzusetzen.

Die Gründer haben ein Interesse daran, eine möglichst große Anzahl von Aktien zu schaffen und vorteilhaft abzusetzen. Wenn man hoffen kann, an jeder Aktie 100 zu verdienen, so ergeben 1000 Aktien einen Gründergewinn von 100000, 2000 Aktien 200000 usw. Freilich, falls das geplante Unternehmen in Ansehung seines Gegenstandes und seines Wirkungsortes, oder anderer Umstände, eine fruchtbare Anlage nur für das Kapital A gestattet, nicht aber für das Kapital 2A oder 10A, so daß der über A hinaus investierte Betrag nicht die Steigerung, sondern die Verringerung der Rentabilität, eine unproduktive und irrationelle Kapitalinvestierung bedeutet, und falls das Aktienpublikum zur Skepsis und strengen Prüfung des angebotenen Projektes neigt, so würden die Gründer nur Verluste erleiden und das ganze Aktienproduktions- und -Absatz-Geschäft zu schanden machen, sollten sie statt des angemessenen Kapitals A, das unangemessene Kapital 2A o. dgl. zur Zeichnung ankündigen. Es würde sofort ruchbar werden, daß das betreffende Projekt den unvermeidlichen Verlust eines Teiles des Grundkapitals in sich schließt, und die angebotenen Aktien würden sich nicht als vorzügliche Ware, sondern als Makulatur erweisen. Allein diese Konjunktur ändert sich, sobald eine gewisse Steigerung der Aktientemperatur, eine intensive optimistische Nachfrage nach Aktien eintritt. Dann gibt es nicht allein keine strenge Zensur und keine skeptische Prüfung seitens des Publikums, so daß die Überkapitalisierung ebenso wie verschiedene andere Mängel des Unternehmungsplanes schon aus diesem Grunde ungestraft für die Gründer durchkommen, sondern es findet dann vielmehr die Überkapitalisierung in der Massenpsychik einen speziell geeigneten Boden und eine günstige Reaktion. Denn das Publikum überschätzt dann selbst die extensive und intensive Fruchtbarkeit des Unternehmens; es setzt beispielsweise eine weit größere Nachfrage nach den künftigen Erzeugnissen des Unternehmens voraus, als bei Nichtvorhandensein der Abweichung des Intellekts in der Richtung der optimistischen Überschätzung angenommen werden kann usw. Außerdem verlangt es zu solcher Zeit nach dekorativer Pracht und Großartigkeit für die Zwecke der Selbsttäuschung (s. oben), so daß der ungeheure Betrag des Grundkapitals für den Flug des Optimismus nicht hinderlich, sondern förderlich erscheint. Es folgt hieraus, daß die Gründer ein positives Interesse daran haben, das normale und rationelle Kapital noch um einen dem Stande des Massenoptimismus entsprechenden Betrag zu erhöhen. Ein Jahr vorher oder ein Jahr später dürfte es für sie vielleicht schwierig und bedenklich werden, unter der betreffenden Flagge 1000 Aktien zu 500 zu emittieren, im Augenblick ist es ihnen jedoch ein Leichtes, 2000 solcher Aktien und noch mehr loszuwerden, vorausgesetzt, daß sie über das (nicht durch die realen Bedingungen des Unternehmens, sondern) durch den jeweiligen Druck der optimistischen Tendenz bestimmte Maß nicht hinausgehen. Wohl hat auch zu dieser Zeit die Übertreibung eine Grenze, auch dann ist es für die Gründer sehr gefährlich, die durch den jeweiligen Zustand der Massenpsychologie gesetzte Schranke zu überschreiten, nur daß diese Schranke bedeutend weiter vorgerückt sein kann als bei einem ruhigeren Zustand der Massenpsychik der Aktienkreise.

Der in obigen Bemerkungen unter Voraussetzung einer gesteigerten Wirkung der optimistischen Tendenz gezogene deduktive Schluß findet in der Statistik eine ziemlich anschauliche und deutliche Bestätigung. Die optimistische Bestimmung der Höhe des Grundkapitals führt nämlich naturgemäß zu der nachträglichen tatsächlichen Feststellung, daß eine Reduktion des Kapitals bei Gefahr von Verlusten, ja des Ruins notwendig erscheint. Diese Notwendigkeit kommt übrigens nicht allein infolge wirtschaftlich negativer Ergebnisse und faktischer Dissonanzen zum Vorschein, sondern schon infolge des Sinkens der psychischen Aktientemperatur, infolge der Entfernung der rosigen Brillen von den Augen der Aktionärenmassen, infolge der Umwandlung der „Toren“, „Gimpel“ usw. in gescheite, aufgeklärte und ernste Leute, wie man in konsequenter Anwendung der hergebrachten Ansichten über das Aktienpublikum sagen müßte.

In den Fällen der Erschütterung des Optimismus und der

Ernüchterung muß demnach ein faktisches Zusammenschrumpfen der Aktiengesellschaften, eine epidemische Reduktion der Grundkapitalien stattfinden; dies läßt sich nun wiederum auf statistischem Wege unschwer feststellen.

In den offiziellen Motiven zur deutschen Aktiennovelle von 1884 finden wir u. a. folgende interessante Mitteilung über das preußische Aktienwesen in den siebziger und achtziger Jahren des XIX. Jahrhunderts:

„Der Niedergang der Gesellschaften hatte unvermeidlich Reduktionen (des Grundkapitals), Liquidationen und Konkurse zur Folge. 176 Gesellschaften haben Reduktionen vorgenommen. Das Grundkapital von 173 derselben — von 3 Gesellschaften ist es nicht ermittelt worden — betrug 972851960 M. Hierauf kommen 225 Reduktionen zu einem Gesamtbetrage von 415520415 M., also etwa 42 % des Grundkapitals. Vor dem Jahre 1871 sind die Reduktionen verschwindend gering; zusammen mit denjenigen, deren Zeit nicht hat festgestellt werden können, sind es nur 7 an der Zahl. Das Jahr 1872 weist noch keine, 1873 erst 2 Reduktionen mit einem Betrage von 9600000 M. auf; mit dem Jahre 1874 beginnt die Zeit der Reduktionen.

Jahre	Zahl der Reduktionen	von insgesamt Mark
1874	25	65357400 M.
1875	28	53996300 „
1876	37	48402100 „
1877	42	66550354 „
1878	37	84082501 „
1879	47	68956160 „

Auch hier erweist sich das Krankhafte der in den sogenannten Gründerjahren errichteten Gesellschaften. Von den 176 Gesellschaften, welche reduzierten, waren 148 in der Zeit von 1871 bis 1873, und zwar:

35	im Jahre	1871
91	„ „	1872
und 22	„ „	1873

errichtet“.[7])

Zur richtigen Beurteilung dieser Zahlen muß übrigens berücksichtigt werden, daß vor 1871 in Preußen nur 203 Aktien-

[7]) Reichstagsmat., 5. Legislatur-Periode, IV. Session 1884, Nr. 21 S. 48.

gesellschaften vorhanden waren, in den Jahren 1871—1873 deren aber 843 neu gegründet wurden (203 — 1871, 478 — 1872 und 162 — 1873).[8]) Andererseits aber erscheinen sie noch auffälliger, wenn man bedenkt, daß das Normale und Naturgemäße in der Biographie eines durchschnittlichen Unternehmens nicht eine bald auf die Gründung folgende Reduktion, sondern vielmehr die allmähliche Vergrößerung des Grundkapitals sein muß, zumal die Industrie-, Handels-, Kredit- und anderen Unternehmungen nur nach und nach die Verbindungen erwerben, die ihnen die Nachfrage auf ihre Produkte sowie den Absatz erweitern helfen, und überhaupt erst nach und nach in die Lage kommen, sich zu größeren Unternehmen auszuwachsen. Daher leitet schon die dauernde Stabilität des Grundkapitals von Aktiengesellschaften auf skeptische Gedanken hin. Die angeführten Zahlen schildern indes eine ganz merkwürdige Epidemie von Reduktionen, die jäh mit dem Sinken der Aktientemperatur auftrat und vor allem gerade diejenigen Gesellschaften traf, die in der kurzen Hausseperiode gegründet worden waren.

Demgemäß ziehen die Motive zur Novelle[9]) mit Recht aus den angeführten Zahlen den Schluß:

„Das Grundkapital wurde nicht nach dem Zwecke des Unternehmens, sondern nach der augenblicklichen Aufnahmefähigkeit des Marktes bemessen."

Richtig ist jedenfalls im ersten Satze der Hinweis auf die Dissonanz zwischen dem Zwecke des Unternehmens und der Höhe des Grundkapitals. Von geringerem wissenschaftlichen Werte ist der zweite Satz, der besagt, daß die Höhe des Grundkapitals nach der Aufnahmefähigkeit des Geldmarktes für Aktien bemessen wurde. Damit ist nichts Bestimmtes ausgedrückt und gar nichts erklärt. Jede Emission hat sich nach der jeweiligen Aufnahmefähigkeit des Geldmarktes für die zu emittierenden Papiere, und insbesondere nach dem Vorhandensein freier, anlagesuchender Geldkapitalien zu richten. Gleichwohl macht sich in manchen Epochen eine Hypertrophie der Grundkapitalien bemerkbar, und in anderen ist diese Krankheit, wenigstens in epidemischer und bedenklicher Form, nicht zu beobachten.

---

[8]) Reichstagsmat., 5. Legislatur-Periode, IV. Session 1884, Nr. 21 S. 46. Es hat im allgemeinen nicht allein die vorherige Überkapitalisierung, sondern die Überproduktion überhaupt mit zu den Reduktionen beigetragen.

[9]) L. c. S. 50.

Der Kern der Sache liegt nicht in der Anpassung an den Geldmarkt, sondern vielmehr im Vorherrschen einer intensiven Tendenz zur optimistischen Überschätzung der Chancen bei den Vertretern des Geldmarktes. Bei der denkbar günstigsten Marktlage, z. B. bei einem Überfluß an Sparkapitalien, jedoch bei gleichzeitiger schwacher Wirkung oder gänzlicher Unwirksamkeit des Aktienoptimismus, wird eine epidemische Hypertrophie der Grundkapitalien nicht stattfinden, obwohl die Gründer auch dann die Emission nach der Marktlage bemessen werden. Dagegen kann beim Vorhandensein eines starken Aktienoptimismus die Zahl und der Umfang der sich wie die Pilze vermehrenden Aktiengesellschaften in ein Mißverhältnis zu dem Bestande an freien Geldmitteln geraten, die Kräfte und Leistungsfähigkeit des Geldmarktes und — was noch schlimmer (wenn auch nicht dasselbe) — des Marktes der freien Kapitalien übersteigen. Alsdann treten die Surrogate für Geld- und anderes Kapital (z. B. Banknoten), sowie der Wechsel- und sonstige Kredit in die Schranken. Nach einer Periode der Vermehrung der Aktiengesellschaften in Übereinstimmung mit dem Geldmarkte und den Kapitalbeständen, beginnt eine Periode der Errichtung neuer Unternehmen in der Luft, ein Umsichgreifen der Unternehmungssucht, welche die tatsächlichen produktiven Kräfte des Landes übersteigt und durch einen künstlichen, jeder Unterlage entbehrenden Kredit genährt wird, so daß schon aus diesem Grunde ein unvermeidlicher Krach im Anzuge ist. Demzufolge bietet der Hinweis der Motive auf die Anpassung an den Geldmarkt eine wissenschaftliche Erkenntnis und richtige Formulierung der Erscheinung nicht, er gleitet an dem Wesen der pathologischen Erscheinung, die er zu erklären sucht, vorbei.

Neben den Unternehmen, die an einem Überfluß an Kapitalsäften leiden, sind unter der Wirkung der optimistischen Tendenz die entgegengesetzten pathologischen Erscheinungen möglich, nämlich die Gründung von Unternehmen mit unzureichendem Grundkapital. Dies sind übrigens sporadische Erscheinungen und Anomalien besonderer Natur.

„Ein entgegengesetzter Mißbrauch, der in letzter Zeit in England bei Gründung von Aktiengesellschaften zur Exploitation von Goldminen in Afrika und Indien getrieben wurde, besteht in der Gründung von Gesellschaften mit unzureichendem Kapital. Dieses wird beinahe gänzlich durch den Erwerb der Minen aufgebraucht. Da eine derartige Gesellschaft in Wirklichkeit nicht arbeiten kann, so wird sie nach einem oder zwei Jahren reorganisiert, d. h. sie tritt in Liquidation und ihre Aktiva gehen auf eine neue Gesellschaft über, wobei die Aktionäre der ersten Gesellschaft nur einen gewissen Prozentsatz ihres Kapitals erhalten und so zugunsten der Verkäufer der Minen und der geschickten Reorganisatoren geplündert werden."[10])

Diese Erscheinung soll übrigens nicht als die Gründung von Gesellschaften mit unzureichendem Kapital formuliert werden, sondern als die fehlerhafte Verteilung des Kapitals, die Einführung einer Dissonanz zwischen dem Betriebsfonds und dem Anlagekapital.

Eine andere Art Mißbräuche bieten die sog. Scheinzeichnung und Scheineinzahlungen, dank welchen eine Gesellschaft mit zureichendem oder selbst zu großem Grundkapital, in Wirklichkeit an Kapitalmangel leiden kann, denn das Kapital ist zum großen Teil nur auf dem Papier vorhanden.

Die Aktiengesetze bestimmen gewöhnlich, daß zur Gründung einer Aktiengesellschaft der Nachweis erbracht werden muß, daß erstens das Grundkapital voll gezeichnet, daß es zweitens entweder ganz oder zum Teil (wobei das Gesetz den Mindestbetrag der erforderlichen Teileinzahlung, z. B. mit 10 %, 20 % festsetzt) bereits eingezahlt ist.

Diese Forderungen werden eben nicht selten mit Hilfe verschiedener Fiktionen und Täuschungen umgangen.

Was die Verteilung des gesamten Nominalkapitals im Wege der Zeichnung (d. i. die Sicherung desselben für die Gesellschaft in Form von Zahlungsverpflichtungen der Gründer oder anderer Zeichner) anlangt, so lassen sich für eine gewisse Vergütung Scheinzeichner auftreiben, zahlungsunfähige Personen, denen es gleichgültig ist, ob sie mehr oder weniger Schulden haben; auch können die Gründer dem Scheinzeichner garantieren, daß der gezeichnete Betrag von ihm nicht eingefordert werden wird u. dgl. m.

So hat beispielsweise die auf Befehl des deutschen Kaisers 1873 eingesetzte Kommission zur Untersuchung der Lage des Aktienwesens gezeigt, daß der vom Gesetz geforderte Nachweis der Zeichnung und teilweisen Einzahlung des Kapitals vielfach

---

[10]) Cl. Jannet, Le Capital, cf. The Economist, 10. Jan. 1891, Mining Speculation, und 30. Mai 1891, The Ethics of Mining Reconstruction.

nur fingiert war. In dem Berichte dieser Kommission heißt es unter anderem:

„Nach übereinstimmenden Aussagen der Zeugen ist ein sehr erheblicher Teil der Zeichnungen gegen Aushändigung von Gegenreversen, resp. Zahlung von Provisionen für Vollziehung der Zeichnungen aufgestellt worden.“[11])

Auch dem Nachweis über den Eingang der Teileinzahlungen gebricht es oft an realem Boden und an tatsächlicher Bedeutung:

„Diese Nachweisungen erscheinen verdächtig im Hinblick auf jene heiklen Spezialkonten, welche von Privatbanken in solchen Fällen manchmal eröffnet werden. Die Eröffnung der Konten erfolgt on call, die Bank verabreicht ein Kontobuch und ein Checkbuch, — was bedarf es mehr, um den Beweis zu erbringen, daß das gesamte Grundkapital bereits aufgebracht und eingezahlt ist? Das nennt man (im russischen Aktienwesen) „das zur Gründung der geplanten Gesellschaft erforderliche Kapital nach Übereinkunft mit den Gründern realisieren.“[12])

Man begegnet jedoch auch andern, mitunter recht charakteristischen Methoden der Nachweisung der erfolgten Teileinzahlungen, die nicht ohne Humor sind.

„Die gesetzgebende Versammlung von Kansas konzessionierte im Winter 1856/57 unter anderen Banken auch eine solche in Lecompton unter der Bedingung, daß der Gouverneur sich vorher von dem Vorhandensein des erforderlichen Kapitals von 50000 Dollars zu überzeugen habe. Die Lecompton-Bank wurde im Sommer 1857 eröffnet, vor kurzem aber ermittelt, daß von Anfang an statt der verlangten 50000 Dollars nur 2000 Dollars in zwei Säcken zu je 1000 Dollars vorhanden gewesen waren und man den Gouverneur in der Weise getäuscht hatte, daß jedesmal einer dieser Säcke, sobald er gezählt war, während der Zählung des anderen Sackes

---

[11]) M. Wirth S. 485.

[12]) Materialien der Allerhöchst eingesetzten Kommission zur Revision der gesetzlichen Bestimmungen über Börse und Aktiengesellschaften. Motive zum Vorentwurf S. 26, 27. Ebenda werden interessante Illustrationen aus dem Gebiete des russischen Aktienwesens angeführt. Z. B., das Grundkapital einer Gesellschaft belief sich auf 1200000 Rubel, in die Kasse der Gesellschaft gingen aber im ganzen nur 11000 Rubel ein. Eine Bank eröffnete ein durch Wechsel gedecktes Oncall-Konto, wobei zu deren Gunsten die Verpflichtung übernommen wurde, keinen Kopeken zu erheben, sie leistete auch keinen Kopeken; nichtsdestoweniger berechnete sie 2 % Provision und 5 % für die Benutzung des Geldes, im ganzen für 2—3 Monate 40000 Rubel.

zu einer Tür hinaus — und durch die andere Tür wieder hereingebracht wurde, um nochmals gezählt zu werden."[18])

Die Gründer hatten in dem Falle wohl besondere Veranlassung, auf die Vertrauensseligkeit des Regierungskommissars zu bauen. Sonst hätten sie die ganzen 50 000 Dollars für den einen Tag der Revision als Darlehn (bei Kreditunfähigkeit als commodatum) beschaffen, d. h. dem Revisor, ohne das komplizierte System der Säcke und Türen, den gesamten Betrag zeigen können, um diesen nach glücklichem Ablauf der Revision dem Berechtigten zurückzuerstatten. Dies ist natürlich ein einfacherer und häufigerer Modus der Nachweisung eines ordnungsmäßigen Kassenbestandes.

3. Ein wesentliches konstitutives Element des zu errichtenden Unternehmens bildet schließlich der Bestand des „subjektiven Unternehmungselements", die Versehung des neuzuschaffenden Unternehmens mit diesen oder jenen leitenden und disponierenden Personen.

Welche Folgen entstehen für das Unternehmen in bezug auf das subjektive Element aus der Wirkung der Tendenz des optimistischen Mehrwerts? Wir haben schon vorhin darauf hingewiesen, daß sich, je intensiver die Wirkung dieser psychischen Kraft ist, um so rascher und lebhafter die Gründerkadres füllen und um so freier die Auswahl bei dieser Rekrutierung geschieht, deren Triebfeder darin besteht, daß man der Möglichkeit gewahr wird, schnell und mühelos reich zu werden, und zwar um so schneller und müheloser, um so mehr auf Kosten anderer, je größer der optimistische Mehrwert ist, den die Massenpsychologie dem inneren Werte der Aktien hinzufügt.

Es findet demgemäß eine Verschlechterung des Personalbestandes der Gründerklasse und des Gründungsgewerbes statt. Diese Verschlechterung erfolgt nicht allein in ethischer, sondern auch in intellektueller und in wirtschaftlicher Beziehung.

Diejenigen Personen, die es bei obwaltender pessimistischer Tendenz oder bei einer schwachen Wirkung der optimistischen Tendenz versuchen wollten, ohne genügende Sachkenntnis, ohne die Fähigkeit, sich in der wirtschaftlichen Lage des Landes oder eines gegebenen Industriezweiges zurechtzufinden, den tatsächlichen Bedarf und die zu erwartende Nachfrage nach gewissen Produkten,

---

[18]) Wirth l. c. S. 349.

sowie die wahrscheinlichen Produktionskosten usw. zu berechnen, ohne genügende Mittel und ohne einen festen wirtschaftlichen Ruf, insbesondere aber ohne Kredit das verwickelte, schwierige und gefahrvolle Gründungsgeschäft zu betreiben, würden recht bald gestempelt, zugrunde gerichtet und über Bord des Gründungswesens geworfen werden.

Wenn aber die optimistische Überschätzung des Aktienwertes eine gewisse Höhe erreicht, so treten auch solche Personen in die Reihen der Gründer, entfalten auf diesem Gebiete eine für sie einträgliche Tätigkeit und bilden sich demzufolge ein, daß sie Kenner des Geschäftes, hochbegabte Gründer und daher auch imstande seien, das gegründete Unternehmen mit gutem Erfolge zu leiten usw.

Zu den Meistern und tüchtigen Vertretern der Geschäftswelt, der Industrie-, Handels- und Finanzkreise gesellen sich Pfuscher und überhaupt in jeder Beziehung minderwertige Elemente. Mit dem weiteren Anwachsen der optimistischen Tendenz gewinnen diese Elemente die Oberhand, werden tonangebend und bestimmen den Charakter und den Verlauf des Aktiengeschäfts.

In den Anfangsstadien der Entwicklung eines Unternehmens wird das „subjektive Unternehmungselement" de facto und de jure durch die Gründer selbst vertreten. Die oben gemachten Bemerkungen zeigen daher, wie das persönliche Element des Unternehmens auf dessen ursprünglicher Entwicklungsstufe durch die Wirkung der Tendenz des optimistischen Mehrwertes beeinflußt wird.

Zur Zeit der formellen Errichtung der Gesellschaft, des Zustandekommens einer neuen juristischen Person, können andere Personen als Vertreter des subjektiven leitenden Elements (Direktor, Vorstands- und Aufsichtsratsmitglieder usw.) an Stelle der Gründer treten. Das oben Gesagte ist daher für die Wirkung der optimistischen Tendenz auf das im Augenblick der definitiven Errichtung des Unternehmens ins Amt tretende Personal nicht entscheidend.

Wir haben uns oben davon überzeugt, daß die Wahl dieser oder jener Personen für das Amt von Direktoren, Aufsichtsratsmitgliedern usw. im allgemeinen in der Hand der Gründer liegt. Wenn es ihnen nur wichtig und wünschenswert erscheint, so können sie in der konstituierenden Generalversammlung alle wichtigen Posten und Funktionen in der Aktiengesellschaft unter sich verteilen oder die ihnen beliebigen Dritten dazu ersehen.

Die Tatsache an sich, daß der Wille der Gründer auf diesem Gebiete der entscheidende Faktor ist, hat noch keineswegs notwendig die mangelhafte Zusammensetzung des leitenden Personals der neugegründeten Aktiengesellschaft zur Folge. Das freie Ermessen der Gründer kann vielmehr, je nach den Umständen, für das Unternehmen mitunter auch recht ersprießliche Resultate zeitigen, den Fall nicht ausgenommen, daß das Gründerkonsortium selbst nicht gerade hervorragend zusammengesetzt ist.

Als ein Übel und ein dunkler Punkt des Aktienwesens, wodurch sich so manche pathologische Erscheinung erklären lasse, wird unter anderem, wie wir oben gesehen haben, der Umstand hervorgehoben, daß die erste konstituierende Generalversammlung possenartig verlaufe, daß ihr jede wahre Bedeutung abgehe, daß die Gründer dort nach Willkür walten und insbesondere sich in die verschiedenen Ämter der Aktiengesellschaft teilen können.

Allein dieselbe Erscheinung, d. i. die freie Wahl des leitenden Personals für das neueingerichtete Unternehmen, gewahrt man in noch höherem Maße auf dem Gebiete der verschiedenen Assoziationen des bürgerlichen und des Handelsrechts. Es ist nicht angängig, sich über die Freiheit der Gründer in der Wahl des Personals besonders aufzuhalten, will man die Aktiengesellschaft als eine Art Sozietät betrachten, wenn auch nicht im Sinne eines persönlichen Verbandes, sondern lediglich in Gestalt einer „Kapitalassoziation“, einer „Vermögensvereinigung“ u. dgl. Das wäre eine schlagende Inkonsequenz. Und es ist überhaupt ein Irrtum, in der freien Verfügung der Gründer über Ämter und andere Elemente der von ihnen gebildeten Aktiengesellschaft eine besondere Anomalie und die Wurzel von allerhand Übeln und Kalamitäten zu sehen, — gleichgültig ob man diese Erscheinung für ein unvermeidliches Übel hält oder allerhand illusorische und „nicht immer“ unzureichende Mittel zu deren Beseitigung erfindet.

Daß die Gründer zugleich auch die ursprünglichen Aktionäre sind und als solche die ersten Aufsichtsratsmitglieder usw. erwählen, ist eine ebenso natürliche und an sich harmlose Erscheinung, wie die Tatsache, daß in den Handels- und anderen Gesellschaften das Personal des Unternehmens von den Teilhabern nach Gutdünken und im Einvernehmen miteinander ausgewählt und organisiert wird.

Die Ursache der häufigen Unzulänglichkeit des leitenden Personals der Aktiengesellschaften liegt keineswegs darin, daß die Gründer in der konstituierenden Generalversammlung die ihnen beliebigen Personen, unter anderen auch sich selbst in die verschiedenen Ämter einsetzen, sondern in einem anderen Umstande, nämlich in der Tendenz des optimistischen Mehrwertes. Dies ist der springende Punkt.

Solange in der Massenpsychologie eine pessimistische Stimmung für Aktien obwaltet, d. h. solange der Kurs der Aktien hinter ihrem tatsächlichen Rentabilitätswerte zurückbleibt, trägt die Freiheit der Gründer in der Wahl des Personals (ceteris paribus) zu einer geeigneten Zusammensetzung desselben bei. Oben hatten wir das Theorem aufgestellt, daß während des Vorherrschens einer pessimistischen und skeptischen Bewertung der Aktienchancen, die Interessen der Gründer mit den Interessen des Aktienunternehmens zusammenfallen. Sie werden dementsprechend auch das Verwaltungspersonal in der Weise wählen, daß ein möglichst ersprießlicher Betrieb, insbesondere eine möglichst hohe Rentabilität des Unternehmens erzielt werden kann. Unter diesen Umständen dürfte die Beschränkung der Gründer in der Wahl der leitenden und verwaltenden Persönlichkeiten eine Schädigung und Schwächung des Aktiengeschäfts bedeuten. Angenommen, daß der Gesetzgeber durch irgendwelche Maßnahmen die freie Wahl der Gründer beschränkt und daß es ihm gelingt, einer dem Gründerkonsortium fernstehenden Person, z. B. einem Staatsbeamten oder sonst einem offiziellen Kommissar, einen ausschlaggebenden Einfluß auf die in der konstituierenden Generalversammlung erfolgenden Wahlen zu gewähren, so würde diese unbeteiligte Person nicht allein in starke Versuchung kommen, Bestechungen für den Verzicht auf ein störendes Eingreifen in den Verlauf der Gründung entgegenzunehmen, sondern sie dürfte, selbst bei einwandsfreier Redlichkeit und Standhaftigkeit den stärksten Versuchungen gegenüber, dem Erfolg immerhin eher hinderlich als förderlich sein, denn diejenigen Personen, die den Plan des Unternehmens entworfen, die Angelegenheit in den ersten Stadien ihrer Entstehung und Entwicklung bearbeitet und geleitet haben, die auch an dem weiteren Erfolg persönlich wesentlich interessiert sind, werden ceteris paribus naturgemäß besser als jede unbeteiligte, wenn auch sonst noch so tüchtige Persönlichkeit, die weiteren Beschlüsse und Entscheidungen treffen und die Wahlen vornehmen können. Im Vergleich zu deren Stimmen (bei Wahlen und sonst) sind andere Stimmen von geringerem Werte, bedeuten kein Plus sondern ein Minus, und je stärker der Einfluß fremder Elemente, um so problematischer die Erzielung eines wirklich günstigen Resultates. Das, was wir von der Mitwirkung eines offiziellen Kommissars sagten, gilt ungefähr mutatis mutandis auch von anderen künstlichen Versuchen, die Freiheit der Gründer durch besondere Maßregeln zu beschränken, die fremden, von den Gründern unabhängigen Elementen Einfluß verschaffen. So verfolgt und erhofft z. B. der deutsche Gesetzgeber, durch Einführung besonderer Bestimmungen über die Geltung der Stimmen verschiedener Personen in der konstituierenden Generalversammlung (§ 196 nebst § 186 des Handelsgesetzbuchs von 1897) das Ergebnis, daß die Gründer in dieser Versammlung nicht schlechthin nach eigenem Gutdünken zu entscheiden vermögen, daß die Beschlüsse vielmehr von einer Gruppe unabhängiger und unbeteiligter, den Gründern gegenübergestellter Personen gefaßt werden. Diese Bestimmungen sowie die daran geknüpften Hoffnungen sind, wie wir oben bemerkt haben, vollkommen haltlos, da wohl nur ganz beschränkte Leute außer stande sein dürften, bei vorhandenem Wunsch und Interesse sie auf die denkbar einfachste und leichteste Weise zu umgehen. Doch nehmen wir an, daß der vom Verfasser dieser Bestimmungen erhoffte Erfolg eintritt, weil beispielsweise die Gründer so einfältig sind, daß sie den Gesetzgeber in diesem Falle nicht zu überlisten vermögen. Nehmen wir ferner an, daß die Gründer $^3/_4$ der Aktien übernommen haben, das verbleibende Viertel aber von Personen gezeichnet worden ist, die den Gründern fernstehen. Die Gründer wollen nun, als Entgelt für die Mühe und das Risiko der Gründung, sich für den Fall, daß die Dividende 7 % übersteigt, 10 % der Superdividende ausbedingen, oder sich andere Vorteile, so die Ernennung von drei Aufsichtsratsmitgliedern aus ihrer Mitte sichern, usw. Sie berufen eine konstituierende Generalversammlung, in der (nach § 196 nebst § 186) ihre Stimmen, obwohl sie $^3/_4$ der Aktien besitzen, nicht maßgebend sind, und die fremden Vertreter des restlichen Viertels des Grundkapitals über die Errichtung der Gesellschaft beschließen. Diese fremden Vertreter erhalten somit eine ihrem Interesse an dem Unternehmen keineswegs angemessene Gewalt, und können durch Drohungen die Errichtung der Gesellschaft verhindern, die Gründer zwingen, in verschiedene der ganzen Sache womöglich sehr schädliche Zugeständnisse und Abänderungen, speziell in betreff der Personalfragen, einzuwilligen. Hier eröffnet sich gleichfalls die Möglichkeit der Erpressung, des Empfangs von Abstandsgeld für eine günstige Stimmabgabe, für passives Verhalten, bzw. die Möglichkeit des entscheidenden Einflusses von Personen, die noch gar keine Einsicht in das Geschäft gewonnen, es in seinen Einzelheiten nicht studiert haben, unter Ausschließung derjenigen Personen, die an dem Erfolg stark interessiert sind und das Geschäft besser verstehen. Es ist daher im Interesse der gedeihlichen Entwicklung des Aktienwesens zu wünschen, daß Gründer, die bei der Errichtung eines Unternehmens dessen größtmöglichen Erfolg im Auge haben, die im § 196 des neuen deutschen Handelsgesetzbuches durchgeführte Absicht vereiteln, daß sie nämlich die erste Organisation des Unternehmens selbst besorgen, statt sie dem entscheidenden Einflusse der „unabhängigen Zeichnergruppe" preiszugeben, welcher der § 196 die führende Rolle zuweist.

Unbedenklich, ja erwünscht ist der überwiegende Einfluß der Gründer in Sachen der ersten Organisation des Aktienunternehmens und dessen Personals auch dann noch, wenn der Zustand der Massenpsychik bereits die Produktion von Aktien zum Verkauf gestattet, so daß an sich die Interessen der Gründer mit den Interessen des Unternehmens nicht mehr identisch sind, diese Nichtübereinstimmung aber in Wirklichkeit eine wesentlich nachteilige Wirkung nicht zur Folge hat, weil die Gründer durch die strenge Prüfung und Sichtung der Aktien seitens des Publikums indirekt gezwungen werden, dem Unternehmen eine möglichst gute Verfassung zu geben.

Die Dissonanzen und die Pathologie im Personalbestande treten mit dem Augenblicke ein, wo die Massenpsychologie der Aktionärenkreise, statt solide Gründungen zu begehren, nach eilig übermalten verlockenden Dekorationen zu verlangen beginnt, wo der Erfolg der Aktien sich von der objektiven Tüchtigkeit des Unternehmens loslöst und hauptsächlich oder ausschließlich nach den Gesetzen der Spielpsychologie bestimmt wird.

Dann weicht und schwindet dementsprechend auch das Interesse der Gründer an der objektiven Tüchtigkeit des Unternehmens, während sich bei ihnen folgende zwei Tendenzen geltend machen:

1. Es gilt ihnen, auch fürderhin ihre Macht und ihren Einfluß im Unternehmen zu behaupten, um sie zu Gewinnzwecken auszunutzen, nicht sowohl durch Bezug von Tantièmen als Aufsichtsratsmitglieder usw., wie durch Kurstreiberei, durch Beeinflussung der Spielpsychologie des Publikums in einem Sinne, der es ihnen gestattet, die bei ihnen vorrätigen oder zu emittierenden Aktienposten zu möglichst hohen Kursen unterzubringen. Unter diesem Gesichtspunkt erscheint als notwendige Qualifizierung für die Bekleidung der wichtigsten Ämter in der Aktiengesellschaft nicht etwa die Befähigung zur tüchtigen, gründlichen und redlichen Ausübung der betreffenden Funktion, z. B. der Verwaltung, der Aufsicht und Kontrolle, sondern die Unterwerfung unter die Interessen der Gründer, die Geschicklichkeit in der Handhabung der Aktiengesellschaft als gefügiges Werkzeug für die Spekulationszwecke der Gründer. Unter solchen Umständen dürften z. B. für Kontrollämter freilich nicht Personen gewählt werden, die ihre Kontrollpflichten prinzipienfest zu erfüllen gedenken.

Kraft dieses Interesses werden die leitenden Posten in der Aktiengesellschaft durch die Gründer selbst oder deren Strohmänner, Leute, die ihnen vollkommen untertan sind, besetzt, im übrigen aber durch gewiegte Geschäftsleute, die in der Wahl der Mittel nicht gerade sehr peinlich sind.

2. Ferner erhält, in Übereinstimmung mit dem Zustande der Massenpsyche, die Fassade des Unternehmens eine große Bedeutung. Es ist daher ein bezeichnendes Symptom und eine Folge der schwellenden Aktienspekulation, daß in dieser Zeit eine starke Nachfrage nach Personen entsteht, die Orden und Auszeichnungen, gräfliche, fürstliche u. a. Titel besitzen, nach ehemaligen Ministern, Generälen, Abgeordneten, nach Leuten, die den Ruf makelloser Ehrlichkeit und überhaupt Popularität genießen und die, als Mitglieder des Vorstandes, des Aufsichtsrates usw., zur Ausschmückung der Aktiengesellschaften dienen sollen.

Geschäftskenntnis und Tüchtigkeit, administrative Fähigkeiten werden von diesen Personen nicht verlangt. Oft kommt es vielmehr gerade darauf an, daß sie in geschäftlicher Beziehung naiv und arglos genug seien, um allerlei verwickeltes Treiben mit ihrem Namen zu beschatten. Bezahlt werden sie durchaus nicht für Arbeit und Leistung, sondern lediglich für ihren Namen, für den dekorativen Effekt, das Auftreten als Figuranten. Manchmal begreifen diese Menschen selbst nicht, zu welchem Zwecke man ihnen den Aufsichtsratsposten usw. anbietet; sie zeichnen dann verschiedene Schriftstücke, ohne deren Sinn und Bedeutung zu verstehen und ohne zu wissen, wofür sie das hohe Gehalt beziehen. Sie geraten zuletzt womöglich mit anderen auf die Anklagebank, ebenfalls ohne daß sie wissen, weshalb.

Andere wiederum, die in der Industrie, im Bankgeschäft usw. ebenso unbewandert sind, spielen jedoch eine weniger naive und erbärmliche Rolle; sie sind sich sehr wohl dessen bewußt, wozu man ihrer in der Aktiengesellschaft bedarf, lassen sich für ihren Namen, Titel oder andere dekorative Eigenschaften teuer bezahlen und nützen überhaupt die hohe Aktientemperatur zur Bereicherung und zum Erwerb möglichst vieler möglichst gut honorierter Aktiensinekuren aus.

„In den verschiedenen Verwaltungsräten der seit 1866 (in Österreich) gebauten Bahnen sitzen jetzt aus den Reihen des historischen Adels: 13 Fürsten, 1 Landgraf, 64 Grafen, 29 Barone und 41 andere Adelige. In Wechselwirkung dieser lebhaften Teilnahme haben sich auf den verwaltungsrätlichen Sesseln der seit 1864 in Wien gegründeten Banken 1 Herzog, 24 Grafen, 12 Freiherren und 4 andere Adelige . . . niedergelassen, obwohl die Banken, welche hier gemeint sind, weder dem Hypothekar-Kredit noch sonstwie den Interessen des Großgrundbesitzes ihre Tätigkeit zuwenden. In derselben Zeit sprangen 1 Fürst, 16 Grafen, 6 Freiherren und 2 andere Adelige als Verwaltungsräte anderen in Wien gegründeten industriellen Unternehmungen bei, für welche diese Herren gar kein natürliches Interesse haben konnten und die sie weder durch hinreichende Geschäftskenntnis, noch durch ein genügendes Kapital zu unterstützen vermochten.“ [14])

Verschiedene einflußreiche Persönlichkeiten werden jedoch in den Aufsichtsrat usw. oder gar schon in das Gründerkonsortium nicht immer nur als bloße Figuranten aufgenommen, sondern eben als einflußreiche Persönlichkeiten, welche imstande sind, sich für die Gewährung von Konzessionen, die Bewilligung weiterer Aktienemissionen und im allgemeinen für die günstige Lösung verschiedener Fragen, die Verbindungen, persönliche Macht usw. erheischen, nützlich zu verwenden.

Ganz richtig bemerkt daher Wirth über die merkwürdige Nachfrage nach Vertretern des hohen Adels, die sich in Österreich

---

[14]) Max Wirth, Geschichte der Handelskrisen S. 491.

während des Eisenbahn- und sonstigen Spekulationsfiebers seitens der Aktiengesellschaften geltend machte:

„Wie nun aber nicht anders zu erwarten, brachten diese vornehmen Herren für „das Geschäft" nur ein ganz ungenügendes Verständnis mit, weshalb sie auch fast durchgehends bloß die Firma abgaben, unter der man das Geld besitzende Publikum anlockte und Konzessionen erlangte." [15])

Demgemäß werden für den Aufsichtsrat von Aktiengesellschaften usw. aus den höheren Beamtenkreisen nicht nur Würdenträger a. D., sondern möglichst auch aktive Beamte, Abgeordnete u. dgl. geworben. Ganz besonders brachte in Deutschland, wo die Staatsbeamten in dienstlicher und ethischer Beziehung in der Regel hervorragend qualifiziert sind, die siebziger Gründungsepoche äußerst bemerkenswerte Erscheinungen mit sich, die zu lauten Klagen Anlaß gegeben haben.

Eine Hamburger Korrespondenz der „Triester Zeitung", die in Nr. 25 der „Ostsee-Zeitung" vom 15. Januar 1873 wiedergegeben wird, bemerkt z. B. mit Bedauern folgendes: [16])

„Der Beamten- und Offiziersstand, namentlich Norddeutschlands, konnte früher als der Stolz des Staates gelten ...." „Zahlreiche Beamte, darunter manche der besten, sind aus dem Staatsdienste offen ausgetreten und haben sich Beschäftigungen gewidmet, die ihnen reichen Gewinn brachten und sie in ihrer äußeren Stellung von der bisherigen Abhängigkeit wenigstens scheinbar befreiten. Viel zahlreichere Beamte daneben haben, unter Beibehaltung ihres Staatsamtes, private Stellungen der verschiedensten Art, in Verwaltungsräten, Direktionen, als juristische und technische Konsulenten usw. angenommen. Das Bedenkliche einer solchen Vermischung liegt klar zutage, aber nachdem die Sache eine bloße Geldfrage geworden, nachdem sie innerhalb des Beamtenstandes selbst von nur zu vielen als eine solche angesehen wird, ist ein erfolgreiches Dagegenkämpfen kaum noch möglich. Den Beweis dafür liefert die Fruchtlosigkeit der bisher verschiedentlich, namentlich im Reichstage und im preußischen Landtage gemachten Anläufe, eine solche Vermischung von Staatsamt und Privatstellung zu beseitigen. Selbst die Regierung hat einen in dieser Richtung gefaßten und bereits publizierten Beschluß

[15]) Wirth l. c. S. 490.

[16]) Zitiert nach Perrot, Das Aktienunwesen S. 253 ff.

unausgeführt lassen müssen, weil sich herausstellte, daß die Zahl der in dieser Weise beteiligten Beamten alle bisherige Vorstellung weit übersteigt, und daß, vor die bestimmte Alternative gestellt, zwischen Staatsamt und Privatstellung zu wählen, die bei weitem größte Mehrzahl der letzteren den Vorzug gegeben haben würde, weil der pekuniäre Vorteil bei Privatanstellungen die staatliche Besoldung weit überwiegt."

„Rechnet man noch hinzu, daß auch in den Volksvertretungen das „Gründertum" festen Fuß gefaßt hat, daß mehr und mehr Führer derselben in den Hafen einträglicher Ämter (d. h. Direktor- und Verwaltungsratsstellen) einlaufen, daß infolgedessen es kaum noch einen hervorragenden Namen gibt, der nicht bereits angezweifelt wird . . . usw."

Verschiedene dekorative und andere, den objektiven Aufgaben des Unternehmens fremde, Zwecke verursachen bei der Gründung Fehler und Mängel, nicht allein in bezug auf die Wahl des Gegenstandes und des Ortes des Unternehmens, die Festsetzung seiner objektiven Grundlage — des Kapitals — und seines subjektiven Elements — des leitenden Personals —, sondern auch hinsichtlich der Einzelheiten des Unternehmungsplanes und seiner Verwirklichung, wenn und sofern diese neben den oben behandelten Hauptpunkten vor der formellen Errichtung der Gesellschaft oder während derselben fixiert werden.

Überall gilt das oben aufgestellte Theorem: je höher der Druck der optimistischen Tendenz ist, um so weiter ist die Kluft zwischen den Interessen der Gründer und den objektiven Interessen des Unternehmens, um so mehr namentlich wird der Prozeß der Vorbereitung und Gründung der Gesellschaft darauf gerichtet, daß die Taschen der Gründer mit echtem Golde gefüllt werden und das entstellte und erschöpfte Unternehmen, des Aktienabsatzes wegen, mit Flittergold überzogen wird.

VII.

Die Generalversammlungen, die Ursachen der Herrschaft der Führer.

Der Schwerpunkt der Pathologie des Aktienwesens und die Wurzel des Übels befinden sich zweifellos innerhalb der Gründungssphäre, und nicht im Bereiche der Tätigkeit bereits gegründeter Gesellschaften. Daher richten sich auch in Krisenzeiten der Groll des Volkes, die Entrüstung der öffentlichen Meinung, die Gerichtsklagen usw. in der Hauptsache gegen die Gründer als solche, im Hinblick auf ihre Gründungstätigkeit. Diese Stimmung spiegelt sich zuweilen selbst in der Volkssprache wieder. So werden z. B. in Deutschland die Aktienkrankheiten und -Ausschreitungen der siebziger Jahre als „Epoche des Gründertums“ bezeichnet. Speziell das Wort „Gründer“ hat hier die Bedeutung eines Schimpfnamens. Die Direktoren, Verwaltungsräte, Aufsichtsräte, Aktionäre, das Personal der schon gegründeten Aktiengesellschaften, werden von dem Hasse der Allgemeinheit und dem bösen Rufe in der Regel nicht betroffen.

Nichtsdestoweniger aber bekundet sich auch im Lebensbereiche der bereits gegründeten Gesellschaften eine spezifische Pathologie, es treten hier besondere, dem Aktienwesen eigene Anomalien auf, und diese Krankheiten nehmen gerade in den „Epochen des Gründertums“ ebenfalls einen epidemischen Charakter an.

Die üblichen Theorien des Aktienwesens, in ihrer Schilderung und Erklärung des Lebens schon bestehender Gesellschaften, laufen im wesentlichen darauf hinaus, daß die führende Rolle nicht etwa den Aktionären und deren Generalversammlungen zuteil wird, die doch de jure die souveränen Leiter des Unternehmens sind und auch in Wirklichkeit als solche auftreten sollten, sondern anderen Personen — den Direktoren, Aufsichtsräten usw. Zur Erklärung dieser allseits anerkannten Erscheinung werden hergebrachterweise mehrere Ursachen angegeben.

So wird vor allem darauf hingewiesen, daß die Direktoren schon kraft ihrer besseren Kenntnis des Geschäftes, ihrer Vertrautheit mit allen Einzelheiten des verwickelten Geschäftsmechanismus eine natürliche Überlegenheit über die Aktionäre besitzen, diese aber dasjenige weder wissen noch wissen können, was sie unbedingt wissen müßten, um die Oberaufsicht und Leitung des Unternehmens wirksam durchführen zu können.

Auch lasse es die Mehrzahl der Aktionäre an dem nötigen Interesse und an Energie fehlen, verhalte sich vielmehr ganz passiv. Zu den Generalversammlungen erscheine gewöhnlich nur ein unbedeutender Teil der Aktionäre, so daß es mitunter schwer falle, die erforderliche Zahl zusammenzubringen, um die Generalversammlung stattfinden lassen zu können.

Die Behauptungen klingen bisweilen wie ein moralischer oder intellektueller Vorwurf an die Aktionäre, die sich irrtümlicherweise „nicht für verhaftete Teilnehmer eines Unternehmens, sondern nur für eine Art Gläubiger halten, die für ihr Geld einen Ertrag fordern“.[1])

Gewöhnlich jedoch betrachtet man das passive Verhalten der Aktionäre als völlig naturgemäß und begreiflich, und dies aus mehreren Gründen.

Viele Aktionäre werden durch die Entfernung ihres Wohnortes daran verhindert, in der Generalversammlung zu erscheinen. Die Teilnahme anderer wird durch die Gesellschafsstatuten erschwert. Sofern aber solche Hindernisse nicht vorliegen, gewinnen die Aktionäre bald die Überzeugung, daß es ihnen unmöglich ist, einen Beschluß durchzusetzen, und daß ihre Meinungen machtlos erscheinen im Kampfe gegen die im voraus kombinierten Entscheidungen.

„So werden denn die Generalversammlungen tatsächlich meist zu bloßen Rede- und Stilübungen der Aufsichtsräte und Direktoren, nicht aber zur offenen und unverhohlenen Darlegung der Verhältnisse des Unternehmens benutzt. Nur selten wagen es die Aktionäre, zur Wahrung ihrer Interessen, den Direktoren und Aufsichtsräten entschieden entgegenzutreten. Und die Direktoren und Aufsichtsräte haben infolge langer Beobachtung und Erfahrung die nötigen Kunstgriffe zur Hand, um die Aktionäre willfährig zu erhalten. Sie wissen in kritischen Zeiten der Generalversammlung den blühenden Stand der gemachten Geschäfte durch Ziffern vorzudemonstrieren, über die erlittenen Verluste zu trösten. Die Aktionäre aber sind regelmäßig gutmütige Geschöpfe. Haben

---

[1]) Tellkampf, Vorschläge zur Verbesserung des Aktien-Gesellschaftswesens S. 5. Die herrschende Lehre von der Unternehmereigenschaft der Aktionäre ist für diese letzteren offenbar nicht überzeugend.

sie auch etwas einzuwenden, so schweigen sie doch lieber aus Pietät für die geringen Verdienste ihrer Vertrauensmänner und geben ihnen ihre Stimme.

Zwar pflegt ein einzelner Aktionär zuweilen vor der Generalversammlung die besten Vorsätze zu fassen und ist nicht selten entschlossen, die Interessen der Aktionäre zu vertreten, aber wenn er in den Saal tritt, wo die Herren am grünen Tisch sitzen, dann erfüllt ihn eine gewisse Scheu vor dem Reichtum und dem Ansehen der durch ihre soziale und merkantile Stellung so einflußreichen Persönlichkeiten, und sie billigen am Ende alles, was vorgeschlagen wird. Die Unbeholfenheit vieler im Reden und ihre Scheu vor dem öffentlichen Auftreten zwingt sie überdies nur zu oft, ihre Meinung für sich zu behalten, und da jeder Versuch, eine Ansicht geltend zu machen, an dem mangelhaften Redetalent scheitert, so sinken auch dadurch die meisten Generalversammlungen zu bloßen Formalitäten herab, die man in Szene setzt, weil man die Aktionäre doch einmal im Jahre angeblich mit dem Stand der Dinge bekannt machen will.

Sind aber oppositionelle Elemente intellektueller Männer in der Generalversammlung vertreten, so wissen die Direktoren und Aufsichtsräte dieselben regelmäßig dadurch zum Schweigen zu bringen, daß sie diese Männer oder ihre Führer zu sich herüberziehen, und gleiches Amt und gleiche Würde bringt sie dann zum Schweigen. Nur vereinzelt gelingt es den Aktionären, Kräfte und Mittel zu finden, um ihre durch Willkürakte und Gewissenlosigkeit der Aufsichtsräte und Direktoren verletzten Rechte geltend zu machen.

Die Direktoren und die Aufsichtsräte haben also bei der Ohnmacht der Generalversammlung das entscheidende Wort.“ [2])

Dieses Verzeichnis der Ursachen der unbefriedigenden Funktionierung der Generalversammlungen muß noch ergänzt werden, wie dies auch zu geschehen pflegt, durch den Hinweis auf die künstlichen Mittel, deren sich die führenden Persönlichkeiten der Aktiengesellschaften bedienen, um die Zusammensetzung der Generalversammlungen, insbesondere durch Anwerben von Gelegenheitsaktionären zu beeinflussen. Oft gelingt es den Direktoren, durch künstliche Schiebungen die Generalversammlung so zu gestalten, daß es ihnen zur leichten Aufgabe wird, sich eine

---

[2]) Hecht, Das Börsen- und Aktienwesen der Gegenwart S. 87 ff.

günstige Abstimmung, die Genehmigung aller ihrer Handlungen und Anträge, die Wahl der von ihnen vorgeschlagenen Personen usw. zu sichern. Zu diesem Behufe beschaffen sie sich für die Zeit der Generalversammlung die erforderliche Anzahl von Aktien, sei es an der Börse oder in den Banken, bei denen die Stücke lombardiert sind, usw., rüsten mit diesen Aktien, als Legitimationskarten für die Ausübung des Stimmrechts in der Generalversammlung, ihre Agenten und Freunde aus, und setzen naturgemäß in dieser Versammlung alles durch, was ihr Herz begehrt.

Die Zuversicht der führenden Persönlichkeiten in bezug auf die Fügsamkeit der Generalversammlungen geht manchmal so weit, daß das notarielle Protokoll der Verhandlungen und Beschlüsse einer Versammlung schon im voraus, ehe noch die Versammlung in Wirklichkeit stattgefunden, aufgesetzt wird.

Als eine Folge der Ohnmacht und Fälschung der Generalversammlungen sowie der absoluten Herrschaft der Verwaltung erscheint u. a. auch der Umstand, daß die übrigen Organe der Aktiengesellschaft, namentlich auch das Revisorenkollegium, sich ebenfalls im Schlepptau der Verwaltung befinden, zumal die Führer vollkommen in der Lage sind, Personen in das Revisorenkollegium wählen zu lassen, die sie mit einer wirklichen Kontrolle ihrer Tätigkeit nicht belästigen werden. Das Revisorenkollegium erweist sich demgemäß nicht als Organ und Vertreter der Mehrzahl der Aktionäre, sondern als Agent und Werkzeug der Führer der Gesellschaft.

Obige Umstände dienen zur Erklärung der Möglichkeit jeglicher Mißbräuche von seiten der Führer, sowie der mangelhaften Funktionierung der (schon gegründeten) Aktiengesellschaften überhaupt. Und die diesbezüglich üblichen Sätze gelten nicht allein für eine mehr als zureichende Erklärung der betreffenden Aktienpathologie, sie scheinen auch noch vollkommen hinreichend, um den Schluß zu begründen: Das Aktienrecht muß abgeschafft werden.

Hier, ebenso wie in anderen Teilen der Theorie des Aktienwesens, bleibt Perrot, im Gegensatz zu den übrigen Forschern, nicht auf halbem Wege stehen und zieht aus den allgemein anerkannten Prämissen den darin enthaltenen Schluß: societas actionaria delenda est.

Die anderen zeiht er dagegen mit Recht der Inkonsequenz.

So zitiert er u. a. folgende Aussage Laskers in dessen berühmten Reichstagsrede vom 4. April 1873:

„Eine wunderlichere Schöpfung als die moderne Generalversammlung hat es in allen bisherigen Jahrhunderten nicht gegeben,“

und bemerkt dazu:

„Und auf dieser wunderlichsten aller wunderlichen Schöpfungen ruht theoretisch und praktisch das ganze Gebäude der Aktiengesellschaft! Wir haben den Sachverhalt nunmehr näher zu prüfen. Es ist, um zunächst unsere Behauptung summarisch hinzustellen, sowohl aus inneren wie äußeren Gründen unmöglich, daß die Aktionäre in der Generalversammlung wirklich jene Funktionen üben, welche das Gesetz ihnen zuweist.

Hören wir zunächst das Urteil einiger der besten Kenner des Aktienwesens über die Generalversammlung.

Herrn Dr. Lasker haben wir bereits zitiert. Er erkennt der Generalversammlung nur eine „Scheinnatur“ zu und empfiehlt eine Anzahl von Vorkehrungen, von welchen er sich aber selbst eingestandenermaßen keinen durchgreifenden Erfolg verspricht; denn, wenn man seine Vorschläge ausführe, meint Herr Lasker, dann wird die Scheinnatur der Generalversammlungen nicht mehr so schädlich sein. — Die „Scheinnatur“ selbst bleibt also! Wir glauben übrigens, daß dies sich tatsächlich so verhält, und halten es geradezu für unmöglich, diese „Scheinnatur der Generalversammlungen“ zu beseitigen. Eine Institution, deren wesentlichstes Organ aber mit allen Kautelen nur zu einem Scheine dessen zu machen ist, was sie sein soll, scheint uns jeder Berechtigung zu entbehren; denn, — wie Herr Lasker sagt, — „diejenigen Garantien, welche das Gesetz für notwendig hält, muß es ganz gewähren, und es darf uns nicht mit einem Scheine abfinden.“ — Wir begreifen daher nicht, wie Herr Lasker sich dennoch mit der „Scheinnatur der Generalversammlungen“ zufrieden geben kann.

Herr Julius Frühauf, welcher zu den Parteigängern unserer sog. Manchesterschule gehört, auch nach seiner eigenen Angabe mehrfacher Verwaltungsrat und ein Verehrer des Aktiengesellschaftssystems ist, schreibt z. B. in Nr. 50 der „Deutschen Industrie-Zeitung“ (Jahrg. 1871): „„Die Generalversammlungen sind in Wahrheit und Wirklichkeit gewöhnlich nicht viel mehr als ein Gaukelspiel, von einer wirklichen Kontrolle des gewöhnlich komplizierten Geschäftsganges ist tatsächlich gar nicht die Rede. Wir haben einer öffentlichen Versammlung beigewohnt, in welcher ein Direktor einer Aktiengesellschaft laut auflachte, als man ihm die „Kontrolle der Generalversammlungen" entgegenhielt. An drastischen Beispielen aus dem Leben zeigte er die Unmöglichkeit resp. Unfähigkeit der sog. „Kontrolle" der Generalversammlungen. Zudem hat in neuerer Zeit das Unwesen der künstlichen Majoritäten, das Manöver des Aktienleihens behufs der Stimmensammlung in einer Hand oder der Hand einer Koterie eine solche Entwicklung erfahren, daß sich die ganze Aktiengesellschaft vorkommendenfalls in die Gewalt weniger Faiseurs überliefert sieht, die ganz schalten, wie sie wollen. Die etwa Lust zur Belästigung oder unangenehmen Kontrolle zeigende Minorität wird einfach niedergestimmt.""

Bei alledem ist Herr J. Frühauf, wie gesagt, ein Verehrer der Aktiengesellschaften, wie sein bezüglicher Artikel in „Rentzsch, Handwörterbuch der Volkswirtschaftslehre" beweist. Während nun Herr Frühauf die „Unmöglichkeit der sog. Kontrolle der Generalversammlungen" in den lebhaftesten Farben demonstriert, fällt ihm jedoch nicht ein, den Schluß zu ziehen, daß eine gesetzliche Einrichtung, welche ganz wesentlich auf eine solche Unmöglichkeit basiert ist, selbst auch nichts anderes, als ein verderbliches Unding, ein gesetzliches Ungeheuer sein kann.

Ein anderer Kenner des Aktienwesens, Herr Dr. Hecht, welcher Direktor der Rheinischen Hypotheken-Aktienbank ist, äußert sich in ganz ähnlicher Weise in seinem Buche „Die Kredit-Institute" (Mannheim 1874), welches mit fast allen neueren Leistungen über Aktienwesen das gemein hat, zum Teil recht zutreffende negative Kritik, dagegen absolut keine brauchbaren Schlußresultate zu liefern." [3])

Ferner führt Perrot seine eigenen Gründe an, weshalb die Generalversammlung die ihr vom Aktienrecht zugewiesenen wesentlichen Funktionen nicht ausüben könne, indem er übrigens die üblichen Behauptungen, wenn auch in einer etwas veränderten Form wiedergibt, und bemerkt zum Schluß:

„So ist es also . . . eine unabweisbare innere Notwendigkeit, wenn in den Generalversammlungen regelmäßig der Wille der Direktion zum Beschlusse erhoben wird, und wenn Herr

---

[3]) Perrot, Das Aktienunwesen S. 153 u. f.

H. B. Oppenheim sagt: „„Die Generalversammlung der Aktionäre übt, wie jedermann weiß, nur eine lächerliche Scheinkontrolle aus,““ so kann dies eben gar nicht anders sein, und damit ist über das Aktienwesen ein für allemal der Stab gebrochen.“ [4])

Die Sätze, welche Perrot als Prämissen für den einzig möglichen logischen Schluß, namentlich für das Todesurteil über das Aktienrecht, zu gebrauchen den Mut hatte, sind bisher unwiderlegt geblieben. Nur das Aufsehen ist geschwunden, das seinerzeit die Perrotsche Kritik des Aktienwesens erregte. Allein die jetzt herrschende Tendenz, Perrot zu ignorieren beziehungsweise den Inhalt seiner Schriften mit dem Bemerken zu übergehen, sie seien radikal und enthielten Übertreibungen, zeugt bloß von der Ohnmacht der Aktien-Theorie und -Literatur in der Bekämpfung der Ansichten von Perrot und in der Befreiung von eigenen inneren Widersprüchen.

Was nun unsere Meinung anlangt, so glauben wir, daß die hergebrachten Ansichten über die Bedeutung und den Verlauf der Generalversammlungen als eine richtige und erschöpfende Schilderung und Erklärung des eigentlichen Wesens der Sache nicht betrachtet werden können.

Vor allem muß man die höchst bedeutsame Tatsache hervorheben, daß es im Aktienwesen Epochen gibt, wo die Generalversammlungen nicht den ihnen von der hergebrachten Theorie beigelegten Charakter an den Tag legen, sondern den entgegengesetzten, wo die Aktionäre sich nicht so verhalten, wie dies die übliche Theorie angibt, sondern auf eine ganz entgegengesetzte Weise.

Alsdann besteht nicht die Gefahr, daß die Generalversammlung nicht stattfindet, weil die Aktionäre nicht zu erscheinen belieben; vielmehr pflegen nicht allein die von der Verwaltung berufenen Generalversammlungen sehr stark besucht zu werden, sondern die Aktionäre selbst erstreben die Einberufung von außerordentlichen Generalversammlungen oder sie berufen solche aus eigener Initiative ein, und in den Sitzungssälen gewahrt man statt der Leere ein Gedränge. Die Entfernung des Wohnortes der Aktionäre von dem Orte der Generalversammlung, die beschränkenden Bestimmungen der Statuten usw. haben nicht mehr die Wirkung, die man ihnen sonst zuschreibt. Auch die „Täuschung

---

[4]) Perrot l. c. S. 163.

der Aktionäre, die sich nicht für verhaftete Teilnehmer eines Unternehmens, sondern nur für eine Art Gläubiger halten“, wird in ihren Folgen aufgehoben. Die Unmöglichkeit und das Fehlen einer Kritik der Verwaltungstätigkeit bestätigt sich in diesen Epochen nicht. Eine haarscharfe und sehr strenge Kritik und Kontrolle kann vielmehr beobachtet werden. Offenbar findet eine Verwandlung der im Geschäft gänzlich unbewanderten Aktionäre in sachverständige und gut unterrichtete Subjekte statt, wie überhaupt im Aktienwesen Jahre reicher „Gimpelernten“ vorkommen, während in anderen Jahren die Erzeugung dieser Art von Individuen dürftig ausfällt. Die Direktoren und Aufsichtsräte dagegen, die „infolge langer Beobachtung und Erfahrung die nötigen Kunstgriffe zur Hand haben, um die Aktionäre willfährig zu erhalten“, werden in solchen Epochen dieser ihrer Kunstgriffe verlustig. Insbesondere will es ihnen nicht glücken, die Aktionäre von der glänzenden Geschäftslage zu überzeugen, obwohl ihre Reden alsdann gewiß keine Stilübungen sind, sondern mit dem größten Ernst, ja in sichtlicher Gemütsbewegung gehalten werden; was ihnen früher spielend gelang, können sie nun mit äußerster Anspannung ihrer rednerischen und anderen Kräfte nicht erreichen.

Auch die Pietät, welche die „gutmütigen Geschöpfe“ — die Aktionäre — den Verdiensten der Direktoren entgegenbringen und kraft deren sie sich veranlaßt fühlen, für sie zu stimmen, schwindet dahin. „Eine gewisse Scheu,“ wie sie sich selbst der kritisch gestimmten Aktionäre bemächtigt, sobald sie den Saal betreten und die großen Herren am grünen Tisch erblicken, kommt jetzt nicht mehr zum Vorschein; auch die Befangenheit und Unbeholfenheit im Reden, die früher das öffentliche Auftreten von Aktionären hinderte oder ihre Versuche, eine selbständige Meinung zu vertreten, zu Schanden machte, fällt nicht mehr ins Gewicht. Im Gegenteil, die Zungen lösen sich, statt der Ehrfurcht und Schüchternheit äußern die Aktionäre Unehrerbietigkeit, ja Frechheit gegenüber den Aufsichtsräten; die früher gutmütigen, zaghaften, ehrerbietigen und artigen Geschöpfe erheben jetzt im Saal einen Lärm, ein Geschrei und ein Geschimpfe, daß es nicht mehr schön aussieht. Auch die Gelegenheitsaktionäre, die Freunde und Vertrauensmänner der Führer, die man für den Tag der Versammlung mit Aktien versehen hatte, sind nicht imstande, die tobende Aktionärenmenge zu beschwichtigen. Die Herrschaft der

Führer nimmt ein Ende, sie erleben Schmach und Niederlage, und es bleibt ihnen nur etwa der Trost, daß sie nicht die einzigen sind, die Beschuldigungen und Beleidigungen zu dulden, ihren Abschied zu nehmen oder gar auf der Anklagebank zu erscheinen haben, — denn eine geheimnisvolle elementare Kraft ruft ebensolche Erscheinungen auch in anderen Aktiengesellschaften hervor. Es erfolgt eine Art epidemischer Metamorphose der gutmütigen, trägen, fügsamen, ehrerbietigen Geschöpfe, die ihre Meinungen zu behaupten nicht wagen, noch vermögen, — in Wesen mit ganz entgegengesetzten Eigenschaften.

Diese Epidemien von Niederlagen, die über die Führer von Aktiengesellschaften hereinbrechen, gewöhnlich unmittelbar nachdem sie den Höhepunkt ihrer Herrschaft, Macht und Gewalt erreicht haben, kompromittieren nicht die Führer allein, sondern mit ihnen auch die herrschende Theorie des Aktienwesens. Da muß etwas nicht in Ordnung sein.

Die elementaren Grundsätze der induktiven Logik weisen bereits darauf hin, daß in der üblichen Theorie ein Fehler enthalten ist.

Die Zeit des vollen Siegesglanzes und der Bestätigung dieser Theorien durch die Tatsachen ist die erste Hälfte einer jeden Aktienkrisis, die Zeit der Hausse-Bewegung und des scheinbar üppigen Aufblühens des Aktiengeschäfts. Da geschieht alles in Wirklichkeit nach dem Rezept der herrschenden Lehre, so daß die Führer von Aktiengesellschaften die Protokolle mit den Beschlüssen der Generalversammlungen tatsächlich im voraus anfertigen können.

Allein diese Bewährung der herkömmlichen Sätze ist ebenso illusorisch, wie der scheinbar blühende Zustand des Aktienwesens.

Auf die erste Periode einer Aktienkrisis folgt unabwendbar die zweite Periode — die Zeit der massenweisen Absetzung und Niederwerfung jener Personen, deren Herrschaft die herkömmliche Theorie, schon in Anbetracht der Struktur der Aktiengesellschaft und des Charakters der handelnden Personen, für so grundfest, naturgemäß, notwendig und begreiflich hält.

Die Berichtigung und Ergänzung, die der herrschenden Lehre nottut, muß darin bestehen, daß man die uns bereits bekannte psychische Kraft mit in Rechnung zieht, daß man die Massentendenz zur optimistischen Überschätzung der Chancen berücksichtigt. Je nachdem die Tendenz des optimistischen Mehrwerts wirksam ist oder nicht, und je nach der Intensität ihrer Wirkung, offenbart auch das Verhalten der Aktiengesellschaften beziehungsweise einzelner Elemente ihres Personals einen verschiedenen Charakter und verschiedene Tendenzen.

Zur Charakteristik der Beziehungen der Generalversammlung zu der Verwaltung ist es dabei nicht angängig, summarische Sätze über das Leben der Aktiengesellschaft aufzustellen: neben dem Stande der Massentemperatur der Aktionärenkreise muß auch das Alter des Unternehmens berücksichtigt werden. Zu Beginn des Bestehens einer Aktiengesellschaft stellen die Generalversammlungen tatsächlich und naturgemäß eine bloße Formalität dar, durch die der Geschäftsgang sachlich nicht beeinflußt wird. Die Beschlüsse dieser Versammlungen können im allgemeinen von den Führern der Gesellschaft im voraus formuliert und protokolliert werden; doch nicht etwa aus dem Grunde, weil die Aktionäre ein gutmütiges, unerfahrenes, schüchternes, stammelndes, völlig passives Volk, die Vorstandsmitglieder, Aufsichtsräte usw. dagegen schlaue, im Betrügen, Sandstreuen, in der Fälschung der Versammlung und allen möglichen anderen zweifelhaften Künsten bewanderte Leute sind, sondern einfach, weil sie sich weder in bezug auf irgend eine Bereitschaft und Fähigkeit, betrogen zu werden beziehungsweise zu betrügen, noch sonstwie voneinander unterscheiden, weil es ein und dieselben Personen sind. Sie unterscheiden sich auch nicht von den ehemaligen, nach Erfüllung ihres Amtes zurückgetretenen Gründern, denn sie *sind* eben die früheren Gründer und jetzigen Nur-Aktionäre resp. Aktionäre, denen man den Titel von Direktoren, Aufsichtsräten u. dgl. beilegt. Daß einige Aufsichtsräte oder Personen, die auf den für die Aktionäre reservierten Bänken Platz nehmen, nicht die ego, sondern die alter ego der Gründer sind, nach den Aktien und Direktiven eines Gründers stimmen oder als Strohmänner der Gründer im Aufsichtsrate figurieren, ändert natürlich an der Sache nichts.

Diese Sätze ergeben sich aus der gemeinkundigen Tatsache, daß von den zwei überhaupt nur möglichen Arten der Gründung von Aktiengesellschaften, der sogenannten Simultangründung, bei der die Gründer selbst sämtliche Aktien übernehmen, und der sogenannten Sukzessivgründung (der Gründung im Wege der öffentlichen Zeichnung), in der Praxis entschieden die erstere überwiegt, während die letztere nur ausnahmsweise angewandt wird.[5]) Mit anderen Worten, in der ersten Zeit des Bestehens einer Aktiengesellschaft sind die „gutmütigen Geschöpfe“ — die Aktionäre — keine anderen, als eben jene „bösen und hinterlistigen“ Gründer, von denen oben die Rede war.

Unter einzelnen Mitgliedern dieser Gruppe können über die Leitung des begonnenen Unternehmens selbstverständlich Meinungsverschiedenheiten und Interessengegensätze entstehen, so daß sie mitunter auch in heftigen Streit geraten; allein es besteht kein triftiger Grund, von ihnen zu verlangen, daß diese Meinungsverschiedenheiten und Streitigkeiten unbedingt auf die Tagesordnung einer öffentlichen Sitzung — der Generalversammlung kommen, und zwar in der Weise, daß von seiten der Aktionäre andere Ansichten vertreten werden als von seiten der Verwaltungsmitglieder. Darüber entrüstet zu sein, daß in diesem Lebensstadium der Aktiengesellschaft die Aktionäre gewöhnlich mit den Ansichten und Anträgen der Verwaltung einverstanden sind, wäre ebenso seltsam, wie wenn man eine offene Gesellschaft oder eine Familie für verdächtig und anormal erklären wollte, weil die einzelnen Mitglieder nicht in Zank und Hader miteinander sich befinden.

Eine Gruppe von Führern leitet hier in der Tat das Unternehmen nach eigener Willkür und entscheidet, wie es ihr beliebt; ihre Herrschaft ist absolut und ihre Eigenmacht kennt keine Grenze. Allein diese Führer schalten in ihrem eigenen Unternehmen, sie haben die Herrschaft über sich selbst und können Willkür üben gegen sich selbst.

Und es handelt sich auch nicht darum, nicht das ist wichtig, daß die Freiheit, die Macht und die Willkür der Führer in irgend einem anderen Element eine Schranke und ein Hindernis finden, oder daß die wesentlichen Beschlüsse über die Leitung des Unternehmens in den Generalversammlungen zustande kommen und von

---

[5]) Vgl. z. B. Ring in Conrad's Handwörterbuch für Staatswissensch. 1890 Bd. I, das Wort „Aktiengesellschaft“ S. 88: „Die Aktiengesellschaft kann auf zweierlei Weise zustande kommen, mittels Simultan- und Sukzessivgründung. In der Praxis ist die erstere in fast ausschließlicher Anwendung. Simultanerrichtung hat statt, wenn sämtliche Aktien durch die Gründer, sei es sofort bei Feststellung des Vertragsinhalts, sei es restlich in besonderer gerichtlicher oder notarieller Verhandlung „übernommen“ werden.“ „Die seltene Entstehung der Aktiengesellschaft im Wege der Sukzessivgründung . . .“ (eod. S. 89); Lehmann im Arch. f. ziv. Pr. Bd. 86 H. 2, S. 317 (. . . Seltenheit der Sukzessivgründung . . .). In Rußland ist die sogenannte Sukzessivgründung gar nicht gebräuchlich, vgl. Motive zum Vorentwurf eines Gesetzes über Aktienunternehmen, S. 10.

den Führern nicht vorausgesehen und vorausbestimmt werden können, sondern wichtig ist allein der Inhalt dieser Beschlüsse, wichtig ist allein, daß sie zweckmäßig und rationell seien, gleichgültig wo und wie sie im übrigen gefaßt werden mögen.

Das einzig Wichtige und Interessante ist, ob diese Beschlüsse den Interessen und Aufgaben des Unternehmens entsprechen oder nicht. Der Schwerpunkt der Erklärung und der Kritik des Verhaltens der Aktiengesellschaft befindet sich in dieser Frage; diese wird aber keineswegs gelöst und geklärt durch den Hinweis auf die Scheinnatur der Generalversammlung, die Eigenmacht der Führer der Gesellschaft usw.

Die Qualität der in der Generalversammlung zu Protokoll gebrachten Beschlüsse kann freilich aus den verschiedensten Gründen in jedem einzelnen Falle sehr verschieden sein. Dennoch läßt sich hier im Hinblick auf die überwiegende Mehrzahl der Fälle, im Hinblick auf die allgemeine Tendenz folgendes feststellen:

Die allgemeine Richtung der Beschlüsse der Generalversammlungen, die ja nur eine Form sind, in der die Ansichten der Gründer zum Ausdruck kommen, richtet sich naturgemäß nach den Interessen der Gründer; diese Interessen aber stimmen entweder mit den wahren Interessen des Unternehmens überein, oder weichen von ihnen mehr oder weniger ab, je nachdem, in welchem Zustande sich die Massenpsychik des Aktienpublikums zur gegebenen Zeit befindet.

Es gelten hier mutatis mutandis dieselben Theoreme, die wir oben in bezug auf das Verhalten des Aktienunternehmens im Augenblick seiner Entstehung und während seiner anfänglichen, der formellen Errichtung vorangehenden Entwicklung festgestellt hatten.

1. Bei dem Obwalten der pessimistischen Tendenz, bei einem abnorm niedrigen Aktienkurse hat das Gründungsgeschäft nicht den Charakter der Produktion von Aktien zum Verkauf, zum Gewinn von Kapitalprämien, sondern wird zum Genuß der Erträge aus den gegründeten Unternehmen betrieben. Die Interessen der Gründer decken sich mit den Interessen des Unternehmens bzw. den Interessen der ständigen Aktionäre, und es wird kein Wandel dadurch geschaffen, daß die Gründungsformalitäten erfüllt sind und die Gründer jetzt Aktionäre oder außerdem noch Aufsichtsräte genannt werden. Obwohl sie zu neuer Würde gelangt sind,

werden sie für den größtmöglichen Erfolg des zustande gebrachten industriellen oder kommerziellen Unternehmens genau so sorgen, wie sie dies vor Erfüllung der Registerformalitäten u. dgl. getan haben. Und wenn unter ihnen Friede und Eintracht herrscht, insbesondere wenn die gesetzlich vorgeschriebene Formalität der Generalversammlung die Gestalt einer freundschaftlichen Unterhaltung und der Kundgebung des gegenseitigen Wohlgefallens und Gutheißens annimmt, so ist es um so besser und zeugt um so mehr von der Gesundheit und Wohlfahrt des ganzen Unternehmens.

2. Beim Vorhandensein der optimistischen Tendenz und des damit zusammenhängenden Überwiegens von Gründungen zum Verkauf der geschaffenen Aktien ist das Hauptmotiv für die Beschlüsse der ehemaligen Gründer und gegenwärtigen Aktionäre, Aufsichtsräte usw. nicht sowohl der bleibende und effektive Erfolg des Unternehmens, als vielmehr die vorteilhafte Verwertung der geschaffenen Aktien. Es eröffnet sich hiermit die Möglichkeit einer recht zweifelhaften und objektiv schädlichen Handlungsweise seitens der Führer der Gesellschaft, so u. a. die Möglichkeit, verwerflichen Beschlüssen in der Generalversammlung formale Gültigkeit zu verschaffen, sobald der Zustand der Massenpsychik es gestattet. Die diesbezüglichen Mißbräuche sind sehr verschiedenartig, sie lassen sich dennoch in zwei Hauptkategorien einteilen:

a) Künstliche und objektiv schädliche Manipulationen zur vorteilhaften Gestaltung der Aktienkurse. Hierzu gehören die Börsenagiotage, die Reklame in der Presse, wie auch verschiedene interne Maßnahmen, künstliche Auskunftsmittel in der eigenen Sphäre der Aktiengesellschaft. Es werden falsche Berichte und Bilanzen hergestellt und genehmigt, die die Geschäftslage in glänzendem Lichte erscheinen lassen, fiktive Dividenden ausgeschüttet, während der Gewinn in Wirklichkeit ein geringerer oder gar ein Verlust vorhanden ist, usw.

b) Mißbräuche, die darin bestehen, daß die Mittel des Unternehmens zugunsten der Führer erschöpft werden. Die Verteilung von Dividenden, Tantièmen, Gratifikationen und großen Gehältern aus dem fiktiven Reingewinne ist auch hier das Mittel zum Zweck. Der Erwerb neuer Immobilien und anderer Gegenstände, die Bautätigkeit, wie die Errichtung von Fabrikgebäuden, Eisenbahnen, verschiedene Lieferungen, Verdingungen usw. bieten ebenfalls ausgiebige Gelegenheit zur Bereicherung auf Kosten des Unternehmens.

Verschiedene unregelmäßige Handlungen der ersten und zweiten Kategorie können auf den ersten Blick und vom Standpunkt einer oberflächlichen ethischen und juristischen Qualifizierung als sehr heterogen und einer sehr verschiedenen Beurteilung unterliegend erscheinen. Welche Ähnlichkeit z. B. zwischen begeisterten Dithyramben, die in der Generalversammlung zum Lobe der Verwaltung zum besten gegeben werden, und Mißbräuchen bei Ausführung von Arbeiten für Rechnung des Unternehmens, bei Erfüllung von Übernahme- und Lieferungsverträgen. Ersteres, scheinbar ganz harmloses Verfahren mit den Handlungen der zweiten Kategorie — Ungebühren mit ausgeprägt strafrechtlichem Charakter, über einen Kamm zu scheren, erscheint offenbar absolut unzulässig. Im Grunde aber haben alle oben erörterten Erscheinungen genau denselben Sinn und dieselbe Bedeutung. Es sind die verschiedenen Formen, die wechselnden bunten Gewänder ein und desselben Mißstandes. Sie führen alle auf ein Ziel hinaus — den Verkauf von Aktien zu einem übertriebenen Preise. Streng genommen sind es nicht einmal begangene Verbrechen, sondern lediglich Handlungen, die den Versuch zu einer Übertretung, die Vorbereitung zu einer solchen darstellen. Die Plünderung der Mittel des Unternehmens bei Bauten usw. kann im Grunde trotz der Mißfälligkeit der äußeren Form, nicht als begangenes Delikt und an sich schädliche Handlung bezeichnet werden, denn die Führer der Gesellschaft plündern in diesem Falle sich selbst. Sie schädigen andere ebensowenig, wie der Privateigentümer eines Unternehmens, der Geld aus seiner Geschäftskasse in seine Privatkasse überführt oder umgekehrt, bzw. die Erwerbskosten der Maschinen, Materialien usw. in seinen Büchern übertreibt. Solange sie die übernommenen Aktien dem Publikum nicht verkauft haben, könnten die Führer, ohne irgendwen zu schädigen, sich nicht allein übertriebene Dividenden und Tantièmen auszahlen, sondern selbst das gesamte Gesellschaftskapital für Dividende erklären und unter sich verteilen. Wenn sie sich nur gegenseitig nicht benachteiligen und nicht betrügen, und in ihrem Kreise gerecht und einig handeln, so geht es keinen Menschen etwas an, ob sie sich richtige Dividenden auszahlen oder Teile des Kapitals als Dividenden ausschütten, ob sie sparsam bauen und die Buchungen ordnungsgemäß vornehmen, oder ob sie die Kostenrechnungen übertreiben, beziehungsweise zu teuer bauen.

Der Mißbrauch besteht nicht in diesen scheinbaren Veruntreunungen, sondern darin, daß die Aktien dem Publikum zu übertriebenen Preisen verkauft werden. Und wenn einmal das Publikum zu dem inneren Werte der Aktien einen optimistischen Aufschlag von — sagen wir — 20 % hinzuzahlt, so ist sein Schaden und der Vorteil der Führer genau derselbe sowohl in dem Falle, daß die Führer vor dem Verkauf der Aktien fiktive Raubakte vornehmen, die Kostenrechnungen bei Bauten, beim Erwerb von Maschinen usw. übertreiben, wie in dem Falle, daß sie nicht allein sparsam bauen und der Generalversammlung einwandsfreie Rechnungen vorlegen, sondern auch noch überall hochherzig aus eigener Tasche zuzahlen, die tatsächlichen Rechnungsbeträge kürzen. Wenn die ehemaligen Gründer und jetzigen Führer der gegründeten Gesellschaft durch ihre tadellos korrekte Verwaltung oder gar durch versteckte oder offene Beraubung ihrer eigenen Kassen zugunsten der Gesellschaftskasse — z. B. den Verzicht auf Gehälter und Tantièmen, fabelhaft mäßige Produktionskostenrechnungen usw. — ihren Aktien ein Renommé verschaffen, das es ihnen möglich macht, sie statt zum Nominalwert von 500, zu 800 oder 1000 zu verkaufen, so machen sie mit ihrer Korrektheit oder auch scheinbaren Hochherzigkeit womöglich ein doppelt so gutes „Geschäft", wie wenn sie vor Begebung der Aktien durch Übertreibung von Rechnungen zwar auf jede Aktie 100 „verdient", die Aktien alsdann aber zum Nominalwerte oder unter pari verkauft hätten.

Kurz, unsere Bemerkungen über die Vorbereitungsstadien zur Entstehung eines Unternehmens gelten auch mutatis mutandis für die Zeit nach der Errichtung. In der Mehrzahl der Fälle hängt alles von dem Stande des Aktienthermometers ab. Obwohl die Gründer in den Generalversammlungen ganz nach Belieben beschließen, ungehindert ihr eigenes Lob singen können, obwohl ihnen auch die verschiedenen Mittel der Reklame und Agiotage zu Gebote stehen, — der Erfolg aller dieser Mittel hängt im allgemeinen davon ab, ob und mit welcher Kraft die optimistische Tendenz wirksam ist. Keine Börsen- und anderen Kunstgriffe werden im großen und ganzen von Erfolg begleitet sein, wenn das Publikum pessimistisch und kritisch gestimmt ist; andererseits kann wiederum ein noch so cynisches und unverschämtes Betragen der Führer, durch die Tendenz des optimistischen Mehrwerts verdeckt und befördert werden, sobald diese eine gewisse Spannung erreicht hat.

Wie dem auch sei, auf die Frage der Fügsamkeit und der Scheinnatur der Generalversammlungen am Lebensanfang der Aktiengesellschaften zurückkommend, müssen wir anerkennen, daß die Herrschaft der Führer zu jener Zeit eine vollkommen normale Erscheinung ist, die an und für sich nichts zu beweisen und zu bestimmen vermag, daß aber das Leben der Aktiengesellschaft sich entweder ganz rationell und gediegen oder aber auch sehr zweifelhaft gestalten kann, nicht sowohl unter dem Einflusse der Generalversammlung und ihrer Unabhängigkeit oder Gebundenheit, als vielmehr unter dem Einflusse des großen, außerhalb der Gesellschaftssphäre stehenden Publikums.

Zur Vollständigkeit der Darstellung soll übrigens noch die besondere Kategorie von Fällen erwähnt werden, wo die Generalversammlung unmittelbar oder doch sehr bald nach der Errichtung eine selbständige Bedeutung erhält, wobei sie durchaus keinen friedlichen und einstimmigen, sondern mitunter sogar einen sehr stürmischen Verlauf zu nehmen pflegt.

Es kommt nämlich, wenn auch selten, vor, daß die Gründer keine Aktien behalten, deren Kurs sie nach der Errichtung treiben und die sie nach Maßgabe dieser Kurssteigerung absetzen könnten; sie begeben sie vielmehr noch vor der Errichtung an das Publikum im Wege der Zeichnung, ziehen aus dem Unternehmen allen nur möglichen Profit und erschöpfen es im voraus, und kümmern sich um das Schicksal der Gesellschaft nach der Errichtung nicht, froh, wenn sie das Unternehmen den Zeichnern übergeben und ihr Schiffchen ins Trockne bringen können, bevor noch die unabwendbare Katastrophe einbricht. Dann sind sie natürlich nicht darum bemüht, sich oder ihren Agenten und Freunden die Direktoren-, Aufsichtsratsposten usw. zu sichern; sie überlassen vielmehr der Generalversammlung die volle Wahlfreiheit und folgen selbst, nach Übergabe des Unternehmens, dem Grundsatz: sauve qui peût!

In solchen Fällen ist die Generalversammlung von Anfang an unabhängig und erhält eine ausschlaggebende Bedeutung; allein dies ist ein sehr schlechtes Zeichen. Hier pflegt gewöhnlich der Registrierung der Geburt der Gesellschaft, die Registrierung ihres Todes auf dem Fuße zu folgen, und an Stelle der sich zurückziehenden Erzeuger und Pathen — der Gründer —, erscheinen die Totengräber des Aktienwesens, die Liquidatoren.

Die übliche Herrschaft der Führer ist normal und naturgemäß, nicht allein, wenn und solange sämtliche Aktien in ihren Händen sich befinden, sondern auch wenn und solange sie mindestens die Hälfte der gesamten Aktienzahl an Dritte nicht begeben haben. Wohl kann es schon nach Absatz einer Minderzahl der Aktien, z. B. 0,1 oder 0,45 Erörterungen und Widerstand in der Generalversammlung geben; dieser Widerstand ist aber machtlos aus dem einfachen Grunde, weil er bei der Abstimmung notwendig niedergestimmt wird, da die Führer über die Mehrzahl der Aktien und folglich auch über die Mehrzahl der Stimmen verfügen. Keine Energie, keine Beredsamkeit oder dgl. kann den „unabhängigen“ Aktionären nützen; keinem selbständigen Gedanken, der nur irgendwie den Absichten der Führer zuwiderläuft, werden sie in der Generalversammlung Geltung verschaffen können. Vollkommene Ohnmacht auf ihrer Seite, vollkommene Herrschaft auf seiten der Führer. Es ist psychologisch ganz begreiflich und naturgemäß, daß die Mitglieder der Minorität diese für sie lästigen Zustände, sowie ihre beständigen Niederlagen in den Generalversammlungen, für abnorme, ja himmelschreiende Erscheinungen halten und über Gewalt und Willkür klagen. Allein objektiv geurteilt dürfte es eine noch weit größere Abnormität sein, wenn das Gegenteil stattfände, wenn die Minderzahl, die geringeren Interessen, über die Mehrzahl, die bedeutenderen Interessen, herrschen würden.

Wenn nun einmal für die Beschlüsse der Generalversammlung die Einstimmigkeit aller Interessenten nicht erforderlich ist (was mit einer Vernichtung der Aktiengesellschaften gleichbedeutend wäre), sondern der Grundsatz der Stimmenmehrheit angenommen wird, so kann gegen die ausschlaggebende Bedeutung der Mehrheit und die Unterdrückung des abweichenden Willens der Minderheit nichts eingewendet werden, da jeder Einwand einen Widerspruch in sich bedeuten würde. Selbstverständlich pflegt die Zuständigkeit der Generalversammlungen, damit aber auch die Herrschaft der Mehrzahl über die Minderzahl, in jedem Aktienrecht auf ein gewisses Maß beschränkt zu werden. Die Generalversammlung kann z. B. nicht gültig darüber beschließen, daß einige Aktionäre eine höhere Dividende erhalten, als die anderen oder dgl. Es ist unbedingt notwendig, daß die Einzelrechte der Aktionäre sowie die Machtbefugnisse der Generalversammlung genau festgesetzt, desgleichen den einzelnen Aktionären und der Minderzahl Mittel gewährt werden, Rechtsverletzungen zu verfolgen, und die Wirksamkeit der ihre Rechte und Interessen schädigenden gesetzwidrigen Handlungen, von wem sie auch herstammen mögen, zu beseitigen. Es kann und soll für die Gültigkeit einiger, besonders wichtiger Beschlüsse der Generalversammlung das Erfordernis der sog. qualifizierten Mehrheit, z. B. einer Mehrheit von $^{3}/_{4}$ der vertretenen Stimmen, aufgestellt werden usw. Innerhalb der Grenze der Zuständigkeit und der rechtmäßigen Oberhoheit der Generalversammlungen und deren Beschlüsse bleibt aber die „Willkür“ der Mehrheit, d. h. eventuell der Direktoren und ihrer Freunde, eine unvermeidliche und vollkommen natürliche Erscheinung und, sofern man sie als ein Übel betrachtet, jedenfalls ein unvermeidliches, dem Grundsatz der Stimmenmehrheit entspringendes Übel.

Andererseits muß auch in dem geschilderten Entwicklungsstadium der Aktiengesellschaft wiederum die Frage über das Vorhandensein oder Fehlen einer Herrschaft der Direktoren und über die Bedeutung der Generalversammlungen, von der Frage über gute oder schlechte Geschäftsführung, über Mißbräuche und Anomalien, streng geschieden werden.

Es muß hier wiederum betont werden, daß mit der Feststellung irgend einer Herrschaft in der Generalversammlung, die Beantwortung der Frage, wie und zu welchem Zwecke die Herrschenden diese ihre Herrschaft gebrauchen, noch keineswegs im voraus gegeben ist.

Es wäre übrigens überflüssig, genau darzulegen, wodurch die Zwecke und das Verhalten der sich im Besitze des überwiegenden Teils der Aktien befindenden Gruppe bestimmt werden. Statt unsere früheren Ausführungen mutatis mutandis zu wiederholen, wollen wir darauf hinweisen, daß gerade innerhalb der besonders gesunden und kräftigen Sphäre des Aktienwesens, nämlich im Bereiche jener Aktiengesellschaften, die nicht zur Produktion und zum Verkauf der Aktien, sondern zur dauernden Nutzbarmachung des Kapitals, der Arbeitskraft und der Kenntnisse der Gründenden errichtet werden, die Herrschaft, welche die Führer kraft des Besitzes der meisten Aktien erlangen, nicht allein besonders lange anhält, sondern oft sogar für unbegrenzte Zeit begründet wird. Diese Herrschaft kann bis ans Lebensende der Führer bestehen bleiben, dann auf ihre Söhne usw. übergehen, zusammen mit einem Teil der wohlverdienten Achtung und Verehrung, die ihnen nicht allein seitens der übrigen Aktionäre und der Beamten des Unternehmens gezollt werden, sondern auch seitens weiter Kreise des Publikums und sogar aller derjenigen, die sich im Lande für wirtschaftliche Erfolge und Verdienste interessieren.

In der Zeit der Gründungen zum Zwecke der Ausnutzung des Aktienoptimismus des Publikums und in den Aktiengesellschaften mit der entsprechenden Psychologie pflegt dagegen die auf dem Besitze des größeren Teils der Aktien beruhende Herrschaft der Führer von verhältnismäßig kurzer Dauer zu sein; denn der Hauptzweck der Führer besteht alsdann in der möglichst schleunigen gewinnbringenden Verwertung der Aktien, in dem Austausch dieser natürlichen Vorherrschaft gegen klingende Münze.

Wir haben schließlich noch das dritte Entwicklungsstadium in den Beziehungen der Führer zur Generalversammlung, nämlich jene Lebensperiode der Aktiengesellschaft zu behandeln, in der die Gruppe der Führer nicht mehr über den größeren Teil der Aktien, sondern z. B. nur noch über $^{1}/_{3}$, $^{1}/_{20}$, $^{1}/_{60}$ oder einen ganz geringen Bruchteil des Kapitals bis auf Null herunter verfügt.

Insofern die allgemeine Ansicht, die Generalversammlungen seien eine Komödie, üben keinerlei Kontrolle und Leitung aus, sondern befinden sich gänzlich in der Gewalt der Führer, auch unter diesen Umständen sich als richtig erweist, können wir diese Erscheinung als die Tatsache der psychologischen Herrschaft der Führer, zur Unterscheidung von der juristischen, der Herrschaft kraft des Besitzes der Mehrzahl der Aktien, charakterisieren. Die souveräne Gewalt müßte de jure der Gesamtheit der von den Führern unabhängigen Aktionäre und der Generalversammlung als Trägerin der Interessen der Mehrheit gehören; de facto aber geschieht der Wille der Führer, obgleich diese überhaupt keine Aktionäre sind oder nur einen unbedeutenden Teil der Aktien vertreten. In Anbetracht dessen, daß die unabhängigen Aktionäre, wenn sie unter solchen Verhältnissen von ihrem jus Gebrauch machen, in der Generalversammlung erscheinen und gegen die Verwaltung stimmen wollten usw., der Herrschaft der jetzigen Führer leicht ein Ende machen könnten, es aber trotzdem nicht tun und die volle Verfügung über ihre Interessen den Führern überlassen, entsteht hier ein besonderes psychologisches Problem. Um das an sich seltsame Verhalten der Aktionäre und der Generalversammlungen zu erklären, muß man die psychologischen Ursachen feststellen, die eine derart passive und gleichgültige Haltung der

Aktionäre ihren eigenen Rechten und Interessen gegenüber hervorrufen.

Hier können die oben wiedergegebenen, herkömmlichen Erklärungen und Betrachtungen der Kenner des Aktienwesens Anwendung finden, hier haben sie ihre raison d'être. Sie sind hier jedenfalls methodologisch gerechtfertigt. Eine andere Frage ist, ob sie tatsächlich einen genügend tiefen Einblick in die Materie bieten, genügende Beweiskraft und materielle Richtigkeit haben.

Was den gewöhnlichen Hinweis auf die Passivität der meisten Aktionäre in bezug auf ihre eigenen Interessen, ihr Fernbleiben von den Generalversammlungen usw. anlangt, so können wir uns mit diesen Bemerkungen, obwohl wir ihre Richtigkeit anerkennen, nicht zufrieden geben aus dem einfachen Grunde, weil sie lediglich eine Wiederholung, nicht aber die Lösung des Problems darstellen. Es handelt sich bei unserem Problem eben darum, diese Passivität der Aktionärenmassen zu erklären.

Was den Hinweis auf die künstliche Stimmensammlung seitens der Führer vermittelst des Aktienleihens betrifft, so können wir hier dieser Erscheinung, ohne ihre Schädlichkeit und Verwerflichkeit sowie die Notwendigkeit ihrer Bekämpfung in Abrede zu stellen, eine ernste Bedeutung dennoch nicht beimessen. Der Kern der Sache ruht jedenfalls nicht in diesem wenn auch noch so argen Mißbrauch, sondern in der Passivität der Aktionärenmassen. Diese Massenpassivität der Aktionäre ist es eben, die es den Führern so leicht macht, sich die für die Majorität in der Generalversammlung erforderliche Anzahl Aktien bei Geschäftsfreunden zu verschaffen. Wenn dagegen die Aktionäre, statt teilnahmlos und apathisch zu verbleiben, ihre Interessen tatkräftig und energisch vertreten wollten, so könnten sie ihrerseits durch Vollmachtensammlung und Aktienleihen oder auch ohne solche Mittel einer die Interessen der Aktionäre schädigenden Verwaltung eine Stimmenzahl entgegenstellen, die die Umtriebe der Führer bei der künstlichen Stimmensammlung in den meisten Fällen zum mindesten paralysieren würde. Die geltende Lehre betont ja selber die Herrschaft einer der Zahl der Personen und Aktien nach unbedeutenden Gruppe über die große Mehrzahl der Aktionäre, und hält diese Erscheinung für um so abnormer und schädlicher, je kleiner die führende Minorität und je größer die Majorität ist, die das passive Objekt der Willkür bildet. Denn bei einem der artigen Verhältnis tritt der Interessengegensatz, die Tatsache der Verfügung über gänzlich fremde Angelegenheiten, ohne daß Motive und Boden für eine Solidarität mit den fremden Interessen vorhanden wären, ganz besonders scharf hervor. Nehmen wir aber an, daß die große Masse der Aktionäre plötzlich aufhört, passiv und teilnahmlos zu sein, und sich in eine energische und handelslustige Schar verwandelt, daß Tausende oder selbst nur Hunderte von Aktionären gegen die Direktoren zu agitieren, Aktien zu sammeln beginnen.... Ebenso wie es naiv wäre, die Herrschaft einer kleinen Zahl vornehmer Personen über die Volksmasse in einer oligarchischen Republik durch irgend welche künstliche und gesetzwidrige Umtriebe der Oligarchen zu erklären, so wäre es naiv und oberflächlich, den Schwerpunkt unseres im Bereiche des Aktienwesens wichtigen Massenproblems in den eine künstliche Stimmensammlung bezweckenden Ränken der Führer zu erblicken.

Allzu mikroskopisch und oberflächlich sind auch die Hinweise auf die Befangenheit der Aktionäre, ihre mangelhafte rednerische Begabung, auf das listige Bemühen der Führer, die hervorragenden Mitglieder der Opposition durch Angebot von Posten auf ihre Seite herüberzulocken. Auch darf man hierbei nicht vergessen, daß für das Ergebnis der Generalversammlungen nicht die Formschönheit der rednerischen Ergüsse an sich, sondern vielmehr die Stimmabgabe maßgebend ist. Eine Opposition, die keine guten Redner hat, kann trotzdem vor der Generalversammlung zugunsten der einen oder der anderen Abstimmung unter der Hand agitieren, desgleichen auch nachdem sie der Beredsamkeit der Führer und ihrer Freunde gelauscht, dennoch gegen sie stimmen.

Überhaupt, wenn wir eine noch so lange Liste verschiedener mehr oder minder wichtiger Ursachen der Führerherrschaft anfertigen, diese Liste wird uns keinerlei Aufklärung verschaffen, ehe wir nicht die Ursache entdeckt haben, die uns deutlich macht, weshalb in den Aktionärenmassen, im allgemeinen, die oft scheinbar unvernünftige Neigung waltet, die Handlungen der führenden Persönlichkeiten der Gesellschaft gutzuheißen, beziehungsweise eine genügend starke Tendenz, Mißvergnügen über diese Handlungsweise zu äußern, in der Generalversammlung zu erscheinen, gegen die Verwaltung zu stimmen usw., nicht vorhanden ist. Hierin ruht der Schwerpunkt der Frage, und es unterliegt keinem Zweifel, daß der ganze Katalog der üblichen Erklärungen, all diese angeblich schwerwiegenden Argumente, welche die geltende

Theorie auf die Wagschale der Führerherrschaft legt, federleicht würden, falls die Aktionärenmasse, kampfeslustig gestimmt, den Führern entgegenträte.

Von diesem Standpunkt aus ist die formell plausibelste Erklärung — die Behauptung, die Aktionäre wären gutmütige, unkundige Geschöpfe, allzu leicht geneigt, die geringen Verdienste der Führer zu übertreiben und ihrer Autorität zu huldigen. Diese Erklärung enthält jedoch denselben inneren Fehler, wie die Erklärung des Erfolges ungereimter Prospekte dadurch, daß das Aktienpublikum aus lauter „Gimpeln“ bestehe, oder richtiger (da unsinnige Prospekte nur zeitweise Erfolg haben), daß die „Gimpel“-Ernten periodisch wiederkehren. Die Aktionäre sind gewöhnlich intelligente Leute, sie rekrutieren sich hauptsächlich aus den wohlhabenden und gebildeten Ständen, und es liegt kein Grund vor (außer etwa der Notwendigkeit, die rätselhaften Erscheinungen des Aktienwesens um jeden Preis zu erklären), ihnen besondere psychische Defekte, eine unverständliche Gutmütigkeit, Torheit, Unwissenheit usw. zuzuschreiben.

Zur Lösung der Frage muß zunächst bemerkt werden, daß eine passive oder aktive Billigung der Handlungsweise der Direktoren seitens der Aktionärenmassen weder staunenswert noch erklärungsbedürftig ist, sofern diese Direktoren die Interessen des Unternehmens wahrnehmen, sofern sie ihrer Aufgabe überhaupt gewachsen sind, die ihr anvertrauten Geschäfte erfolgreich leiten, gute Dividenden erzielen und an die Aktionäre zur Verteilung bringen. Unter diesen Umständen ist ein passives Verhalten der Aktionärenmassen vollkommen vernünftig und natürlich, vollkommen im Interesse des Unternehmens; seltsam und irrationell wäre vielmehr eine Hemmung und Hinderung der Verwaltung seitens der Aktionäre, das Bestreben, die am Ruder befindliche Verwaltung zu stürzen und eine andere an ihre Stelle zu setzen o. dgl. Einzelne Aktionäre werden freilich auch bei einer idealen und noch so tüchtigen Geschäftsführung seitens der Direktoren, zur Unzufriedenheit und zum Murren Anlaß nehmen, allein die große Mehrzahl der Aktionäre wird ihnen auf das Gebiet der Opposition, Obstruktion und Niederwerfung der bestehenden Direktoren nicht folgen, und dies mit vollem Recht.

Seltsam und erklärungsbedürftig ist eine andere Erscheinung. Die oben angeführten Ansichten über die klägliche Rolle der Generalversammlungen sind auf einem anderen Boden entstanden und beziehen sich auf andere Verhältnisse. Sie haben sich während der Aktienepidemie, der „Epoche des Gründertums“ herausgebildet und betreffen nicht sowohl die Herrschaft einer ehrlichen und tüchtigen Verwaltung als vielmehr die epidemischen Mißbräuche der Führer, durch welche die Gesellschaft, statt einer friedlichen Entwicklung, dem Untergang entgegengeführt wird, beziehungsweise das sonderbare Gebahren der Aktionäre und der Generalversammlungen angesichts einer derartigen Handlungsweise, die Genehmigung sämtlicher wie immer auch gearteten Anträge der Führer, die Gutheißung und Duldung der wüstesten Wirtschaft.

Die Beschlüsse von Generalversammlungen aus der Zeit der Aktienepidemie der 70er Jahre, ebenso wie in anderen Epochen spekulativer Aktienausschreitungen, können auch tatsächlich in den meisten Fällen eine Kritik nicht bestehen, und die Rolle der Generalversammlungen ist überhaupt eine ziemlich merkwürdige.

Vor allem ist zu bemerken, daß ein bedeutender Teil der damals gegründeten, und überhaupt der in den Epochen von Aktienepidemien entstehenden Gesellschaften, wenn die Generalversammlungen ihre Funktionen vernünftig erledigt hätten, bald nach der Errichtung liquidiert worden wäre. Die Weiterführung dieser Gesellschaften erscheint schon an sich, objektiv betrachtet, als äußerst unvernünftig und bietet sowohl vom volkswirtschaftlichen wie vom privatwirtschaftlichen Standpunkt eine recht schädliche Erscheinung.

Durch ihr Vorgehen in der Zeit vor der formellen Errichtung der Gesellschaft haben die Gründer das Unternehmen oft schon dermaßen verwüstet, derartige organische Fehler in dasselbe eingeführt, daß eine gedeihliche Entwicklung gänzlich ausgeschlossen ist, daß der Weiterbetrieb des Unternehmens den Verlust des noch übrig gebliebenen Kapitals unvermeidlich zur Folge hat, daß das ganze Unternehmen sofort liquidiert werden müßte, damit was noch zu retten ist, gerettet werden kann, — und trotzdem setzt die Gesellschaft ihre Tätigkeit fort und die Generalversammlungen geben ihrer Befriedigung anläßlich der weisen Geschäftsführung der Direktoren Ausdruck. Statt einer Reduktion des zum Zwecke der Erreichung einer größeren Summe von Kapitalprämien festgesetzten, unverhältnismäßig hohen Kapitals, werden neue Aktienemissionen vorgenommen, auf die faulen Aktien der ersten Ausgabe folgen noch faulere neue Aktien. Statt einer tunlichsten Verbesserung der Geschäftslage durch Umsicht und Sparsamkeit, gewahrt man Verschwendung, die Verteilung großartiger Dividenden auf Kosten des Kapitals, die Projektierung und Durchführung solcher Pläne und neuer Unternehmen, die nicht anders zu charakterisieren sind, als tollkühne, die unglückselige Gesellschaft der äußersten Gefahr, dem äußersten Risiko preisgebende Spekulationen, oder aber als Unternehmen ohne Aussicht auf Erfolg, ohne vernünftigen Zweck, außer vielleicht der sich den Gründern dadurch bietenden Gelegenheit, pompöse Reden in den Generalversammlungen zu halten. Die Generalversammlungen der Aktionäre sagen indes zu all dem Ja und Amen. Nicht bloß durch passives Verhalten und Fernbleiben von den Generalversammlungen, sondern auch durch aktive Billigung und Beistimmung, scheinen die Aktionäre es darauf abgesehen zu haben, sich möglichst vollständig und gründlich zu ruinieren, obwohl jetzt von einer juristischen (s. oben) Herrschaft der Führer nicht die Rede sein kann, so daß es vollkommen in der Hand der Aktionäre liegt, die Urheber ihres Ruins abzusetzen und zur Verantwortung zu ziehen.

Ebenso wie die Gründungstätigkeit in solchen Zeiten vorwiegend den Charakter der Produktion lebensunfähiger Unternehmen trägt, so besteht auch die weitere Leitung und Verwaltung der formell bereits errichteten Unternehmen in der Galvanisierung dieser Leichen, damit sie lebendig aussehen und — wenn auch gänzlich sinn- und zwecklose — Bewegungen vollbringen, beziehungsweise in der weiteren Untergrabung der schon ohnehin krankenden wirtschaftlichen Körper, deren weiterer Erschöpfung und Entstellung.

Warum empören sich die Aktionärenmassen nicht dagegen, warum dulden die Aktionäre, daß ihre Kapitalien und Ersparnisse progressiv zugrunde gerichtet werden, warum laufen in dieser gewitterschweren Zeit die Generalversammlungen glatt und friedlich ab und ertönen statt Proteste und Beschuldigungen — Lobgesänge und Dithyramben zu Ehren der Führer, mitunter unverschämter und gewissenloser Schwindler oder toller und leichtsinniger Projektenmacher?

Die Erklärung findet sich in derselben Ursache, in derselben psychischen Kraft, die in solchen Zeiten die Produktion und den Erfolg von Seifenblasen, die Gründung morscher Unternehmen, die begeisterte Aufnahme fauler Aktien seitens des Publikums herbeiführt.

Dieselbe von uns als Tendenz zur optimistischen Überschätzung von Chancen bezeichnete Kraft, die mißgestaltete Unternehmen ins Leben ruft, die Aktien solcher Unternehmen in Gold verwandelt, umgibt die Führer der schon errichteten Unternehmen mit einem Nimbus und begründet ihre Gewalt[1], läßt ihre Handlungen und ihre Pläne, die eine wirtschaftliche, ethische, ja selbst strafrechtliche Kritik nicht bestehen können, als geniale Gedanken, hohe Verdienste und Heldentaten erscheinen.

Der Kauf der zur Emission gelangenden Aktien eines haltlosen Unternehmens zu einem unangemessen hohen Kurse seitens der Nichtaktionäre, seitens des „Publikums“, und die begeisterte Gutheißung der unvernünftigen Handlungsweise der Führer seitens der Aktionäre, — sind Erscheinungen, die psychologisch genommen nah verwandt, fast identisch sind.

Dieser Satz mag prima facie unverständlich oder gar paradox erscheinen. Daß er trotzdem richtig ist, läßt sich unschwer feststellen, wenn man die psychologische Bedeutung und die Motive der Genehmigung einer unbegründeten Erhöhung des Grundkapitals, der Emission neuer, minderwertiger Aktien seitens der Generalversammlung in Erwägung zieht.

Das Unternehmen hat von Anbeginn an der übermäßigen Höhe seines Grundkapitals gelitten oder ist infolge nachträglicher Aktienemissionen usw. daran erkrankt. Der einzige Weg der Rettung des noch unversehrt gebliebenen Kapitals wäre die Einschränkung, die Reduktion. Die Führer legen indes der Generalversammlung neue „geniale“ Pläne betreffs Erweiterung der Operationen der Gesellschaft oder Einführung neuer Operationen vor, versprechen diesen Plänen einen ungeheueren Erfolg, fordern neue Kapitalien zu deren Ausführung, beantragen eine neue Emission, — die Generalversammlung genehmigt das Projekt mit Begeisterung, und wenn irgend ein Aktionär nachzuweisen versucht, daß keine Vergrößerung, sondern eine Reduktion des Unternehmens nottut, daß statt des Sieges die Zerstörung und der Ruin heranrücken, rufen seine Reden Lärm und Entrüstung bei den anderen Aktionären hervor, oder sie bleiben jedenfalls eine Stimme in der Wüste. Einstimmig oder mit überwältigender Mehrheit erfolgt die Genehmigung der neuen Emission, und die neuen Aktien — dem inneren Werte nach wertlose Makulatur — werden von den Aktionären und von den Führern eifrig und gierig erworben.

In diesem Falle vereinigen die in der Generalversammlung tagenden und die betrügerischen oder leichtsinnigen Anträge der Führer mit Begeisterung genehmigenden Aktionäre sozusagen zwei Eigenschaften in sich: erstens diejenige einer Person, die sich bereits im Besitze von Aktien befindet, die Eigenschaft des Aktionärs, zweitens die Eigenschaft eines Vertreters der Aktiennachfrage, der sich in dieser Beziehung von dem übrigen Publikum, dem die Aktien des betreffenden Unternehmens angeboten werden, von den Personen, die noch nicht in die Falle geraten sind, in nichts unterscheidet. Sollte es uns also oben (bei Besprechung der Anomalien in den Projekten neuer Unternehmen, bei der Erklärung der Ursache des Erfolges unsinniger Prospekte beim Publikum) gelungen sein, die Ursache des Erfolges eines unvernünftigen Gründertums und der Möglichkeit des Absatzes der Aktien von Seifenblasen-Unternehmen an das Publikum richtig festzustellen, so haben wir eo ipso auch die Ursache des seltsamen Verhaltens einer Generalversammlung gefunden, die für eine unvernünftige Erhöhung des Grundkapitals stimmt und den Emissionsbeschluß und die Aussicht auf Erwerb der neuen Aktien mit Freude begrüßt.

Ob die Anwärter zum Erwerb der neuen Aktien sich im Saale, wo die Generalversammlung tagt, als deren Mitglieder befinden, oder dort nicht anwesend sind und Aktien der früheren Emissionen nicht in Händen haben, ändert am Wesen der Sache, das im Bestreben besteht, die Aktien der Gesellschaft X, Serie Y zum Kurse von Z (der vielleicht 50 oder 90 % optimistischen Mehrwerts einschließt) zu erwerben, nicht das mindeste.

Übrigens können die Aktionäre, die in der Generalversammlung für eine objektiv sinnlose Erhöhung des Grundkapitals und die Begebung der neuen Aktien an die Besitzer der alten oder dgl. stimmen, sich durch zweierlei Motive leiten lassen:

1. Die einen befinden sich im Strome des Massenoptimismus, glauben fest an das objektiv glänzende Resultat der Erweiterung des Unternehmens und an den objektiv hohen Wert der alten und der neuen Aktien; sie schenken den Stimmen der Skeptiker, wenn sie solche zu hören bekommen, kein Vertrauen, sind sich der Abnormität der Lage nicht bewußt und sehen den unvermeidlichen Krach nicht voraus.

2. Die anderen begreifen vielleicht vollständig, oder sie ahnen zum mindesten, daß der hohe Kurs der Aktien in keinem Verhältnis zu deren reellem Werte steht, daß Dividenden, die den gegenwärtigen Kurs und dessen weitere Steigerung rechtfertigen würden, unter keinen Umständen zu gewärtigen sind, daß alles nur Fiktion und Illusion ist und die Katastrophe früher oder später hereinbrechen muß, durch die Erhöhung des Grundkapitals und die Emission neuer Aktien aber unvermeidlich an Umfang gewinnen wird. Folgt nun hieraus mit Notwendigkeit, daß diese skeptischen Aktionäre in einer der Genehmigung der neuen Emission geneigten Generalversammlung die Opposition bilden, daß sie düstere und bittere Reden halten und gegen den Antrag der Verwaltung stimmen werden? Keineswegs! Ihr Geldinteresse fordert jedenfalls gewöhnlich nicht nur nicht, daß sie die Rolle der Opposition und der Kassandra übernehmen, sondern veranlaßt sie vielmehr zu einer entgegengesetzten Haltung. Gerade diese Personen würden vielleicht mit besonderem Eifer über die Mitglieder der Versammlung herfallen, die den Mißerfolg der geplanten Maßnahme voraussagen, keine Erweiterung, sondern eine Einschränkung des Kapitals und des Unternehmens fordern usw. Wenn sie, trotz ihrer Skepsis in bezug auf das richtige Verhältnis zwischen dem an der Börse notierten Kurse und dem reellen Werte der Aktien, dennoch an der Generalversammlung teilnehmen, d. h. ihre Aktien *vor* dieser Generalversammlung nicht verkauft haben, so bedeutet dies, daß sie, wenn sie auch an den objektiven Erfolg des Unternehmens nicht glauben und den inneren Wert der Aktien negativ beurteilen, nichtsdestoweniger an den *Kurs* dieser Aktien, an deren Erfolg auf dem Markte, an der Börse, an die weitere Wirkung oder Steigerung der optimistischen Überschätzung glauben. Ob ihre Annahme dahin geht, daß der Kurs noch einige Jahre, Monate oder Tage bzw. nur noch einen Tag nicht fallen, vielmehr weiter steigen wird — ist gleichgültig. Es genügt, daß sie am Vorabend der Generalversammlung noch die Zuversicht haben, daß die Katastrophe am nächsten Tage nicht beginnen, daß das Behalten der Aktien sie jedenfalls am kommenden Tage nicht ruinieren wird, daß sie vielmehr übermorgen, nach einem Monat usw. (je nachdem, wann nach ihrem Dafürhalten der Kurs seinen Kulminationspunkt erreicht und die Krise, die Katastrophe eingesetzt haben wird) sich im Besitze eines Barbetrages befinden werden, der dem höchsten notierten Kurse gleichkommt. Solche

Personen werden natürlich jegliche die Gesellschaft und die Führer kompromittierenden Vorfälle in der Generalversammlung besonders befürchten, denn sie werden für jeden Vorfall dieser Art aus eigener Tasche bezahlen oder jedenfalls auf einen Teil der erwarteten Kursprämie verzichten müssen.

Ebenso auch die Börsenmänner und das übrige Publikum, das die Aktien der ersten oder die der weiteren Emissionen kauft, können zum Teil an den objektiv glänzenden Erfolg des Unternehmens, zum anderen Teil ausschließlich an den Börsenerfolg der Aktien glauben. Ob das Publikum die neuentstehenden Aktien ausschließlich aus dem Grunde aufkauft, weil es passiv der optimistischen Strömung folgt, oder zum Teil nur im Hinblick auf die Kursspekulation und Ausnutzung fremden Optimismus — verschlägt nichts: das Börsenbulletin reagiert auf diese beiden psychischen Erscheinungen in gleicher Weise, nämlich durch Kurssteigerung. Indem wir an Stelle der Börse, der Aktionäre überhaupt und der weiten Kreise des sich für die emittierten Aktien interessierenden Publikums, die Generalversammlung der Aktionäre setzen, die über die Emission und die Begebung der neuen Aktien verhandelt, werden wir vom psychologischen Standpunkt eine wesentliche Veränderung des Sachverhalts nicht herbeiführen, wir werden uns aber auf der anderen Seite augenscheinlich davon überzeugen, wie oberflächlich die Theorien sind, die das Wesen und die Wurzel des Übels in der künstlichen Gewalt der Führer, in den beschränkenden Bestimmungen der Statuten betreffend den Zutritt zu den Generalversammlungen und die Ausübung des Stimmrechts in denselben, in der Fälschung der Generalversammlungen selbst, in dem Mangel an Beredsamkeit, Energie und bürgerlichem Mut bei den Aktionären erblicken. Über die weiten Kreise des Publikums haben ja die Gründer, die Direktoren, die Aufsichtsratsmitglieder keinerlei künstliche Gewalt; sie veranstalten keinerlei fiktive Abstimmungen und Generalversammlungen des Börsen- und des übrigen Publikums, sie können keinerlei Willkür gegen dieses üben und ihm gegen seinen Willen nichts aufdrängen.

Das über die Beschlüsse von Generalversammlungen über die Erhöhung des Grundkapitals Gesagte läßt sich auch auf andere objektiv unvernünftige Generalversammlungsbeschlüsse anwenden, die typisch wiederkehren und die Theoretiker des Aktienwesens in den Epochen von Aktienepidemien in Erstaunen versetzen.

Der Schwerpunkt der Anomalien und der gemeinsame pathologische Charakterzug des Verhaltens der Aktiengesellschaften (der Führer und der ihnen zustimmenden und ihre Handlungsweise billigenden Generalversammlungen der Aktionäre) besteht darin, daß dieses Verhalten nicht auf die ruhige, ernste und dauernde Entwicklung des Unternehmens berechnet ist, sondern vielmehr auf den unmittelbaren, fiktiven Erfolg und Effekt, auf die Verschleierung der schlechten Geschäftslage und eine rein äußerliche, oft betrügerische Demonstration glänzender Verhältnisse. Mit einem Worte, alles ist darauf abgesehen, die Börse, überhaupt den Aktienmarkt zu beeinflussen. Der Hauptzweck und das Grundprinzip des Verhaltens besteht nicht sowohl in der Erzielung einer dauernden Rentabilität des Unternehmens, als vielmehr in der Erreichung eines künstlich hohen Kurses, der Kapitalprämien auf die bisherigen Aktien gewährt, oder wenn möglich in der Einsammlung einer neuen Ernte mittels Ausgabe einer neuen Aktienserie.

Daß dies das Hauptmotiv und die Quintessenz der aktienpolitischen Weisheit der Führer ist, versteht sich von selbst. Nicht minder begreiflich ist aber, nach dem oben Ausgeführten, daß sie Hilfe und Unterstützung bei den Generalversammlungen finden, daß die Aktionäre die fiktiven Bilanzen, auf Grund deren fiktive Dividenden aus dem Kapital verteilt werden, nicht beanstanden, daß die Generalversammlungen gegen die Agiotage, gegen künstliche Reklame nicht protestieren, die riskantesten spekulativen Projekte genehmigen und überhaupt in Gemeinschaft mit den Führern das gesamte Unternehmen in den Abgrund hinabziehen.

Auch hier sind die Aktionärenmassen aufrichtig davon überzeugt, daß ihre in Aktien angelegten Kapitalien sich demnächst rasch vergrößern, ja vervielfachen müssen. Zum Teil wirkt hier aber, statt eines aufrichtigen Optimismus, die Spekulation auf den Optimismus anderer.

Jedenfalls wäre es aber fehlerhaft, die Sache so aufzufassen, als ob eine Gruppe von Führern, eine unbedeutende Minderheit, entgegen dem Willen und den Absichten der Mehrheit in der Gesellschaft schalte und walte. Im Gegenteil, je schärfer und krankhafter die Spekulationsorgie zu einer gegebenen Zeit sich gestaltet, je mehr die Verwaltung des betreffenden Unternehmens auf die Galvanisierung einer wirtschaftlichen Leiche hinausläuft, je stärker der Ruin sich in den krampfhaften Zuckungen des

Unternehmens ankündigt, um so größer ist die Popularität der geschickten Führer, um so mehr huldigen ihnen die morituri.

Auch hier können wir die Haltung der Aktionärenmassen gegenüber den Führern ihrer Gesellschaften und die Haltung der Börse, des Aktienmarktes im allgemeinen, gegenüber den Aktien der betreffenden Gesellschaft einander gleichstellen. Der Kauf einer Aktie zum optimistischen Kurse und die in der Generalversammlung erfolgende Abstimmung zugunsten der Verwaltung — sind vom psychologischen Standpunkt aus gleiche Erscheinungen. Der Kauf der Aktien bedeutet in gewissem Sinne eine Billigung der vorangegangenen Handlungen der Führer und ein Vertrauensvotum für die künftigen Handlungen dieser Personen.[*])

Insofern die optimistische Tendenz zu einer gegebenen Zeit wirksam ist, verursacht diese Kraft nicht allein das Emporschnellen der Aktienkurse auf dem Aktienmarkte, sondern sie verschafft auch den Führern Thron und Zepter innerhalb der Gesellschaft.

Wir hatten schon oben gesehen, daß im Augenblick, wo die Reaktion einsetzt, wo der optimistische Mehrwert dahinschwindet, auch die gesamten Mittel und Faktoren, mit denen die gemeine Theorie die Führer zwecks Erklärung ihrer künstlichen Herrschaft ausrüstet, sich als unzureichend erweisen, um ihnen den von der optimistischen Tendenz errichteten Thron zu erhalten, und viele von ihnen nicht einmal vor der Anklagebank retten.

Es ist natürlich und begreiflich, daß je intensiver und extensiver sich die Herrschaft und der Triumph der Gründer und Führer während der Hochkonjunktur gestaltete, um so eklatanter ihre Niederlage in der Zeit des Kursrückganges, um so schroffer der Übergang von der Popularität, dem Ruhme und der Macht, die sie bei dem Aktienpublikum genossen hatten, zur Demütigung, zur Verachtung und zum Hasse ist, denen sie nunmehr bei demselben Publikum begegnen.

---

[*]) Sowohl der Kauf der Aktien der betreffenden Gesellschaft seitens des Publikums als auch die Stimmabgabe zugunsten der Direktoren seitens der Aktionäre decken und sanktionieren (erteilen Decharge) nicht nur spezifische und typische Aktienanomalien, sondern auch verschiedene Versehen beziehungsweise Mißbräuche im Bereiche der Gründung oder der Verwaltung eines Unternehmens, die einen mehr zufälligen und individuellen Charakter haben. Angesichts der erwarteten fabelhaften Prämien erscheinen selbst objektiv bedeutende und gemeinkundige Defekte und Mängel der Verwaltung, z. B. deren übertrieben hohe Kosten, als kaum nennenswerte Kleinigkeiten.

VIII.

Wahre Bedeutung und wesentliche Funktion der Generalversammlung.

Oben waren wir zur Klarstellung der Rolle der Generalversammlung und des Verhaltens der Aktionäre in ihr von der Unterscheidung ausgegangen zwischen dem Anfangsstadium im Leben einer gegründeten Gesellschaft, in dem die Gruppe der Führer im Hinblick auf die Verteilung der Aktien die Mehrheit ausmacht, und dem späteren Stadium, in dem die Herrschaft der Führer, sofern eine solche fortbesteht, aus einer „juristischen“ zu einer „psychologischen“ wird. Mit dieser Unterscheidung hatten wir eine andere kombiniert, wir hatten es nämlich versucht, darzulegen, daß die Herrschaft der Führer, bei aller Verschiedenheit ihrer Natur und ihrer Ursachen je nach dem Lebensstadium des Unternehmens, noch keineswegs die Frage betreffend die Gediegenheit seiner Leitung und der Beschlüsse der Generalversammlungen im voraus entscheidet, sondern vielmehr im allgemeinen eine sehr verschiedene Richtung erhält und sehr ungleiche, ja geradezu entgegengesetzte Ergebnisse zeitigt, je nachdem, wie der Zustand der Massenpsychik zur gegebenen Zeit beschaffen ist.

Zu den von diesen Gesichtspunkten aus festgestellten Theoremen ist noch folgendes hinzuzufügen:

Wir hatten schon zu Beginn unserer Untersuchung darauf hingewiesen, daß ceteris paribus dasjenige Element, welches das Aktienwesen mit der Lotterie, dem Totalisator usw. gemein hat und welches dieselbe eigentümliche psychische und ökonomische Erscheinung herbeiführt, die auch auf dem Gebiete des Spieles zutage tritt, sich auf die Anfangsstadien der Entwicklung und des Bestehens des Aktienunternehmens und des Umlaufs der Aktien konzentriert, dann aber allmählich nachläßt und an Bedeutung verliert. Denn Chancen für Erlangung großer Kapitalprämien, für Verdoppelung, Verdreifachung ... des Kapitals durch den Kauf der betreffenden Aktien, können nur am Anfang der Entwicklung eines Unternehmens bestehen: nur junge Aktien bieten gewöhnlich ihrem Erwerber glänzende Hoffnungen, indem sie eine unbekannte Größe enthalten, an deren Stelle die optimistische Phantasie fabelhafte Dividenden und Kapitalprämien setzen kann. Demgegenüber sind Aktien eines gesetzteren Alters in der großen Mehrzahl der Fälle uninteressant; die unbekannte hat sich in eine ziemlich bestimmte Größe verwandelt, die Lotterie ist schon ausgespielt, die Prämien, jedenfalls die größten Prämien sind bereits verteilt, die Bestimmung des Kapital- und des Ertragswertes der Aktien erfolgt nunmehr nicht sowohl auf Grund von Erwartungen, Erwägung der Chancen eines zukünftigen Erfolges, als vielmehr auf Grund wirklicher Tatsachen, z. B. einer einförmigen und langweiligen Reihe der sich Jahr aus Jahr ein wiederholenden Dividendenziffern. Solche Aktien sind uninteressant nicht nur in dem Falle, daß eine bescheidene Dividende, z. B. 5 oder 6 %, sich als ständig wiederkehrend erwiesen hat, sondern auch in dem Falle, daß die bei der Entstehung der Gesellschaft gehegten glänzenden Erwartungen sich bestätigt haben und die Aktien z. B. 20 % Dividende und darüber ergeben. Auch solche Aktien versprechen nämlich ihrem Erwerber eine nur sehr mäßige Verzinsung seines Kapitals, weil ihr Kurs eine der Dividende angemessene Höhe erreicht hat. Hieraus folgt, daß bei Gleichheit jener Faktoren, die wir im vorangegangenen Kapitel berücksichtigt hatten (Verteilung der Aktien und Zustand der Massenpsychik) noch das Alter der Aktiengesellschaft für deren Leben und Verhalten von wesentlicher Bedeutung in dem Sinne ist, daß es die individuelle (speziell auf die betreffende Aktiengesellschaft bezügliche) Psychik beeinflußt. Im einzelnen können wir als allgemeine Regeln folgende Sätze aufstellen:

1. Die gesamte spezifische Aktienpathologie verschiedener Art, die wir vorhin kennen gelernt haben und die durch die gemeinsame Ursache — die Tendenz des optimistischen Mehrwerts erzeugt wird, konzentriert sich hauptsächlich auf die Anfangsstadien des Lebens der Aktiengesellschaft.

2. Jede Aktiengesellschaft, auch diejenige, die zuerst anormale Neigungen an den Tag legt, sich unruhig oder gar unsinnig gebärdet, weist die Tendenz auf, im Laufe der Zeit eine rationelle, solide Bahn zu beschreiten. Die typischen Sünden der Aktiengesellschaft sind hauptsächlich Jugendsünden und entspringen einer überquellenden Lebhaftigkeit des Temperaments, die in reiferen Jahren zu verschwinden strebt.

Aktien, die den Spielreiz eingebüßt, die keine großen Kapitalprämien, sondern nur eine gleichbleibende mäßige Dividende versprechen, gelangen naturgemäß in die Hände von Personen, die

Bedarf für solche Ware, d. h. für Material zur dauernden rentablen Anlage ihres Kapitals, haben. Aktien, die ein lebhaftes spekulatives Interesse erregen, Chancen großer Kapitalprämien einschließen, eilen als Spielobjekt von Hand zu Hand; indem sie aber des Hazardelements verlustig gehen, sich mit der Zeit dem Typus der zinstragenden Wertpapiere ohne Prämien nähern, lagern sie sich in immer größeren Mengen in „festen Händen" ab. Eo ipso schwindet aber auch die krankhafte Richtung des Betragens der Aktiengesellschaft und wird durch eine Richtung ersetzt, wie sie bei Nichtvorhandensein des Massenoptimismus beziehungsweise beim Vorhandensein der pessimistischen Tendenz auf dem Gebiete des Aktienwesens obzuwalten pflegt. Nehmen wir an, daß sämtliche Aktien einer Aktiengesellschaft in „feste Hände" geraten sind. Ob nun all diese „festen Hände" den Direktoren, Aufsichtsräten usw. fremd sind, oder ein größerer oder kleinerer Teil der Aktien den Führern gehört — ist gleichgültig: die Interessen sämtlicher Aktionäre als solcher sind die Interessen fester, ständiger und ruhiger (vom Spieloptimismus nicht beherrschter) Aktionäre, d. h. sie weichen von den rationellen Interessen des Unternehmens nicht ab, sondern stimmen mit denselben vollkommen überein, so daß eine dem normalen und gesunden Geschäftsbetriebe günstige Psychologie entsteht.

Setzt man nun voraus, daß trotz des Überganges sämtlicher Aktien in feste Hände die Führer aus irgend welchen Gründen sich der nunmehr herrschenden ruhigen Psychologie nicht anpassen, sondern vielmehr eine Richtung verfolgen, die der Psychologie des Spekulationsfiebers und des Spieloptimismus entspricht, so wird in der betreffenden Gesellschaft dieselbe Erscheinung eintreten, die in epidemischer Form zur Zeit der Massenreaktion gegen die optimistischen Übertreibungen beobachtet werden kann, nämlich eine Empörung der Aktionäre und die Absetzung der Führer.

Bei der Voraussetzung des Überganges sämtlicher Aktien in feste Hände ist ein Verhalten der Aktiengesellschaft und eine Richtung der Beschlüsse der Generalversammlung, wie sie während eines Aktienfiebers als dessen Produkt auftreten, nicht nur nicht möglich, sondern es muß vielmehr meiner Überzeugung nach im Durchschnitt der entgegengesetzte Fehler in der Richtung und im Charakter der Generalversammlungsbeschlüsse und dem Geschäftsbetriebe überhaupt sich geltend machen; es muß nämlich, statt des Fiebers, gewagter spekulativer Pläne, statt Verschwendung und Flitterglanzes, eher ein größerer Konservatismus, mehr Ängstlichkeit, Geiz usw. zum Vorschein kommen, als bei einem durchschnittlichen Individual- (Privat-) Unternehmen, weil die Masse unbeweglicher und konservativer ist als das Individuum.

Die Voraussetzung, von der wir einstweilen ausgegangen waren (der Übergang aller Aktien eines Unternehmens ohne Ausnahme in feste Hände) tritt natürlich in Wirklichkeit nicht besonders oft ein. Zur praktischen Bewährung der von uns aus dieser Voraussetzung gezogenen Schlüsse ist es aber auch gar nicht nötig, daß alle Aktien ohne Ausnahme in feste Hände gelangen. Es genügt, wenn dies bei der überwiegenden und ausschlaggebenden Mehrzahl der Aktien zutrifft. Dieser Zustand wird aber in den meisten Fällen schon durch den Ablauf einer gewissen Zeit nach der Gründung auf natürlichem Wege herbeigeführt.[1])

[1]) Einzelne Ausnahmen sind natürlich nicht ausgeschlossen. Das allgemeine „Gesetz“, die allgemeine Tendenz haben ihren Grund darin, daß mit dem Bekanntwerden der Rentabilität und der faktischen Offenbarung des inneren Wertes der Aktie, diese letztere das Lotterie-, das Hazard-Element einbüßt und aufhört, eine unbekannte Größe zu sein. Hieraus folgt, daß je schneller und bestimmter die Rentabilität an den Tag tritt, um so schneller auch der Übergang der Aktien in feste Hände erfolgt, so daß sowohl in bezug auf die Geschwindigkeit dieses Vorgangs als auch in bezug auf die Vollkommenheit und Kraft seiner Wirkung in einzelnen Fällen unzählige Gradationen möglich sind. Insbesondere kann es Gesellschaften geben, deren Aktien nach Verlauf von zehn und mehr Jahren das Prämienelement noch in solchem Maße bewahrt haben, daß sie zum größten Teil fortfahren, als Material für die Börsenspekulation zu dienen. In Wirklichkeit sind es aber jedenfalls Ausnahmeerscheinungen. Selbst wenn der Charakter des Unternehmens ein spekulativer ist, pflegt in der Regel nur ein gewisser Teil der Aktien lange oder stets Gegenstand des Spieles zu bleiben, während die Mehrzahl der Aktien am Ende doch vom Spielhorizont verschwindet. Unser Satz aber bewahrt, als eine Formel, die eine allgemeine ökonomische Tendenz ausdrückt, seine Gültigkeit selbst in den erwähnten Ausnahmefällen. Auch in diesen Fällen läßt sich immer noch eine erste Periode der Erregung und die spätere Periode der Beruhigung unterscheiden. In der Tat, wenn nach der Eigenheit des Unternehmens die Dividende in hohem Maße eine Unbekannte darstellt, weil etwa geringe Schwankungen im Preise des Produktes (z. B. Petroleum) starke Schwankungen der Dividende verursachen, so daß ein bedeutender Teil der Aktien der Börse zuströmt beziehungsweise diese nicht verläßt, und abgesehen von den natürlichen auch noch künstliche Kursschwankungen eintreten, die betreffenden Aktien überhaupt in großen Mengen und in hohem Maße als beliebtes Objekt des Spieles, ja sogar der Agiotage fungieren — so kann folgendes behauptet werden: Wenn jetzt, nach längerem Bestehen und nach Konsolidierung

Demgemäß haben, parallel mit den von Zeit zu Zeit in dem einen oder in dem anderen Lande stattfindenden allgemeinen Aktienkrisen, die sich aus einer starken Steigerung der optimistischen Tendenz und der darauf folgenden Reaktion und Fortschaffung der in der Zeit der Haussebewegung erzeugten Abfälle des Aktienwesens zusammensetzen, auch einzelne Gesellschaften in der Regel ihre individuelle Krisis, bestehend in der abnormen Erregung der Anfangsperiode und der darauf folgenden Konsolidierung, durchzumachen.

Daß diese beiden Reihen von Erscheinungen nicht bloß eine theoretische Analogie aufweisen, sondern vielmehr praktisch in stärkster Wechselwirkung begriffen sind, ergibt sich aus der ganzen obigen Darstellung. Gesellschaften, die in der Epoche der Enttäuschung und des Pessimismus gegründet werden, benehmen sich im allgemeinen von Anfang an ruhig und gesetzt. Viele der in der Fieberperiode gegründeten Gesellschaften machen eine zu akute individuelle Krisis durch, als daß es ihnen möglich wäre, zu gesunden; sie erleben den normalen Übergang der Aktien in „feste Hände" überhaupt nicht und gehen in den Tagen des allgemeinen Krachs zugrunde. Andere reorganisieren sich rasch mit dem Eintreten der allgemeinen Reaktion, scheiden die untauglichen Elemente aus (wechseln ihre Direktion, reduzieren ihr Kapital, verzichten auf spekulative und riskante Operationen) und geraten sozusagen mit einemmal und zu ihrem eigenen Erstaunen, nicht infolge allmählicher Beruhigung, auf den normalen Weg. Schließlich pflegen viele Gesellschaften, die vor der Krisis gegründet wurden und Zeit hatten, einen normalen und soliden modus procedendi bei sich einzuführen, beim Ausbruch des Fiebers abermals eine mehr oder weniger starke Krisis durchzumachen.

---

des Unternehmens der Wert der Aktien immer noch sehr problematisch ist, wie spekulativ müssen diese Aktien gewesen sein zu einer Zeit, wo, abgesehen von dem zukünftigen Preise der Ware, noch so manches andere, was jetzt mehr oder weniger feststeht (verschiedene Produktionsverhältnisse, die Qualität der Ware, andere Absatzverhältnisse außer der Preisgestaltung usw.) noch ungeklärt war und eine unbekannte Größe darstellte. Um welches Unternehmen es sich auch immer handeln mag, stets werden die Aktien vor oder bald nach der Gründung das Hazardelement in größerem Verhältnis enthalten, als nach fünf oder zehn Jahren faktischer Rentabilitätsprüfung und Erprobung der Solidität des Unternehmens.

Wie dem auch sei, uns interessiert die allgemeine Massentendenz, die „Gesetze", und nicht die besonderen Eigenheiten einzelner Unternehmen.

Aktien, die von dem Börsen- und dem Markthorizont überhaupt verschwunden waren, verlassen die festen Hände und werden zuerst oder wieder in den Spielstrudel hineingezogen. Dadurch wird die Zusammensetzung der Generalversammlungen und der in ihnen herrschende Geist beeinflußt, was mitunter die Verabschiedung der bisherigen Direktoren bzw. eine Verschlechterung ihres Betragens usw. nach sich ziehen kann. Übrigens deduktiv und auf Grund statistischer Zahlen zu urteilen, üben derartige nachträgliche Krisen auf Unternehmen, die vor Ausbruch des epidemischen Fiebers gegründet wurden und sich konsolidiert hatten, im allgemeinen keine besonders zerstörende Wirkung aus.

So waren z. B. während der Gründungsepoche der 70er Jahre in Deutschland unzweifelhaft auch alte Gesellschaften und deren Aktien im großen und ganzen der allgemeinen Ansteckung nicht entgangen; nichtsdestoweniger hatten aber im Verlauf der Krisis (bis 1884) im ganzen nur 15 % derselben liquidiert (von den in Preußen vor dem Jahre 1871 gegründeten 203 Gesellschaften liquidierten nämlich zur Zeit der allgemeinen Reaktion nur 30). Ein weit höherer Prozentsatz von Liquidationen hat sich bei den jüngeren Gesellschaften ergeben; so haben z. B. von den 478 im Jahre 1872 gegründeten Gesellschaften 138, d. h. prozentual fast doppelt soviel liquidiert; von den 162 im Jahre 1873 gegründeten Gesellschaften sind 67, d. h. über 41 % zur Liquidation geschritten; von den 30 Gesellschaften, die 1874 gegründet worden waren, liquidierten 14, d. h. fast die Hälfte.[2]) Ein hiermit übereinstimmendes Zeugnis legen auch die Ziffern ab, die auf die nachträgliche Reduktion von unverhältnismäßig hohem Grundkapital Bezug haben. Die nachträgliche Erhöhung des Grundkapitals hatte überhaupt in den 70er Jahren einen recht epidemischen und akuten Charakter angenommen. Durch aufeinander folgende Neuemissionen wurde während der verhältnismäßig kurzen Dauer der Haussebewegung das ursprüngliche Grundkapital mitunter um das Elffache, Zwölffache, ja Dreißigfache erhöht.[3]) (Womit beschäftigen sich die Generalversammlungen der Aktionäre!!) Von den 176 Gesellschaften aber, die sich während der pessimistischen Reaktion ernüchtert und ihre Kapitalien wiederum reduziert haben, waren 148 in den Jahren 1871 bis 1873 gegründet.[4]) Mit Rück-

[2]) Reichstagsmat. 5. Legisl.-Per. IV. Session, 1884, Nr. 21 S. 48.

[3]) Reichstagsmat. l. c. S. 47.

[4]) Eodem S. 48.

sicht darauf, daß zahlreiche der damals gegründeten Gesellschaften unmittelbar nach der Ernüchterung zu einer radikaleren Maßnahme als zur Reduktion, nämlich zur Liquidation schritten, ist es klar, daß die alten Gesellschaften sich auch während der Epidemie verhältnismäßig vernünftig verhalten haben, während der Unfug hauptsächlich in den Generalversammlungen der neugeborenen Gesellschaften getrieben wurde.

Das Obige bestimmt unseren Standpunkt in bezug auf die Rolle und die Funktion der Generalversammlungen. Unsere Ansicht geht dahin, daß die Generalversammlungen der Aktionäre im allgemeinen den Willen und die Interessen der Mehrzahl der Aktionäre widerspiegeln. Die herrschende Theorie, die den mitunter gewaltigen Massen von Aktionären, ihren Wünschen und Interessen die Rolle eines Spielballs in den Händen einer kleinen Gruppe von Führern zuschreibt, befindet sich im Irrtum. Wir wissen wohl, daß gegenüber der fest eingewurzelten und zum Axiom gewordenen entgegengesetzten Ansicht, unsere Meinung speziell dem in der Aktienliteratur mehr oder weniger Belesenen naiv oder seltsam vorkommen mag. Doch diese Bezeichnungen dürften nach unserer Überzeugung in bezug auf die gemeine Theorie mehr angebracht sein. Es ist jedenfalls natürlicher davon auszugehen, daß, da sich die Generalversammlung aus Aktionären zusammensetzt, die nach der Stimmenmehrheit entscheiden, sie dementsprechend auch ihre Beschlüsse den Ansichten und den Wünschen der Mehrzahl der Aktionäre gemäß zu fassen pflegt. Und da die Generalversammlung über die Schicksale und die Richtung des Unternehmens, insbesondere auch über das be or not to be der zur Zeit der Generalversammlung vorhandenen Direktion entscheidet und sie in wenigen Augenblicken des Amtes entheben und über Bord werfen kann, so muß man füglich annehmen, daß die Führer die Stimmung und die Bestrebungen der Mehrheit aufmerksam verfolgen und ihrer eigenen Sicherheit wegen ihre Tätigkeit danach abstimmen, und nicht umgekehrt. Dies ist keine naive, sondern eine einfache und natürliche Logik. Die entgegengesetzte Meinung ist aber unnatürlich. Auf ihr lastet das onus probandi; sie bedarf, um Überzeugungskraft zu gewinnen, besonderer zureichender Gründe. Dem äußeren Anscheine nach werden solcher mehr als genug angeführt, — eine ganze Sammlung. Doch schon die große

Zahl dieser Gründe erregt Verdacht. In der Wissenschaft ist es gewöhnlich so, daß wenn die Ursache irgend einer Erscheinung nicht ermittelt werden kann, eine ganze Sammlung von Ursachen angefertigt und die ganze Kollektion sorgsam bewahrt und eifrig vermehrt wird, weil man das instinktive Bedürfnis empfindet, sich an jeden Strohhalm zu klammern, um nicht zu ertrinken.

Überdies sind die angeführten Gründe derart, daß es nicht einmal ihrer Gesamtheit bedarf, um die völlige Untauglichkeit und Schädlichkeit des ganzen Instituts des Aktienrechts darzulegen. Und diese Gründe, selbst einzeln, geben den Führern eine so große, feste und dauernde Gewalt, daß die Mitglieder der Verwaltung anläßlich der Erwähnung der Bedeutung der Generalversammlung und der ihnen von dieser etwa drohenden Gefahr, in der Generalversammlung selbst lachen dürfen. Doch rira bien qui rira le dernier. Es ist uns nicht bekannt, wie es demjenigen Direktor, dessen Heiterkeit als Argument zur Unterstützung der herrschenden Lehre gebraucht wird, nach dem Jahre 1873 ergangen ist. Es kann aber mit Sicherheit behauptet werden, daß ein derartiger Zwischenfall im Jahre 1875 z. B. nicht möglich gewesen wäre. Jedenfalls ist für die Führer nach dem Karneval der Jahre 1871—1873 bald die Fasten- und Bußzeit eingetreten.

Mit ihrem Katalog von Gründen zugunsten der Machtvollkommenheit und absoluten Herrschaft der Direktoren usw. hat die herrschende Lehre eine Sammlung k o n s t a n t e r, u n a b ä n d e r l i c h e r, sozusagen organischer Ursachen für die Herrschaft einer kleinen Gruppe von Führern über die großen Massen der Aktionäre geschaffen. Das ist ein recht merkwürdiges Versehen, wenn man bedenkt, daß jene umfangreiche Literatur, auf der die Theorie dieser Art von sozialen Erscheinungen bisher beruht, gerade während der Epoche der Niederlagen der Direktoren, der Gründerprozesse usw. entstanden ist. In einer Zeit der Enttäuschungen zustandegekommen, urteilt die Literatur merkwürdigerweise auf Grund der Erscheinungen der vorangegangenen Epoche der Illusionen.

Psychische Gewalt über die Menge können einer oder wenige im allgemeinen nur erlangen, indem sie sich dieser Menge unterwerfen, d. h. sich an ihre instinktiven oder bewußten Anschauungen und Wünsche anpassen. Daß dies dem Herrschenden gewöhnlich nicht zum Bewußtsein kommt, er sich vielmehr im Glauben befindet, die Menge sei i h m untertan und nicht er der Menge, ist zwar psychologisch ganz naturgemäß, verursacht aber mitunter recht unangenehme Überraschungen und Enttäuschungen.

Wir sind also der Ansicht, daß die Führer im allgemeinen die Anschauungen und Wünsche der Aktionärmassen zur Richtschnur nehmen und sich durch sie regieren lassen, wenn es ihnen auch vorkommen mag, als sei es umgekehrt.

Damit ist aber nicht gesagt:

Erstens, daß — dergestalt durch die in der Aktionärenmenge vorherrschenden Anschauungen und Bestrebungen bestimmt, — das Gebaren und der Betrieb eines Unternehmens gediegen und rationell seien. Das Angebot dieser oder jener Maßnahmen von seiten der Führer muß dem Charakter der seitens der Aktionärenmassen geltend gemachten Nachfrage entsprechen; diese Nachfrage ist aber nicht immer rationell. Während eines Aktienfiebers bringt es die optimistische Tendenz mit sich, daß die Aktionärenmassen nach Giftmitteln verlangen. Die Führer bieten dienstfertig die geforderten schädlichen Präparate. Das ist es eben, was die Illusion entstehen läßt, als besäßen die Führer eine so hohe Gewalt, daß sie den Willen und die Interessen der großen Mehrzahl zum besten haben und ihr alles Mögliche aufnötigen könnten. Weil ihre Maßnahmen und ihre Pläne den Aktionärenmassen objektiv schädlich sind, erweckt es eben den Anschein, als ob sie den Massen subjektiv aufgenötigt würden. Immerhin kann man als allgemeine, normale Regel den Generalversammlungen eine läuternde und ordnende Funktion zugestehen. Da unter normalen Verhältnissen die Aktien nach Ablauf einer gewissen Zeit nach der Gründung sich in festen Händen ablagern, so hat die Nachfrage der Generalversammlung, selbst wenn sie anfangs einen unruhigen und krankhaften Charakter an den Tag legte, die Tendenz, eine gesunde zu werden. Die Führer sind genötigt, entweder die neue Lage rechtzeitig wahrzunehmen und ihr Temperament (das bis dahin in den Generalversammlungen einen geeigneten Boden und Unterstützung fand) zu zügeln, oder sich zurückzuziehen und neuen, der veränderten Psychik der Aktionäre entsprechenden Leuten Platz zu machen.

Zweitens, daß die Generalversammlung das „subjektive Unternehmungselement" im gewohnten Sinne vertrete. Wir bilden uns nämlich gar nicht ein, die Generalversammlung sei berufen und imstande, das Unternehmen tatsächlich zu verwalten, den Betrieb im einzelnen zu kontrollieren, insbesondere die Prüfung der

Buchungsposten vorzunehmen, genaue Pläne dieser oder jener Operationen zu entwerfen, das technische Arbeitspersonal zu werben usw. Die Generalversammlung ist ein vielköpfiges, zugleich aber sozusagen ein kopfloses Wesen; zur Ausübung der Funktion eines Verwaltungsorgans oder selbst einer Oberverwaltungsbehörde ist sie im allgemeinen nicht geeignet.

Die Funktion der Generalversammlung ist unserer Ansicht nach hauptsächlich eine negative und zwar wenig komplizierte; sie besteht darin, daß wenn zwischen der Handlungsweise der Direktion und den Interessen der Massen der Aktionäre eine wesentliche Disharmonie entsteht, die Generalversammlung dagegen durch Grollen und Empörung reagiert.

Der normale Mechanismus der Verwaltung und der Tätigkeit einer Aktiengesellschaft erscheint uns wie folgt. Die Verwaltung und Betriebsleitung, die Ausarbeitung und Durchführung von Plänen besorgt die Direktion, hauptsächlich sogar eine einzelne Person, ein Mitglied des Verwaltungsrats, der Generaldirektor. Hier konzentriert sich das sog. „subjektive Unternehmungselement", die Seele und der Geist des Unternehmens. Wir scheiden hierbei nicht einmal diejenigen Akte und Maßnahmen der Oberleitung aus, die der Form nach seitens der Generalversammlung erfolgen. Auch solche Beschlüsse werden bei normaler Sachlage in der Generalversammlung lediglich legalisiert, sie werden aber in der Generalversammlung nicht ausgearbeitet, und die Generalversammlung ist auch nicht der Ort für deren sachgemäße Ausarbeitung. Wir können unseren Gedanken zur größeren Anschaulichkeit mit denselben Worten zum Ausdruck bringen, wie sie in der Literatur zur Äußerung der Quintessenz der negativen Kritik der Generalversammlungen gebraucht werden: Die normale Aufgabe der Generalversammlung besteht in der Genehmigung des im voraus (wenn nicht schon schriftlich, so doch im Kopfe der leitenden Hauptperson) abgefaßten Protokolls dieser Generalversammlung, d. h. die normale Funktion der Generalversammlung ist nicht bloß, sondern soll in diesem Sinne auch sein — eine rein formale. Man braucht sich darüber gar nicht zu entrüsten. Es dürfte für ein industrielles, ein Bankunternehmen oder dgl. vielmehr von Nachteil sein, wenn aus der Mitte der Aktionärenmenge positive Einmischungen in die Leitung des Betriebes erfolgten. Dies würde nur Konfusion herbeiführen und die energische und talentvolle Durchführung komplizierter Pläne, die feine Berechnung und Ausnutzung der Konjunkturen unmöglich machen; die Folge davon wäre die Inkonsequenz und Unstätigkeit im Geschäftsbetriebe, die Abneigung der anderen Unternehmer, mit einem Unternehmen in Verbindung zu treten, das heute eine Richtung verfolgt, morgen aber infolge eines Vorschlages aus der Mitte der Aktionäre seinen Kurs ändern wird. Einem derartigen Unternehmen würde der Geist und die Seele des Unternehmers fehlen, denn die an der Spitze der Verwaltung stehende Person würde nicht die Sicherheit und Freude des objektiven Erfolges empfinden, sich nicht für das materielle Ergebnis des Betriebes verantwortlich fühlen, sondern nur für die gehorsame Ausführung der von der Generalversammlung gemachten Vorschläge. Eine wahrhaft initiativereiche und gediegene Betriebsleitung produktiver Unternehmungen, und die aktive Teilnahme der Generalversammlungen an dieser Funktion halten wir prinzipiell für unvereinbar.

Die Generalversammlung soll demgemäß unter normalen Verhältnissen eine „leere Formalität", eine „Komödie" sein. Das widerspricht keineswegs der obendargelegten Theorie. Nehmen wir an, daß infolge der Ungeschicklichkeit, Nachlässigkeit, des zügellosen spekulativen Projektierens, der Unehrlichkeit oder dergl. Eigenschaften des Leiters oder der Leiter eines Unternehmens, dieses auf Abwege zu geraten beginnt, beziehungsweise die einmal betretene falsche Bahn (die früher vielleicht der Spielsucht der Aktionärenmassen entsprach, gegenwärtig aber einen Mißklang bildet, der mit Rücksicht auf den Zustand der Aktionärenpsychik völlig unmotiviert ist) weiter verfolgt, daß die Geschäfte schlecht gehen und die Verhältnisse des Unternehmens in Zerrüttung gelangen. Alsdann fordern und erwarten wir von der Generalversammlung, daß sie sich aus einer leeren Formalität in eine reelle, für die derzeitige Verwaltung furchtbare und zerstörende Gewalt verwandele. Ein Ausbruch der öffentlichen Entrüstung und die Niederwerfung der Vertreter des verderblichen Regimes muß stattfinden.

Dies geschieht in der Regel nicht, ohne daß vorher Anzeichen der beginnenden Gärung und des nahenden Unwetters sich bemerkbar machen, nicht ohne daß in vorherigen Generalversammlungen, in verschiedenen gesellschaftlichen Gruppen, in der Presse Stimmen der Unzufriedenheit und Mißbilligung laut werden. Man agitiert, es kommen (zunächst erfolglose) Verschwörungen gegen die augenblickliche Direktion und zugunsten der Wahl bestimmter anderer Personen zustande. Wenn die Führer auf diese Warnungen keine Rücksicht nehmen, wenn sie sich zum Beispiel einbilden, ihre Macht durch Fälschung der Generalversammlungen usw. bewahren zu können und dementsprechend auch ihren modus procedendi nicht radikal ändern, so verschmelzen die einzelnen Unzufriedenheitsströme zu einer elementaren Kraft, es bildet sich sozusagen eine akute Entzündung der Psychik der Aktionärenmassen — die Geduld der Massen reißt, und die zur Zeit am Ruder befindliche Direktion fliegt in die Luft.

Die Generalversammlung ist das Sicherheitsventil des Unternehmens für den Fall des Eintritts einer scharfen Dissonanz zwischen den Interessen und den Wünschen des Aktionärenpublikums einerseits und dem Vorgehen der Direktion andererseits.

Für die Führer ist die Generalversammlung ein memento und die Quelle eines psychischen Druckes, der sie dazu veranlaßt, ihre Handlungsweise den Interessen der Aktionärenmenge entsprechend zu gestalten, im Falle der Unfügsamkeit, Nichtunterwerfung ihrerseits aber — eine Kraft, die sie als unnützen oder schädlichen Ballast über Bord des Unternehmens schleudert.

Das ist unsere Ansicht in bezug auf das Wesen und den Schwerpunkt des Instituts der Generalversammlungen, und unter diesem Gesichtspunkt betrachten wir es nicht als eine „leere Formalität“, eine kuriose Einrichtung „wie die Welt sie bisher nie gesehen“, eine Einrichtung, die ihrem ureigentlichen Wesen nach die Funktion nicht ausüben kann, für die sie geschaffen ist, usw. Unvernünftig erscheint dieses Institut nur denjenigen, die unvernünftige Forderungen an dasselbe stellen, dessen wahren, reellen und rationellen Sinn aber nicht verstehen.

IX.

Die Ursache und das Wesen der ökonomischen Bedeutung der Aktiengesellschaften.

Unsere Darlegung der Rolle der optimistischen Tendenz im Aktienwesen wäre unvollständig, wenn wir sie durch eine theoretische Erörterung der positiven ökonomischen Bedeutung der Aktiengesellschaft zu ergänzen versäumten. Bisher handelte es sich nur um die spezifische Aktienpathologie, um die negativen Erscheinungen, welche die Aktiengesellschaft (auf dem Gebiete der Verteilung und der Produktion des Volksreichtums und in der Volksethik) hervorzubringen geneigt ist, zufolge der Eigentümlichkeit jener Psychik, die sie ins Leben ruft und durch die sie wiederum selbst in Bewegung gesetzt wird. Besitzt dieses Institut nicht besondere positive, nützliche Eigenschaften, bietet es nicht spezielle, das Gemeinwohl fördernde Vorteile, und, vorausgesetzt, daß solche positive Eigenschaften dem Wesen der Aktiengesellschaft anhaften, worin bestehen sie und welches sind ihre Ursachen?

Über die Frage betreffend die positive volkswirtschaftliche Rolle der Aktiengesellschaft existiert ebenfalls eine sehr umfangreiche und scharfsinnige Literatur, aus der sich einige feste und fast allgemein anerkannte Grundsätze ergeben.

Das Haupt- und Grundergebnis ist das folgende:

Die Form der Aktiengesellschaft sei nützlich und bilde ein Aktivum in der Volkswirtschaft auf dem Gebiete von Unternehmen, die 1. besonders große Kapitalien erfordern, 2. mit einem großen Risiko verbunden sind.

Obwohl die Zahl der Personen, die über große Kapitalien verfügen, dauernd im Wachsen begriffen sei, gebe es nichtsdestoweniger viele Unternehmungsarten, die die Kapitalkraft selbst sehr reicher Leute übersteigen, so daß für derartige Unternehmungen die Form der Aktiengesellschaft nicht nur die am meisten geeignete, sondern mitunter auch die einzig mögliche sei. Ihrem eigentlichen Wesen nach (Kooperation der Kapitalien einer großen Menge von Privatpersonen) vermöge die Aktiengesellschaft mit einemmal über eine sehr bedeutende Kapitalkraft zu verfügen. Außerdem aber könne sie bei Bedarf und nach Maßgabe desselben leicht ihre Kapitalmittel erhöhen. Während der Privatunternehmer die Kapitalien seiner Unternehmung nur langsam und allmählich durch Kapitalisierung des Reingewinnes zu vergrößern imstande sei und nur einen sehr beschränkten Kredit genieße, erfreue sich die Aktiengesellschaft, wie die Erfahrung gezeigt habe, einer sehr hohen Kreditfähigkeit und könne im Bedarfsfalle ihre Kapitalkraft durch Emission neuer Aktien oder Obligationen auf einmal bedeutend erhöhen. „Nach dieser Seite werden Aktiengesellschaften für Unternehmungen sich eignen, welche nicht bloß von Anfang große Kapitale heischen, sondern auch stoßweise starke Kapitalvermehrungen bedingen, z. B. für Eisenbahnen, wenn sie ihren großen alten Linien neue, dem ancien réseau ein réseau nouveau beifügen.“[1])

In derselben Richtung wirke auch die Eigentümlichkeit der Aktiengesellschaft, daß ihre Kapitalmittel den Gefahren und Zufälligkeiten nicht unterliegen, denen das Kapital eines Privatunternehmens wegen der engen Verknüpfung des Vermögens mit der Persönlichkeit des Unternehmers ausgesetzt sei. Das Kapital eines Aktienunternehmens sei unabhängig von dem Schicksal der „einzelnen Unternehmer“ (der Aktionäre); demgegenüber haben verschiedene Ereignisse im Leben des Unternehmers auf die Schicksale eines Privatunternehmens und auf sein Kapital einen entscheidenden Einfluß. Aus Familien- oder persönlichen Rücksichten könne das Unternehmen eines größeren oder geringeren Teiles seines Kapitals beraubt werden. Nicht nur der Tod des Unternehmers und die Teilung der Erbschaft, auch rein persönliche Neigungen und Einfälle können eine Gefahr für das Unternehmen bedeuten.

Die hervorragende oder ausschließliche Eignung der Aktiengesellschaftsform für gewagte Unternehmungen ergebe sich ebenfalls schon aus der Natur der Aktiengesellschaft. Das Risiko sei hier erstens beschränkt „vermöge des Prinzips der beschränkten Haftung der Unternehmer“, zweitens abgeschwächt, durch Verteilung auf eine Vielheit von „Unternehmern“, durch Zersplitterung in eine Menge kleiner und unbedeutender „Risici“.

„Je riskanter und kühner ein Unternehmen, je weitsichtiger die Aussicht auf Gewinn ist (und auch derartige Unternehmungen,

---

[1]) Schäffle, Die Anwendbarkeit der verschiedenen Unternehmungsformen i. d. Zeitschr. f. d. ges. Staatswissenschaft, Bd. 25, S. 281.

in vernünftigen Schranken, gehören in den Rahmen der Volkswirtschaft), je mehr gewinnt die im Prinzip der Aktiengesellschaft liegende Möglichkeit kleiner Beteiligungen und äußerster Beschränkung des Risikos auf den Verlust der Einlage, an Bedeutung, und läßt Assoziationen entstehen, wo der einzelne gerechtes Bedenken tragen würde, sein Alles daran zu wagen. Hierin gehören namentlich auch die in Amerika so häufigen Gesellschaften für Ausbeutung von Patenten und Erfindungen, eine Ergänzung, ohne welche die Patentgesetzgebungen ihren Zweck größtenteils verfehlen."[2])

Außerdem wird gewöhnlich die Bedeutung der Aktienform für diejenigen Unternehmungen hervorgehoben, die weniger privatwirtschaftliche als gemeinnützige Zwecke verfolgen.

„Die Aktiengesellschaft eignet sich ferner für viele Vereinigungen, bei denen der allgemeine Nutzen, die gesellige Annehmlichkeit u. dgl. mehr in die Wagschale fällt, als der Gewinn am Aktienkapital; mitunter wird dieser auf das Maximum eines mäßigen Zinssatzes beschränkt, oder sogar ganz auf Gelderträgnis verzichtet. Hierher gehört die finanziell nicht sehr ins Gewicht fallende, aber für das öffentliche Leben sehr wünschenswerte Gründung von Kasinos, öffentlichen Lokalen, Museen, zoologischen und botanischen Gärten, auch Anlagen von Wegen, Brücken, Chausseen, lauter Schöpfungen, welche die Börse nicht kennt, die aber für kleinere Kreise äußerst segensreich wirken, und von denen man nur wünschen sollte, daß sie sich mehr ausbreiteten."[3])

Oft werden auch Unternehmen, die der fides publica bedürfen (insbesondere Kreditinstitute) und öffentliche Kontrolle erfordern, als solche bezeichnet, für welche die Aktienform besonders geeignet und nützlich erscheint. Dieses der Aktiengesellschaft günstige Zeugnis hat aber in neuerer Zeit nur einen relativen Wert, es gilt nämlich nur unter der Voraussetzung, daß es sich um die Vergleichung eines Aktienunternehmens mit einem Privat-(Individual-)Unternehmen handelt; wenn dagegen der Vergleich zwischen einem Aktienunternehmen und der öffentlichen (staatlichen, landschaftlichen, städtischen etc.) Organisation des betreffenden Produktions-, Tausch-, Kreditzweiges stattfindet, so

---

[2]) Oechelhäuser, Die Nachteile des Aktienwesens und die Reform der Aktiengesetzgebung, S. 11.

[3]) Oechelhäuser, eodem S. 11.

wird die Tauglichkeit der Aktienform für Unternehmungen, die das öffentliche Vertrauen und die öffentliche Kontrolle fordern, angezweifelt oder entschieden verneint.

Oechelhäuser äußert sich z. B. im Anschluß an die Bemerkung, daß es Unternehmen gebe, für welche die Form der Aktiengesellschaft nicht zu verkennende Vorzüge gegenüber der Privat-(Individual-)Unternehmungsform aufweise, unter anderem wie folgt:

„Auch für die Errichtung großer Zentralgeldinstitute, Staatsbanken usw. bietet die Aktiengesellschaft einen passenderen Organismus als das Privatgeschäft. Denn hier handelt es sich einmal um Konzentrierung höchst bedeutender Kapitalien, zugleich aber auch um eine, durch Staatsaufsicht und Öffentlichkeit, unbedingtes Vertrauen erweckende Organisation. Allein bei allen diesen Schöpfungen drängt sich stets die Erwägung auf, wie eine Kapitalassoziation, die so großartig wird, daß das Privatgewerbe dieselbe Aufgabe nicht bewältigen könnte, oder die zu tief in die Interessen des Allgemeinen eingreift, stets auch mehr oder weniger den Charakter einer öffentlichen, im Interesse der Gesamtheit liegenden Unternehmung annimmt. Dies zwingt den Staat, sich einen bedeutenden Einfluß bei der Schöpfung und Leitung vorzubehalten, ja unter Umständen das Unternehmen direkt zum Staatsinstitut zu machen. Das freisinnige England sogar sah sich in den letzten Jahren veranlaßt, die Telegraphen-Aktiengesellschaften zu expropriieren, und die Anlage und Ausbreitung von Telegraphenleitungen auf den Staat zu übernehmen. — Wir haben es somit in den Eisenbahnen, Zentralbanken usw., streng genommen nicht mit freien gewerblichen Aktiengesellschaften zu tun, wie sie uns hier in erster Linie beschäftigen, sondern mit einer besonderen Kategorie staatlich wichtiger Unternehmungen, die besonderer gesetzlicher Regelung, über die Aktiengesetzgebung hinaus bedürfen.“[4])

Was die übrigen Zweige der Volkswirtschaft anlangt, so ist der Standpunkt der ökonomischen Literatur gegenüber der Aktiengesellschaftsform in neuester Zeit ein skeptischer, ja ablehnender geworden.

Die Beurteilung erfolgt mittels Gegenüberstellung der Vorzüge und Mängel der Aktiengesellschaft auf der einen und der Vorzüge und Mängel der „Privat“-Unternehmung auf der anderen

---

[4]) Oechelhäuser l. c. S. 10, 11.

Seite; mitunter wird zugleich auch die Parallele zwischen dem Aktienunternehmen einerseits, der offenen Gesellschaft, der Kommanditgesellschaft und den übrigen Formen nichtöffentlicher Kooperation (Genossenschaften, Gewerkschaften) andererseits gezogen.

Aus dieser Parallele ergibt sich eine (mitunter recht lange) Reihe von Punkten, die im Grunde fast ausschließlich Anklagepunkte gegen die Aktiengesellschaft darstellen. Dabei wird in den Untersuchungen, die das vergleichende Studium der volkswirtschaftlichen Bedeutung der Aktiengesellschaftsform zum Gegenstand haben, jene, ebenfalls lange, Reihe von Anklagepunkten gegen die Aktiengesellschaften, die zwecks Erklärung der oben behandelten Mißbräuche und überhaupt der dem Aktienwesen eigentümlichen seltsamen pathologischen Erscheinungen aufgestellt worden ist, gewöhnlich gar nicht mit in die Schranken geführt. Es wird meistens ein gesundes, normales Aktienunternehmen mit einem Einzelunternehmen, einer offenen Gesellschaft usw. verglichen und der Schluß gezogen, daß die Aktienform in vielen Beziehungen die minderwertige, die nicht wünschenswerte Form ist.

Sofern jedoch die Mißbräuche, die spezifischen Anomalien des „Gründertums“, der Prospekte, der konstituierenden Generalversammlung, der Agiotage, der Herrschaft der Führer und der fiktiven Rolle der Generalversammlung Erwähnung finden, erhalten diese Punkte in den Werken über die vergleichende wirtschaftliche Bedeutung der Aktien-Unternehmungsform gewöhnlich einen sehr milden Ausdruck, z. B.: Mißbräuche bei den Apports „kommen oft vor“, die tatsächliche Kontrolle und Leitung der Geschäfte durch die Generalversammlung zu erzielen, ist „recht schwierig“ u. dgl. m.

Im Grunde ist ein anderer Standpunkt von einer der vergleichenden Würdigung des ökonomischen Wertes und der Nachteile der Unternehmungsform der Aktiengesellschaft gewidmeten Untersuchung auch schwerlich zu erwarten. Wenn man in einer derartigen Untersuchung, im vollen Umfange und in scharfer Form diejenigen Sätze hervortreten ließe, die in den Werken über Aktienanomalien dargelegt, entwickelt und durch Tatsachen illustriert werden, so würden die Fragen über verschiedene einzelne Vorzüge oder Mängel der Produktionsform der Aktiengesellschaft, z. B. in betreff der Billigkeit beziehungsweise Kostspieligkeit der Verwaltung, der Kontrolle, der Schnelligkeit der

Beschlußfassung usw., belanglos erscheinen und jedes Interesse verlieren. Schon das allein, was von den Forschern auf dem Gebiete der Tätigkeit und der Bedeutung der Generalversammlungen behauptet und ausgeführt wird, genügt, um verschiedene einzelne Hinweise auf die technischen Vorteile oder Nachteile der Aktiengesellschaftsform jeder Bedeutung und jedes Interesses zu berauben. Selbst angenommen, daß eine gesunde Aktiengesellschaft ihre produktive Aufgabe sicherer, billiger und überhaupt besser erfüllt, als ein Individualunternehmen, eine offene Gesellschaft, eine Gewerkschaft, — was nützen einzelne Erwägungen, die den Nachweis dafür erbringen sollen; wenn die normale Aktiengesellschaft eine bloße Fiktion, ein unerreichbares Ideal darstellt, wenn es z. B. unmöglich ist, eine Garantie dafür zu erreichen, daß die Gewalt, die der Generalversammlung auf dem Papier verliehen wird, auch tatsächlich von diesem Organ ausgeübt werden kann? Auch diejenigen verhältnismäßig bescheidenen ökonomischen Schlußfolgerungen zugunsten der Aktiengesellschaftsform, die wir oben (bezüglich der großartigen und mit erheblichem Risiko verbundenen Unternehmungen) wiedergegeben haben, würden kaum gezogen und verteidigt werden können, wenn man daneben die Folgen dessen, was bezüglich der Generalversammlung allgemein anerkannt wird, in ihrer vollen Kraft darstellte.

Bezeichnend ist, daß Perrot, indem er die Aktiengesellschaften angreift und sich hierfür der einen Kategorie der von Autoritäten auf dem Gebiete des Aktienwesens aufgestellten Sätze bedient, nicht zugleich auch die andere Kategorie der allgemein anerkannten Sätze über die verschiedenen Nachteile der Aktiengesellschaften im Vergleich zu Einzelunternehmen ins Feld führt. Er muß wohl diese zweite Kategorie für ein überflüssiges und uninteressantes Detail gehalten haben, in Anbetracht der Gewichtigkeit und der ausschlaggebenden Bedeutung der Argumente der ersten Kategorie.

Wir wollen nur kurz die Haupteinwände angeben, welche gegen die Aktiengesellschaften, bei Beurteilung ihrer ökonomischen Qualitäten, gewöhnlich vorgebracht werden:

1. Die Produktionsform der Aktiengesellschaft ist kostspielig. Es ist „die teuerste Methode für das Publikum, seine Bedürfnisse zu befriedigen.“ (Schmoller).[5])

---

[5]) Verhandlungen des Vereins für Sozialpolitik am 12. u. 13. Okt. 1873, S. 116.

a) Schon die Gründung einer Aktiengesellschaft kommt wegen der hohen Gründungsprämien teuer zu stehen.

b) Die Direktion einer Aktiengesellschaft, die über fremdes Eigentum verfügt, wirtschaftet oft sehr freigebig und verschwenderisch auf fremde Kosten.

c) Die Direktoren selbst beziehen hohe Gehälter und Tantiemen, die an sich schon oft einen bedeutenden Ausgabeposten ausmachen. Die Notwendigkeit eines besonderen Kontrollapparats erhöht wiederum die Kostspieligkeit der aktiengesellschaftlichen Produktion.

d) „Dazu kommt noch eine ganze Masse von Comptoirbeamten, technischen Personals, Werkmeistern u. dgl., also ein viel größerer Personenapparat als bei Privatunternehmungen, von dem jedes Glied seine Besoldung, zum Teil eine hohe Besoldung haben will, oder wenn das nicht, seine statutarisch festgesetzte Tantieme; außerdem rechnet alles vom ersten Direktor bis zum einfachsten Beamten der Gesellschaft auf besondere Gratifikationen, und würde sich baß verwundern, wenn sie ausblieben. Die Löhne der Aktiengesellschaften sind wegen der Notwendigkeit, daß sie ihren Betrieb stets im Gange halten müssen, meist auch nicht gerade geringer als bei Privatunternehmern, kurz alles ist dazu angetan, die Produktionskosten bei Aktiengesellschaften in die Höhe zu treiben, wodurch natürlich die Rentabilität herabgedrückt wird."[6])

2. Der Verwaltungsapparat der Aktiengesellschaft ist langsam und schwerfällig.

a) Die Aktiengesellschaft ist nicht imstande, das Gebiet und die Art ihrer Tätigkeit rasch zu verändern. Ein Privatunternehmer kann, wenn er sich veranlaßt sieht, einen falsch gewählten oder kraft besonderer Umstände unrentabel gewordenen Unternehmungszweig aufzugeben und eine andere, vorteilhaftere Tätigkeit zu ergreifen, ohne weiteres einen derartigen Übergang vornehmen und so der Nachfrage und den Bedürfnissen entsprechen. Das in einem Aktienunternehmen steckende Kapital ist dagegen sozusagen in dem Geschäft festgelegt. Dieser Umstand verursacht unter anderem die schädliche Erscheinung, daß Aktiengesellschaften die Abwicklung der in einem Industriezweige eintretenden Krisis gewöhnlich verzögern; sie fahren fort, zu arbeiten

---

[6]) R. v. d. Borght, Statistische Studien über die Bewährung der Aktienges., S. 14.

und Produkte zu erzeugen, für die eine genügende Nachfrage nicht vorhanden ist, so daß die Herstellung des Gleichgewichts zwischen Angebot und Nachfrage erschwert wird.

b) Auch innerhalb eines und desselben Unternehmungsgebietes ist die Aktiengesellschaft wegen ihrer Schwerfälligkeit, insbesondere der Unfähigkeit, sich nach der Konjunktur zu richten und dieselbe auszunützen, sehr im Nachteil. Um erfolgreich zu sein, muß ein Unternehmen sich an den veränderten Geschmack des Publikums, die Preise der Rohmaterialien, die Schwankungen des Marktes rasch anpassen, z. B. sofort jede Gelegenheit wahrnehmen, den Absatz zu erweitern, einen sich neu erschließenden Markt zu erobern. Diesen Bedingungen voll zu entsprechen, vermag nur der Privatunternehmer, der von niemand abhängt, unmittelbar einen Entschluß fassen und durchführen, nötigenfalls wiederum die erforderliche Änderung vornehmen kann. Die Direktion einer Aktiengesellschaft hat vor allem kein persönliches Interesse, mit angespannter Aufmerksamkeit dies alles zu verfolgen, die Schläge der Konjunktur energisch und entschlossen zu parieren, die günstigen Momente auszunützen. Und selbst wenn eine derartige Bestrebung bei der Verwaltung vorhanden wäre, so stehen ihr vielfache Hemmnisse entgegen. Der leitende Direktor ist an den Aufsichtsrat gebunden, der Aufsichtsrat hängt von der Generalversammlung ab; alle Beamten der Gesellschaft sind besorgt, ihre Kompetenzen zu überschreiten. Soll gehandelt werden, so schwankt die Direktion, und wenn der Entschluß endlich gefaßt ist, so ist es oft schon zu spät.[7])

3. Die Aktiengesellschaften sind geneigt, das Unternehmen mit Schulden zu überlasten.

„Die Aktiengesellschaften sind zwar sehr gern bereit, Prioritätsobligationen auszugeben, also Schulden zu kontrahieren, haben aber wenig Neigung, dieselben wieder abzustoßen. Es liegt in gewissem Sinne im Interesse der Aktionäre, wenn sie sich bemühen, das Aktienkapital zu verringern, weil dadurch die Zahl der Aktionäre sich mindert, also die Dividende für den einzelnen wächst. Deshalb sind sie geneigt, dem Unternehmen Schulden aufzubürden zu mäßigen Zinsen, und auch diese Schuldenlast nicht zu verringern, um nicht ihren Vorteil aufzugeben; denn das Unternehmen an sich liegt ihnen vielfach gar nicht, meist zu wenig am

---

[7]) R. v. d. Borght, l. c. S. 16 ff. und andere.

Herzen, weil sie nicht, wie der Privatunternehmer, mit ihrer ganzen wirtschaftlichen Existenz an das Interesse des Unternehmens gebunden sind. Überhaupt trägt das eifrige Streben nach Dividenden viel dazu bei, die Leistungsfähigkeit der Aktiengesellschaften zu beeinträchtigen; es verhindert, daß die Reservefonds gehörig bedacht werden, es bewirkt, daß man sie ihrer eigentlichen Bestimmung entzieht, indem aus ihnen oft bedeutende Summen hervorgeholt werden, um in ungünstigen Zeiten die Dividenden auf der gewohnten Höhe zu halten und die Notwendigkeit der Liquidation zu verhüllen, alles neue Anlässe, das Unternehmen in Schulden zu stürzen. Daß dadurch das Gedeihen desselben untergraben, ihm schließlich der Lebensfaden abgeschnitten wird, ist den Aktionären gar zu oft gleichgültig; sie kümmern sich in der Regel auch nicht darum, daß nach und nach die Schulden so anwachsen können, daß die Zinsenzahlungen keinen zu Dividenden verwendbaren Überschuß ermöglichen; denn was schadet das? Droht die Aussicht auf Dividende schlecht zu werden, dann werden die Aktien eben verkauft, das Unternehmen mag zugrunde gehen. So wird oft das Unternehmen zum Ruin gebracht, und in dieser freilich unberechtigten Eigentümlichkeit der Aktiengesellschaften ist ein Hauptgrund ihrer wirtschaftlichen Inferiorität zu sehen."

„Wie ganz anders steht hierin die Privatunternehmung da! Hier herrscht eine Scheu vor starker und dauernder Verschuldung, hervorgerufen durch das Bewußtsein, daß die Zinsenzahlung den Reingewinn schmälert und auf die Dauer den Gang des Unternehmens lähmen muß, und fast unnötig gemacht durch das Streben, die Kapitalkraft und den Umfang des Unternehmens allmählich und organisch anwachsen zu lassen durch Verwendung eines Teiles des Reingewinnes im Interesse des Unternehmens." [8])

4. Besonders häufig auf dem Gebiete des Aktienwesens ist die Gründung leichtsinniger, unüberlegter Unternehmungen, eine Erscheinung, die sich in engstem Zusammenhang mit dem „Grundsatz der beschränkten Haftung" befindet. Der Aktionär wagt weiter nichts als seine Einlage und haftet nur mit dieser, und auch das nur, sofern er die Aktie behält, — so daß hier die Veranlassungen zur Umsicht und Vorsicht, wie sie bei Einzelunter-

---

[8]) R. v. d. Borght, l. c. S. 12 ff.; Schäffle, Die Anwendbarkeit der verschiedenen Unternehmungsformen, Zeitschr. f. d. ges. Staatsw., Bd. 25 S. 293 ff.

nehmen, offenen Gesellschaften usw. obzuwalten pflegen, nicht vorliegen. Bei dem Privatunternehmer erstreckt sich das Risiko auf sein ganzes Vermögen, seine Ehre, seinen guten Namen, er setzt seine persönlichen Bemühungen in das Unternehmen ein, usw., daher entschließt er sich zur Gründung eines Unternehmens erst, nachdem er sich die Sache gründlich überlegt, sich mit den Einzelheiten des Geschäftes aufs eingehendste vertraut gemacht hat. Im Falle einer offenen Gesellschaft usw. haften die Gesellschafter solidarisch, es findet hier daher eine strenge Auswahl und Zusammenpassung der Beteiligten statt.

5. Die Aktiengesellschaften sind geneigt, zwecks Erzielung hoher Dividenden sich auf gewagte Unternehmungen einzulassen. Diese Neigung ist in erster Reihe den leitenden Persönlichkeiten eigentümlich, die nicht ihr eigenes, sondern fremdes Gut riskieren, an der Erreichung möglichst hoher Dividenden indes ein direktes Interesse haben. „Die Aktionäre sind aber mit den aleatorischen Geschäften sehr zufrieden, solange sie hohen Gewinn abwerfen. So bleibt in dem Betriebe vieler Aktiengesellschaften stets eine gewisse Unsicherheit und Unstetigkeit. Der Einzelunternehmer dagegen ist mit seiner ganzen Existenz an das Unternehmen geknüpft und arbeitet deshalb in der Regel auch mit überlegender besonnener Vorsicht.“ [9])

Außerdem werden auch die Mißbräuche des Gründertums, insbesondere die Apports, die Agiotage und die Ausschreitungen der Spekulation, die zweifelhafte Rolle der Generalversammlungen, deren Unfähigkeit, die Geschäfte zu leiten und speziell die erforderliche Kontrolle auszuüben, ferner die Tatsache, daß zu Verwaltungsorganen oft gänzlich ungeeignete Personen gewählt werden, daß Nepotismus, Protektionswirtschaft an der Tagesordnung sind usw., erwähnt.

Aus diesen Betrachtungen geht hervor, daß ein Privatunternehmen seine volkswirtschaftlichen Funktionen im allgemeinen besser erledigt, als eine Aktiengesellschaft; jedenfalls aber erscheint es unzweifelhaft, daß die Form des Privatgeschäfts die vorteilhaftere und geeignetere ist für diejenigen Unternehmungen, bei denen das persönliche Element schwer ins Gewicht fällt, bei denen es auf eine einheitliche und energische Leitung der Geschäfte,

---

[9]) Conrad's Handwörterbuch d. Staatsw., 1890, Bd. I., Aktiengesellschaft, S. 117.

rasche Übersicht, schnelle Entschließung und Ausnutzung der Konjunkturen ankommt. Die Form der Aktiengesellschaft bietet einige Vorzüge und ist den Individualunternehmungen überlegen in denjenigen Fällen, in denen das Element des Kapitals, und nicht das persönliche Element den Ausschlag gibt, in denen die Beständigkeit und die Unabhängigkeit des Kapitals von den persönlichen Schicksalen des Unternehmers von Wichtigkeit ist, bei Unternehmungen, die auf eine lange Dauer berechnet und starkem Konjunkturwechsel nicht ausgesetzt sind, die nach der einmal eingerichteten Schablone verwaltet werden können, und der persönlichen Initiative, der raschen Anpassung an die veränderten Verhältnisse usw. nicht bedürfen.

Bezüglich dieser Urteile wollen wir kurz folgendes bemerken:

Einige davon bedürfen mehr oder weniger wesentlicher Einschränkungen oder, jedenfalls, einer anderen theoretischen Begründung und einer anderen Formulierung.

So zunächst die Hervorhebung jener Nachteile der Unternehmungsform der Aktiengesellschaft, mit denen wir uns in der vorangegangenen Darstellung beschäftigt und die wir als das Produkt einer abnormen Steigerung der optimistischen Tendenz erkannt haben. Wenn diese Kraft einen gewissen Grad von Spannung erreicht, so treten notwendigerweise Erscheinungen auf, angesichts deren nicht mehr davon gesprochen werden kann, die Aktiengesellschaften seien im Vergleich zu anderen Unternehmungsformen „weniger geeignet", oder sie seien, mit Privatunternehmungen verglichen, zwar weniger geeignet auf gewissen Gebieten, aber besser geeignet auf anderen, oder sie seien vorzüglich und unbedingt geeignet für kolossale, die Kräfte eines einzelnen Unternehmers übersteigende Unternehmungen usw.; denn unter diesen Umständen wirken die Aktiengesellschaften als Wirtschaftssubjekte direkt und absolut schädlich, so daß hier nicht füglich von deren relativem positivem Wert gesprochen werden kann. Wir haben gesehen, welches ethische Gift die Aktiengesellschaften alsdann verbreiten, welch gewaltige Verwirrungen sie in der Güterverteilung und -produktion hervorrufen. Unter dieser Voraussetzung erscheint die Ausdrucksweise zu mild und ungenau, wenn man z. B. bemerkt, infolge des „Prinzips der beschränkten Haftung" würden häufig leichtsinnige Unternehmungen gegründet, bereits vorhandene Unternehmungen zeigten oft Neigung zu riskanten Operationen, während der durch die unbeschränkte

Haftung, und überhaupt mit seiner ganzen wirtschaftlichen Existenz an das Unternehmen gebundene Privatunternehmer sich erst nach gründlicher Überlegung auf ein Geschäft einlasse und die begonnene Sache sehr vorsichtig betreibe. Denn im Verlauf eines „Aktienfiebers" werden geradezu tolle und schädliche Gesellschaften geschaffen, und deren Geschäftsführung nach der Gründung ist nicht allein „gewagt", sondern geradezu widersinnig und verbrecherisch. Von diesem Standpunkt aus ist derjenigen Charakteristik des Aktienwesens, die sich in den der Beschreibung und Erklärung der Anomalien des Aktienwesens gewidmeten Schriften findet, z. B. in den Schriften von Perrot oder den Untersuchungen über Spekulationsausschreitungen und Wirtschaftskrisen, mehr Richtigkeit zuzuerkennen, als der Charakteristik in den Werken, welche die vergleichende Beurteilung des Nutzens der Aktiengesellschaftsform zum Gegenstand haben und darauf gerichtet sind, zu einem der Aktiengesellschaft günstigen Ergebnis zu gelangen, sei es auch nur für ein gewisses Gebiet der Volkswirtschaft, für einige Kategorien von Unternehmungen usw.

Sieht man jedoch von den stürmischen Fieberepochen ab und vergleicht eine Aktiengesellschaft in normalen Zeiten mit den übrigen Unternehmungsformen oder stellt eine vergleichende sozialwirtschaftliche Ermittlung des Wertes einer „normalen" Aktiengesellschaft an, so sind einige der oben wiedergegebenen Vorwürfe u. E. als unbegründet zu bezeichnen.

Trotz des „Prinzips der beschränkten Haftung" erfolgt die Gründung von Aktiengesellschaften, nach unserer Überzeugung, auf Grund reiferer Überlegung, eines eingehenderen Studiums der Verhältnisse, weniger zufällig und weniger unter dem Einfluß persönlicher Phantasien und Neigungen, persönlicher Täuschungen und irrtümlicher Vorstellungen, als die Gründung von Individualunternehmen. Desgleichen glauben wir, daß die Aktiengesellschaften nach der Gründung (unter derselben Voraussetzung, d. h. bei normaler Aktientemperatur) im allgemeinen besonnener handeln, die von den volkswirtschaftlichen Bedürfnissen vorgezeichnete Bahn richtiger verfolgen, als die Individualunternehmen. Die wesentliche Unterscheidung eines Aktienunternehmens von einem Individualunternehmen besteht darin, daß jenes eine kollektive, eine Massenangelegenheit ist, während das Individualunternehmen eben eine individuelle Angelegenheit, ein Produkt der Gedanken und des Willens eines Individuums mit all seinen individuellen

Eigentümlichkeiten darstellt. Der „kollektive Geist“ und der „kollektive Wille“ funktionieren „gesetzmäßiger“ als der individuelle Geist und Wille. Wir hatten vorhin selbst darauf hingewiesen, daß diese kollektive Gesetzmäßigkeit, diese Gesetzmäßigkeit der Massen, im Bereiche des Aktienwesens zeitweise einen destruktiven Charakter annimmt. Nichtsdestoweniger können wir aber, unter Voraussetzung eines normalen Zustandes der Massenpsychik, nicht umhin, im Aktienwesen den wichtigen Vorzug zu erblicken, daß es freier ist von individuellen Fehlern und falschen Vorstellungen, von den persönlichen Neigungen, mitunter auch Launen und Grillen des einzelnen Individuums, die bei der Projektierung und späteren Verwaltung eines Einzelunternehmens oft den Ausschlag geben. Der herrschenden Theorie zufolge müßte man annehmen, daß wegen des „Prinzips der beschränkten Haftung“ die Projektierung und die spätere Leitung der Aktiengesellschaft ohne genügend vorbereitende geistige Arbeit, ohne erschöpfende Erwägung und Berücksichtigung aller Für und Wider erfolge, daß hier die Verwirklichung leichtsinniger Einfälle möglich sei, während die Individualunternehmungen auf eine allseitige, reife Überlegung gegründet werden. Das widerspricht aber der natürlichen Ordnung der Dinge, denn das Aktienunternehmen wird der Zensur der öffentlichen Meinung, der Kritik von hunderten und tausenden denkender Köpfe unterworfen. Individuelle Einfälle, persönliche Irrtümer, Einseitigkeit gleichen sich hier aus, zumal die Zensur des Aktienwesens alles, was den Gedanken und den Neigungen des Individuums entspricht, bei der tausendköpfigen Menge, in der Presse usw. aber skeptischer Aufnahme und negativer Kritik begegnet, in die rechte Bahn lenkt.

Außerdem ist noch zu beachten, daß die günstige Stimmung der öffentlichen Meinung in bezug auf ein örtliches, nationales oder internationales Aktienunternehmen, gerade weil sie von der Masse ausgeht, wesentlich beeinflußt wird nicht allein durch die privatwirtschaftliche Güte des Planes, sondern auch durch dessen unmittelbares Verhältnis zu dem Gemeinwohl. Es besteht ein psychischer Druck der Massen, der die Unternehmungstätigkeit der Aktiengesellschaften derjenigen Bahn zuführt, die für das Gemeinwesen nutzbringend ist, und sich der Gründung von Unternehmungen widersetzt, die in sozialer Beziehung schädlich und nur für Private nützlich sind. Privatunternehmer betreiben mitunter auch Geschäfte, die eine offenbare Dissonanz zwischen dem persönlichen und dem öffentlichen Interesse darstellen und die Kritik der öffentlichen Meinung (oder gar des Strafrechts) nicht bestehen könnten. Dagegen ist für den Erfolg einer Aktienemission nicht nur die ausschließlich privatwirtschaftliche Kritik der Aktien seitens des Publikums, sondern auch die einer ethischen und volkswirtschaftlichen unbewußten oder bewußten Bewertung entspringende Sympathie oder Antipathie des Publikums zu den betreffenden Aktien wichtig. Ebenso ist nach Gründung der Gesellschaft deren Direktion genötigt, Rücksicht zu nehmen auf die öffentliche Meinung, die sich auf die privatwirtschaftliche Kritik ihrer Handlungen nicht beschränkt, sondern zugleich auch die Beurteilung des ethischen Charakters und der Bedeutung ihres Verhaltens vom Standpunkt des Gemeinwohls für sich in Anspruch nimmt. Die privatwirtschaftliche Zensur und der entsprechende psychische Druck vereinigen sich mit der unmittelbar vom Standpunkt des Gemeinnutzens erfolgenden Zensur, so daß letztere ebenfalls auf die Unterbringung und den Kurs der Aktien und auf die Beschlüsse der Generalversammlungen einwirkt.

Wir glauben also, ohne die periodischen Massenkrankheiten des Aktienwesens, während welcher die Zensur der Massen eine schädliche Richtung annimmt, außer acht zu lassen, daß in normalen Zeiten sowohl die Gründung als auch die Betriebsleitung von Aktiengesellschaften nach umfassenderer und reiferer Überlegung erfolgen, mit dem Gemeinwohl besser übereinstimmen und den Gesetzen und Forderungen der Sozialökonomik mehr entsprechen, als dies bei Individualunternehmungen der Fall ist.

Der gleiche Vorbehalt muß gemacht werden, und zwar unter demselben Gesichtspunkt in bezug auf die Behauptung von der mangelhaften Zusammensetzung des Personalbestandes im Aktienwesen, ungenügenden Kontrolle, Neigung zu unsolider, gewagter Geschäftsführung. Auch hier darf nicht vergessen werden, daß die Qualifizierung des leitenden Personals der öffentlichen Kritik unterworfen ist, daß das Betragen desselben durch Tausende kontrolliert wird.

Die herrschende Theorie erkennt selbst an, daß die Form der Aktiengesellschaft sich für diejenigen Unternehmungen besonders eignet, die der öffentlichen Kontrolle und der fides publica bedürfen. Widerspricht denn dieses Anerkenntnis nicht der vielerwähnten Kontrollosigkeit des Aktienwesens? Ebenso kann man nicht umhin, die Dissonanz zwischen der traditionellen Erwähnung des unruhigen und waghalsigen Verhaltens der Aktiengesellschaften und der ebenfalls traditionellen Erwähnung der Trägheit und Schwerfälligkeit der Aktienunternehmen hervorzuheben. Einerseits der Vorwurf eines allzu lebhaften, unternehmenden Temperaments, und zugleich andererseits der Vorwurf des Mangels an Beweglichkeit und an Unternehmungslust. Wie sich diese Widersprüche erklären, welche Ursache sie in der Literatur hervorruft und wie sie zu lösen sind, ist aus der ganzen obigen Darstellung ersichtlich. Bemerkenswert ist, daß auch bezüglich des Personalbestandes der Aktiengesellschaften Bemerkungen in der Literatur vorkommen, die mit den üblichen Behauptungen von der mangelhaften Auswahl der leitenden Persönlichkeiten bei Aktiengesellschaften nicht ganz übereinstimmen. Es wird namentlich oft darauf hingewiesen, daß das Aktienwesen für die Anwendung technischer Kenntnisse, administrativer Befähigung, für die Befriedigung des Dranges nach einer umfassenden, fruchtbringenden ökonomischen Tätigkeit mit öffentlichem Charakter einen geeigneten Boden bietet. Leute, denen die nötigen Mittel fehlen, um ein eigenes großes Unternehmen leiten zu können, die aber hervorragende persönliche Eigenschaften besitzen, kommen oft vorwärts und verwerten ihre Begabung im Aktienwesen, das für eine bedeutende, angesehene und fruchtbringende Tätigkeit weite Horizonte eröffnet.

Was die Hinweise auf die Kostspieligkeit, Kompliziertheit und Schwerfälligkeit des Verwaltungsmechanismus anlangt, so wird die Bedeutung dieser Vorwürfe übertrieben, wenn man sich dabei eine Parallele zwischen der verwickelten Verwaltung einer großen Aktiengesellschaft und einem kleinen oder mittleren Privatunternehmen vorstellt, z. B. an den Inhaber einer kleinen Handelsfirma oder Fabrik denkt, der alles persönlich beschließt, selbst die Buchführung besorgt, Leute anstellt usw. Betrachtet man ein Privatunternehmen, das dem Umfang nach einer durchschnittlichen Aktiengesellschaft gleichkommt, so wird man feststellen müssen, daß dieselbe oder nahezu dieselbe Schwerfälligkeit des Verwaltungsapparates auch in dem Falle obwaltet, daß eine Person an der Spitze des Geschäfts steht, und unbeschränkt über die Schicksale des Unternehmens entscheidet. Je größer das Unternehmen, umsomehr wird unbeschränkte Gewalt, administratives Ermessen und persönliche Kontrolle des Oberhauptes zu einer Fiktion, gegenüber der realen Bedeutung einer Menge von

Personen, die einen ebenso komplizierten und schwerfälligen Mechanismus bilden, wie der Verwaltungsmechanismus einer Aktiengesellschaft.

Es ist im allgemeinen anzuerkennen, daß die Form der Aktiengesellschaft ihre Mängel, aber auch ihre Vorzüge im Vergleich zum Individualunternehmen hat, und es ist noch fraglich, auf welcher Seite das Übergewicht sich befindet. Diese Mängel und Vorzüge genau zu ermessen und abzuwägen und sozusagen eine ziffernmäßige Bilanz darüber aufzustellen, ist unmöglich. In der Praxis und Wirklichkeit wird diese Aufgabe durch die Massenerfahrung gelöst, auf Grund deren eine natürliche Sortierung und eine natürliche Auswahl stattfindet: zur Aktiengesellschaftsform neigen diejenigen Unternehmungen, für welche diese Form angemessen und geeignet, jedenfalls aber erträglich erscheint, während diejenigen Unternehmungen, deren Erfolg durch die Eigentümlichkeiten der Aktiengesellschaftsform beeinträchtigt werden würde, im allgemeinen geneigt sind, eine andere, besser geeignete Form zu wählen.

Doch das Wichtigste für die richtige Beurteilung der ökonomischen Rolle der Aktiengesellschaft ist unseres Erachtens durchaus nicht der Katalog der technischen oder sonstigen Vorzüge und Mängel dieser Unternehmungsform im Vergleich zu den übrigen, wie pedantisch lückenlos dieser Katalog im übrigen auch zusammengestellt sein mag, sondern ein anderes. Entscheidend ist für uns in dieser Frage ein Punkt, dieser Punkt erscheint uns aber in der Sammlung der mehr oder weniger begründeten, mitunter kleinlichen Erwägungen über verschiedene Eigentümlichkeiten der Aktiengesellschaftsform, wie der Elefant der Fabel unter den Mücken.

Um klar zu machen, was wir meinen, nehmen wir an, daß der übliche Katalog der Punkte „für“ und „wider“ Aktiengesellschaft nicht nur in bezug auf die logischen Prämissen und Schlüsse vollkommen richtig, sondern außerdem auch absolut und genau durch faktische Zahlen (z. B. durch eine ideale Statistik) belegt ist, so daß das Ergebnis z. B. wie folgt lautet: jede Gütereinheit, jedes zur Befriedigung von Bedürfnissen geeignete Produkt, kommt, wenn von einem Aktienunternehmen erzeugt, 5 oder 10 % teurer zu stehen, als wenn dasselbe Produkt mittels einer anderen Unternehmungsform hergestellt würde. Dabei denken wir nicht an die privatwirtschaftlichen Kosten, sondern an die volkswirtschaftliche Aufwendung, nicht an die Produktionskosten im engeren Sinne, sondern überhaupt an alles, was ein Opfer, ein Minus, eine Unbequemlichkeit (z. B. die geringere Tauglichkeit des Produkts) bedeutet, so daß hier nicht nur die „Kostspieligkeit des Verwaltungsmechanismus“ der Aktiengesellschaft, sondern zugleich auch alle übrigen Defekte und Fehler, die man der Aktiengesellschaft zuschreibt, mit berücksichtigt sind.

Ist nun die Aktiengesellschaft mit diesem zahlenmäßigen Ergebnis gerichtet?

Durchaus nicht. Trotz dieses für die Aktiengesellschaft anscheinend so traurigen Urteilsspruchs der Zahlen, bleibt es uns dennoch möglich, im Institut des Aktienrechts eine große Wohltat zu erblicken.

Zur Erklärung wollen wir uns einer zweiten Hypothese bedienen: Nehmen wir an, daß die besseren Unternehmungsformen (z. B. Einzelunternehmen, offene, Kommanditgesellschaften), welche eine gegebene Gütereinheit (z. B. die Einheit der Gasbeleuchtung, der elektrischen Energie, der Güter- oder Personenbeförderung, die Einheit der Eisenfabrikate, der Vermittlung zwischen Angebot und Nachfrage im Handels- und Kreditwesen) um 10 % billiger, beziehungsweise überhaupt besser herzustellen vermögen, aus irgend welchen Gründen nicht errichtet werden, nicht zustande kommen, so daß in Wirklichkeit das betreffende Produkt von denselben nicht nur nicht billiger, sondern überhaupt gar nicht erzeugt wird und das Bedürfnis gänzlich unbefriedigt bleibt. Beim Vorhandensein und bei freier Anwendungsmöglichkeit der Aktiengesellschaftsform treten indes die entsprechenden Unternehmungen ins Leben und die entsprechenden Güter werden erzeugt, wenn auch, nach unserer Annahme, um 10 % schlechter, als dies bei einer besseren Unternehmungsform der Fall sein würde. Unter dieser Voraussetzung (und wir werden weiter sehen, daß es keine willkürliche Hypothese ist) nimmt die Sachlage offenbar eine andere Gestalt an und die verschiedenen Kataloge einzelner verhältnismäßiger Mängel der Aktiengesellschaftsform treten zurück und verlieren ihre Bedeutung. Das Kamel ist gewiß ein mangelhaftes Beförderungsmittel im Vergleich zur Lokomotive. Die Abschlachtung sämtlicher Kamele in einigen Gegenden Afrikas würde aber eine wesentliche Verschlechterung der Verkehrsmittel und Verminderung des Wohlstandes der dortigen Bevölkerung zur Folge haben. Vielleicht vermag die Regierung weit besser als

Privatpersonen den Schulunterricht zu organisieren, vielleicht stellen staatliche Schulen einen höheren Typus dar, als die Privatanstalten dieser Art; wenn aber der Staat aus irgend welchen Gründen keine Schulen, beziehungsweise eine für den Bedarf gänzlich unzureichende Anzahl von Schulen gründet, so ist es in diesem Falle nicht anders möglich, als die Entstehung der nach unserer Hypothese weniger vollkommenen, weniger geeigneten Privatschulen zu begrüßen, usw.

Diese Sätze sind derart augenscheinlich, daß sie trivial klingen. Der ihnen zugrunde liegende einfache und handgreifliche Gedanke hat aber eine grundlegende Bedeutung für das Verständnis und die Beurteilung der Rolle der Aktiengesellschaften in der Volkswirtschaft.

Schon die herrschende Theorie ist in gewissem (wenn auch verhältnismäßig verschwindendem) Maße und in gewisser (unwesentlicher) Beziehung auf diesen Gedanken verfallen und hat ihn benutzt. Wenn nämlich gesagt wird, daß die Aktiengesellschaftsform unbedingt geeignet erscheint für diejenigen Gebiete und Arten der Wirtschaftstätigkeit, die ein so großes Kapital erfordern oder ein so großes Risiko involvieren, daß die betreffenden Unternehmungen für Privatunternehmer undurchführbar sind, so hat man offenbar dieselben Sätze im Auge, die unseren obigen Hypothesen zugrunde liegen. Ein Privat-, ein Individualunternehmen arbeitet zwar billiger, einfacher, besser als eine Aktiengesellschaft; den Suezkanal zu bauen wäre aber kein Privatunternehmer imstande gewesen, so daß bei Nichtvorhandensein des Instituts des Aktienrechts, dieses Gut nicht nur nicht billiger, sondern überhaupt nicht geschaffen worden wäre. Obwohl dieser Gedanke (längst schon) in der Aktienliteratur anläßlich der größten Aktienunternehmungen entstanden ist, erscheint uns dessen Verwendung in der Frage über die volkswirtschaftliche Rolle der Aktiengesellschaft dennoch als mikroskopisch und dem Wesen der Sache nicht entsprechend.

Das Wesen und der Kern der Sache liegt gar nicht darin, daß einige Unternehmungen von einzelnen Kapitalisten nicht zustande gebracht werden können. Nur ein kleiner Bruchteil der Aktiengesellschaften fällt in das Gebiet der Volkswirtschaft, das bei dem angeführten Satze in Frage kommt. Aktiengesellschaften, deren Funktionen von Individualunternehmungen, von offenen, Kommanditgesellschaften nicht erfüllt werden könnten, lassen sich an den Fingern herzählen. In vielen Staaten finden wir vielleicht kein einziges Unternehmen, dessen Aufgaben ein großer Geldmann oder eine Gemeinschaft von Privatunternehmern zu übernehmen nicht imstande wäre. Zudem ließe sich in bezug auf derartige Unternehmen einwenden, daß, wenn sie für Privatunternehmer undurchführbar sind, es doch staatliche und internationale Unternehmungen gibt. Es existieren Wirtschaftssubjekte, die auch bei Nichtvorhandensein der Aktiengesellschaftsform grandiose Unternehmungen ins Leben rufen können und auch tatsächlich ins Leben rufen. Außerdem entsteht, wie wir gesehen haben, gerade in bezug auf solche großartigen und daher in hohem Maße oder absolut monopolistischen Unternehmungen der Gedanke, daß sie eine öffentliche Angelegenheit sind und dem Gebiet der öffentlichen Wirtschaft und des öffentlichen Rechts angehören.

In der herrschenden Theorie finden wir somit keine genügend feste und solide Begründung des Wertes und keine ausreichende Rechtfertigung der Unternehmungsform der Aktiengesellschaft. Jedenfalls rechtfertigt und erklärt die von ihr anerkannte Rechtfertigung nicht jene gewaltige Entwicklung des Aktienwesens, der man auf allen möglichen Gebieten der Volkswirtschaft als Tatsache begegnet; sie begründet nur die Daseinsberechtigung einiger exklusiver Aktiengesellschaften, die einen Tropfen in dem Meere des Aktienwesens bedeuten. Die Frage kann und muß auf eine breitere und wissenschaftlich bedeutendere Grundlage gestellt werden.

Das Gedeihen von Handel, Industrie und Kredit, überhaupt der Erfolg der Ausbeutung der Naturkräfte und der sozialen (darunter auch der internationalen) Bedingungen für die Schaffung des Reichtums und des Wohlstandes eines gegebenen Landes oder eines gegebenen Volkes ist, im Prinzip, abhängig nicht von dem Vorhandensein und der Menge fertigen Kapitals, als eines bestimmten Quantums bereits erzeugter wirtschaftlicher Güter, die geeignet sind, als Werkzeug für die Erzeugung anderer Güter zu dienen, sondern von der Psychik der betreffenden Bevölkerung. Eine große Menge, der größte Teil des in einer Volkswirtschaft vorhandenen Kapitals wird in verhältnismäßig kurzer Zeit aufgebraucht. Ein bedeutender Teil des Volkskapitals wird schon im Laufe einer Wirtschaftsperiode, z. B. eines Jahres (Betriebskapital) vernichtet. Aber an Stelle der verbrauchten Güter werden neue Güter von gleicher oder besserer Qualität, in gleichen oder größeren Mengen geschaffen. Nicht durch den physischen Besitz und die Erhaltung vorhandener Güter besteht und vermehrt sich, wie bekannt, der Volksreichtum eines Landes, sondern durch Produktion und Reproduktion, durch Aufwendung von Arbeitskraft, von vernünftiger und energischer Wirtschaftstätigkeit überhaupt. Wenn einem unkultivierten, ökonomisch unzivilisiertem Volke ungeheuere Kapitalreichtümer als Geschenk zugewendet würden, so würden diese bald verschwinden und einem derartigen zufälligen, von außen her verliehenen Reichtum würde Elend folgen; wenn aber das betreffende Volk sich durch hervorragende Entwicklung ökonomisch wichtiger Charaktereigenschaften, Fleiß, Energie, Unternehmungsgeist auszeichnet, so würde ein zeitweiliger Mangel an großen Mengen fertigen Kapitals bald ergänzt werden und der Reichtum und Wohlstand des Volkes in geometrischer Proportion wachsen.

Wenn es möglich wäre, in Rußland die psychische Kraft, die als „Unternehmungsgeist" bezeichnet wird und deren Spannung in diesem Lande gegenwärtig, sagen wir, 10 Grad beträgt, auf eine Spannung von 20 oder 30 Grad zu bringen! . . .

Dem Institut des Aktienrechts ist eine psychische Wirkung eigentümlich, die in ihren Folgen der Vermehrung des vorhandenen Unternehmungsgeistes um einige Grade gleichkommt.

Dieselbe Tendenz des optimistischen Mehrwerts, die, wie wir gesehen haben, mitunter zur Überproduktion führen kann, ruft bei gewöhnlicher, normaler Wirkung eine nützliche Tätigkeit hervor, für die bei Nichtvorhandensein der Aktiengesellschaftsform, bei Nichtvorhandensein der betreffenden optimistischen Schätzung und Unternehmungsenergie der nötige Antrieb fehlen würde.

Damit produktive „Organismen", Unternehmungen gegründet werden, ist es erforderlich, daß eine Aussicht auf Gewinn, auf den Erfolg des geplanten Geschäfts dergestalt vorhanden sei, daß das erhoffte Plus alle möglichen Minus, alle möglichen in entgegengesetzter Richtung wirkenden Motive und Kräfte überwiege, wie z. B. die Faulheit, die Apathie, die auf Initiative verzichtende Ängstlichkeit und Trägheit, verschiedene Neigungen und Versuchungen, das verfügbare Kapital, die persönliche Lebensenergie und Zeit für andere, unproduktive Zwecke, ruhiges Genießen, lustiges Leben u. dgl. zu verwenden. Es bedarf eines genügenden Ansporns, einer intensiven emotionellen Erregung, um die betreffenden Individuen zu den Opfern, zu der Anstrengung der intellektuellen und sonstigen Kräfte zu bewegen, die erforderlich sind, damit ein Beschluß betreffend die Gründung eines Unternehmens entstehen und durchgeführt werden kann. Die höchst wichtige Funktion des betreffenden Lockmittels erfüllt in der Volkswirtschaft hauptsächlich die Aussicht auf einen genügenden Unternehmergewinn. Die Entwicklung von Handel und Industrie, überhaupt das Wachstum des Volkswohlstands erfolgt, unter der gegenwärtigen privatwirtschaftlichen Ordnung der Gesellschaft, durch die Betätigung einer Armee von Privatunternehmern. Was diese dazu veranlaßt, die Unternehmungstätigkeit zu entwickeln, ist die Aussicht auf die Belohnung, die man Unternehmergewinn nennt. Die Höhe dieses Lohnes, die erforderlich ist, um eine energische Tätigkeit, überhaupt die Unternehmungstätigkeit anzuregen, ist je nach den psychischen Eigenschaften des Volks und des Individuums eine sehr verschiedene. Bei einem arbeitsscheuen und um den kommenden Tag wenig besorgten Neger würde es eines sehr hohen Lohnes bedürfen, um ihn zur Tätigkeit zu verlocken und auszuspornen. Einem nicht besonders unternehmenden, aber immerhin weniger apathischen, vorsorglicheren, überhaupt ökonomisch zivilisierteren Individuum würde vielleicht die Aussicht auf einen Unternehmergewinn von 20 % genügen. Einem unternehmungslustigen, energischen und fleißigen Menschen genügt vielleicht schon eine Gewinnaussicht von 6 %, um ihn zu bewegen, in die Armee der aktiven Unternehmer einzutreten, eine lebhafte, angespannte Tätigkeit zu entwickeln und sich mit Freude dem Unternehmungsgeschäft zu widmen.

Die „Volkswirtschaft" ist kein mit einem Geiste, einem Willen und Mitteln zu dessen Durchsetzung ausgestattetes Subjekt und vermag nicht, den Privatunternehmern einen solchen Lohn anzuweisen, daß die beim betreffenden Volke vorhandenen, aber schlummernden produktiven Fähigkeiten und Kräfte zum allgemeinen Wohl verwertet, in Bewegung gesetzt werden. Der Unternehmergewinn hat seine natürlichen, mitunter sehr engen Grenzen, die von einer Anzahl verschiedener Umstände abhängen, die sich im allgemeinen nicht willkürlich abändern lassen. Wohl kann der Staat den Unternehmergewinn auf gewissen Gebieten der Volkstätigkeit durch künstliche Mittel erhöhen. Nichts anderes als eine Zutat zu dem natürlichen Betrage des Lohnes für die Unternehmertätigkeit liefert das sog. Schutzzollsystem. Es ist ein

Mittel, die Unternehmungstätigkeit durch Schaffung einer genügenden Anlockung, eines genügenden Stimulus zu beleben. Es ist hier natürlich nicht der Ort, auf eine genauere Beurteilung des Schutzzollsystems einzugehen. Wir wollen nur bemerken, um die Bedeutung des Aktienwesens genauer zu beleuchten, daß im Bereiche des Schutzzollsystems die Summen, die dazu bestimmt sind, den natürlichen Unternehmergewinn künstlich zu erhöhen, zum großen Teil mittels zwangsweiser Abzüge von dem Lohn anderer Kategorien von Unternehmern und sonstiger Arbeitselemente beschafft werden, wobei die Kategorien der zu begünstigenden Unternehmungen und Unternehmer nach dem Ermessen der mitunter verschiedene egoistische Zwecke verfolgenden Menschen bestimmt werden.

Kraft der Tendenz zur optimistischen Überschätzung erzeugt das Institut des Aktienrechts ganz von selbst, ohne die Willkür und machtvolle Einmischung von irgend jemand und ohne Kosten und Lasten für andere Unternehmer, eine Erhöhung der Temperatur und Beschleunigung des Pulsschlages der Unternehmungstätigkeit und ruft in der Unternehmungssphäre eine starke Belebung und Gärung hervor, mitunter, freilich, eine so starke, daß sie die wünschenswerte Grenze überschreitet, daß die „wie die Pilze" wachsenden und sich vermehrenden neuen Aktiengesellschaften auf gewissen Produktionsgebieten eine Hypertrophie der Unternehmungstätigkeit, eine krankhafte Erhöhung der Unternehmungstemperatur anzeigen.

Indem wir durch die letzten Worte unserer These angedeutet haben, daß wir die schädliche Wirkung einer übermäßigen Erhöhung der Unternehmungstemperatur nicht außer acht lassen, wollen wir in der Folge den gewöhnlichen, normalen Zustand der Aktientemperatur voraussetzen und von den zeitweise eintretenden Aufwallungen des Aktienfiebers absehen.

Bei einem normalen, gewöhnlichen Zustand der Massenpsychik konzentriert sich die Tendenz zur optimistischen Überschätzung, wie wir oben gezeigt haben, hauptsächlich auf die Zeit der Bildung und ursprünglichen Entwicklung eines Aktienunternehmens, d. h. auf eine Zeit, in der die wichtigsten und notwendigsten Faktoren der Entstehung und ersten Organisation des neuen produktiven

Organismus die Gründer sind, in der das sog. „subjektive Unternehmungselement" sich in der Person der Gründer verkörpern und durch sie wirken muß.

Es ist leicht zu ersehen, und geht im wesentlichen schon aus der vorangegangenen Untersuchung zur Genüge klar hervor, daß die dem Aktienwesen eigentümliche Tendenz zur optimistischen Überschätzung des inneren Wertes der Aktie, selbst wenn ihre Intensität eine relativ bescheidene ist, einen starken Ansporn zur Entstehung und Entwicklung des „subjektiven Unternehmungselements" in der Person der Gründer bildet: sie erzeugt hohe Prämien für diese Art Tätigkeit, hohe Löhne, welche Privatpersonen in die betreffende Armee volkswirtschaftlicher Organe hereinlocken und sie zur Entwicklung der erforderlichen intensiven Geistestätigkeit veranlassen.

In der Aktienliteratur wird die Entwicklung des gewerbsmäßigen Gründertums hergebrachterweise als eine negative Erscheinung und ein Übel bezeichnet. Ja, das „Gründertum" als solches wird behandelt, als bedeute es an sich eine negative Erscheinung, einen dem Aktienwesen anhaftenden Defekt. Das ist, wie wir oben gesehen haben, eine historisch und psychologisch ganz begreifliche Erscheinung, zugleich aber ein großes ökonomisches Mißverständnis! Es handelt sich hier um eine Funktion, die für die Existenz und das Wachstum des Volkswohlstands von ungeheurem Werte ist, um eine höchst qualifizierte und feine Tätigkeit, um die Verkörperung des „subjektiven Unternehmungselements" im Unternehmungsstadium par excellence, im Stadium der Schaffung und Organisation des Unternehmens.

Was die sog. Gründungsprämien betrifft, gegen die mittels verschiedener Paragraphen über Teilnahme offizieller Persönlichkeiten an der Bestimmung des Übernahmepreises von Apports, über die konstituierende Generalversammlung usw., zum großen Teil verfehlt und erfolglos, gekämpft wird, so bilden dieselben den eigentlichen nervus rerum der positiven volkswirtschaftlichen Bedeutung des Instituts des Aktienrechts, die Hauptquelle des „subjektiven Unternehmungselements" und die treibende Kraft der Produktion der für die Volkswirtschaft kostbarsten Gegenstände — der produktiven Unternehmungen selber.

Die optimistische Tendenz ist es wiederum, die eine wichtige Anziehungskraft bildet, durch die das „objektive Unternehmungselement" — das Kapital — dem angefeuerten und angeregten

„subjektiven Element“ zugeführt wird. Sie veranlaßt diejenigen, welche die herrschende Theorie irrtümlich als die Unternehmer im Aktienwesen betrachtet, d. h. die in Wirklichkeit unternehmungsscheuen Rentner, den Erbauern des Unternehmens Kapital im reichlichen Maße und zu mäßigen Bedingungen zu überlassen.

Es ist nicht das „Privilegium“ oder das „Prinzip der beschränkten Haftung der Unternehmer“, die nach der herrschenden Theorie eine spezifische Eigentümlichkeit des Aktienwesens sein sollen, das hier die wirkende Ursache bildet. Es handelt sich um Rentner, die aus verschiedenen Gründen keine Lust oder keine Möglichkeit haben (mitunter infolge gesetzlicher Untersagung) selbst eine Erwerbstätigkeit zu ergreifen und Unternehmer zu werden, für die eine Haftung für irgendwelche Unternehmungsschulden gar nicht in Frage kommen, sondern lediglich eine Haftung für Konsumschulden bestehen kann, so daß also eine Vergleichung der Aktionäre mit den „übrigen Unternehmern“ und eine auf Grund dieser Vergleichung erfolgende Erklärung, warum Menschen gerne Aktionäre werden, vom wissenschaftlichen Standpunkt aus müßig und unrichtig ist. Genau das Gegenteil davon, was die herrschende Theorie behauptet, bildet die Wahrheit in bezug auf diejenigen Personen, die den Gründern für das von ihnen geplante produktive Unternehmen Kapital liefern. Sie wählen statt des geringeren Risikos das größere und nicht umgekehrt. Denn gäbe es keine Aktien und kein Aktienwesen, so würden sie (wir sprechen hier von den Massen und nicht von individuellen Fällen) ihre „Renten“ ohne das ihnen auf dem Gebiete des Aktienwesens drohende Risiko genießen, sie würden ihre Zinsen (ohne positive, aber auch) ohne negative Prämien (d. h. die Möglichkeit des Kapitalverlustes) erhalten, oder sie würden ihr Kapital ungefährdet aber auch unproduktiv liegen lassen, oder sie würden es, ganz ohne Risiko, zu Konsumzwecken verwenden. Die herrschende Theorie, die von der fehlerhaften Vergleichung der Aktionäre mit den „übrigen Unternehmern“ ausgeht, wird durch den Umstand irregeleitet, daß der Aktionär „nur mit dem Betrage seiner Einlage haftet“. Von diesem Standpunkt aus läßt es sich sehr leicht erklären, warum es Liebhaber von Roulett und Kartenspiel gibt (nicht als Zeitvertreib, sondern als großes, ernstes Spiel). Sie wagen nur ihren Einsatz. Ihre Haftung ist beschränkt, ihr Risiko ermäßigt, weil ihre Haftung und ihr Risiko über den

Betrag des Einsatzes nicht hinausgehen. In Wirklichkeit sind Roulett und Kartenspiel eine für die Teilnehmer sehr riskante Sache. Im Aktienwesen, wo ebenfalls lediglich der Einsatz Gegenstand des Wagnisses bildet, ist das Risiko geringer als innerhalb der soeben erwähnten Gebiete (in Zeiten, wenn die Aktien besonders gierig gekauft werden, ist das Risiko übrigens vielleicht nicht geringer); Menschen treten aber in die Reihen der Aktionäre durchaus nicht im Hinblick auf ein besonders „beschränktes Risiko“, sie entschließen sich hierbei vielmehr zu einem größeren Risiko. Nur wird ihre Ängstlichkeit und Zaghaftigkeit in der großen Mehrzahl der Fälle wesentlich vermindert und überwunden durch den optimistischen Mehrwert der Chancen.

Wie dem auch sei, es ist eine zweifellose und allgemein bekannte Tatsache, daß das Kapital leicht und willig dem Aktienwesen zufließt, so daß für die Gründer große Schwierigkeiten in dieser Beziehung nicht bestehen.

Kehren wir zu dem „subjektiven Unternehmungselement“ zurück.

Mit dem Augenblick der offiziellen Errichtung des Unternehmens tritt als Unternehmer eine juristische Person — die Aktiengesellschaft —, ein neues Wirtschaftssubjekt auf. Bisher haben wir nur festgestellt, daß durch die Eigentümlichkeiten der Aktienpsychik eine Menge solcher Unternehmer ins Dasein gerufen werden. Die juristische Person ist aber an sich hilflos, sie selbst ist nicht die Trägerin des „subjektiven Unternehmungselements“, sie besitzt keine Unternehmungsenergie, keinen Willen, keine Auffassungsgabe, sie denkt, sie entschließt sich, sie wirkt nur durch die Vermittlung der hinter ihr steckenden physischen Individuen. Auch nachdem die offizielle Errichtung erfolgt ist, bleiben die Gründer, die an der Erhaltung, Weiterbildung und tatsächlichen Organisation des Unternehmens im höchsten Maße interessiert sind, die Unternehmerseele der juristischen Person der Aktiengesellschaft. Zu Unrecht werden sie nur „Gründer“ genannt. Ihre Funktion (und zwar die wirtschaftlich nützliche Funktion) hört mit der Herbeiführung der Gründung nicht auf, sie soll es auch nicht. Die Bekämpfung ihrer Herrschaft und ausschlaggebenden Bedeutung in der konstituierenden Generalversammlung und in der ersten Zeit nach der Gründung durch verschiedene Gesetzesmittel ist ein Fehler, der unseres Erachtens auf einem großen Mißverständnis beruht. Wenn wir sie ihrer

Macht und ihrer Bedeutung zugunsten „neutraler Aktionäre“ berauben wollten, so würden wir dem neu (offiziell) entstandenen Unternehmen die Unternehmerseele, die Unternehmungsenergie, die Tüchtigkeit, die Gewandtheit, die organisatorische Kraft nehmen, und statt dessen Desorganisation, Anarchie, Unbeholfenheit und Schlaffheit bei der offiziell zustande gekommenen, ökonomisch aber noch nicht organisierten Gesellschaft herbeiführen.

Dieselbe Kraft, welche die rasche Vermehrung von Unternehmungen in Aktiengesellschaftsform herbeiführt, erhält diese Unternehmungen, durch Vermittlung derselben Personen, während der kritischen Zeit ihrer ersten Bewegungen, ihrer Organisation und Konsolidierung. Wir übersehen auch hier nicht, daß die optimistische Tendenz das Temperament des Unternehmungsgeistes in der ersten Lebensperiode der Unternehmung mitunter so in die Höhe schraubt, daß eine Hypertrophie und pathologische Entstellung der Unternehmertätigkeit stattfindet und die früheren Gründer zum bösen Geiste der Aktiengesellschaft werden. Nichtsdestoweniger aber bildet in normalen, gewöhnlichen Zeiten das von ihnen vertretene energische „subjektive Unternehmungselement“ die wahre organisatorische und überhaupt die Lebenskraft der neugegründeten Gesellschaft.

Mit der Konsolidierung des Unternehmens treten die Gründer allmählich in den Hintergrund und werden durch andere Personen ersetzt (oder sie werden selbst, in bezug auf ihre Rolle und die Motive ihrer Tätigkeit, zu „anderen Personen“). Ihr Abgang hat aber nunmehr den Verfall des Geschäftes nicht zur Folge, denn das Unternehmen steht jetzt auf eigenen Füßen, es hat sich fest organisiert, sich zu einem soliden Mechanismus herausgebildet, der auch ohne die Gründer funktioniert, andere energische, fähige, für die Leitung eines großen Unternehmens qualifizierte Arbeitskräfte anzieht. Die optimistische Tendenz schafft auch die großen Gehälter und Tantiemen für verschiedene Vertreter der (kaufmännischen und technischen) Geschäftsleitung. In gewissen Grenzen, insbesondere während der ersten Zeit nach der Gründung, bilden diese Gehälter und Tantiemen nur eine Form, in welcher der Gründerlohn erhoben wird. In der Folge werden sie aber allmählich zu einer Kraft, die hervorragende Administratoren und Techniker erzeugt und heranzieht, zu einem starken Ansporn für die Entwicklung einer intensiven geistigen und sonstigen Energie.

Nebenbei ist zu bemerken, daß obige Ausführungen die immer wieder verkündete Kostspieligkeit und geringere wirtschaftliche Leistungsfähigkeit der Aktiengesellschaft im Vergleich zu anderen Unternehmungsformen in einem eigenen Lichte erscheinen lassen. Einerseits wird darauf hingewiesen, daß schon die Gründung einer Aktiengesellschaft wegen der von den Gründern erhobenen Prämien teuer zu stehen kommt, daß ferner die Verwaltung eine kostspielige ist, weil ein zahlreiches höheres und technisches Verwaltungspersonal große Gehälter, Tantièmen und Gratifikationen beansprucht und bezieht. Andererseits ist in neuester Zeit gefunden worden, daß die Aktiengesellschaften in Wirklichkeit einen weit bescheideneren Gewinn ergeben, als bisher angenommen wurde, daß die Dividenden der Aktiengesellschaften im großen und ganzen durchaus keine hohen zu sein pflegen und sich von dem üblichen Kapitalzins wenig unterscheiden. Wir sind noch weiter gegangen, indem wir darauf hinwiesen, daß die Dividendenziffern, trotz ihrer bescheidenen Höhe, bei weitem noch kein richtiges Bild geben von der Höhe des Gewinnes, der den Aktionären zuteil wird, daß diese Ziffern eine zu optimistische Schätzung dieses Gewinnes darstellen, daß an ihnen verschiedene Einschränkungen und Abzüge vorgenommen werden müssen, und daß sie erst nach diesen Einschränkungen als Maßstab des von den Aktionären gezogenen Nutzens dienen können. Wir haben die Frage über die Einträglichkeit der Aktiengesellschaften überhaupt in einem noch viel skeptischeren und pessimistischeren Sinne entschieden, als diejenigen Schriftsteller, welche die Unrentabilität der Aktiengesellschaften aus den Dividendentabellen folgern.

Die Epitheta der Kostspieligkeit und geringen Einträglichkeit scheinen für diese Unternehmungsform sehr kompromittierend zu sein. Wir hatten schon darauf aufmerksam gemacht, daß die relativ teuere Befriedigung eines Bedürfnisses durchaus nicht immer ein Übel ist, denn sie kann den absoluten Mangel einer Befriedigung des betreffenden Bedürfnisses ersetzen. Das ist es aber nicht, was wir jetzt im Auge haben. Auch abgesehen von dieser Erwägung ist es oberflächlich, die Aktiengesellschaft wegen der besagten Eigenschaften zu tadeln. Man darf nämlich nicht die privatwirtschaftliche Kostspieligkeit einer Unternehmungsform und deren privatwirtschaftliche Rentabilität mit ihrer volkswirtschaftlichen Kostspieligkeit und Einträglichkeit verwechseln.

Die volkswirtschaftliche Produktivität und Nützlichkeit eines Unternehmens ist nicht mit der Frage über die Verteilung des erzeugten Nutzens unter die verschiedenen Teilnehmer an der Produktion zu verwechseln. Es ist ein Fehler, von dem niedrigen Stande der Dividenden auf die (volkswirtschaftliche) Unrentabilität des Aktienunternehmens, von der Höhe verschiedener privatwirtschaftlicher Kosten auf dessen (volkswirtschaftliche) Kostspieligkeit zu schließen; denn die Dividende gibt keinen Aufschluß über den Erfolg der Produktion, über die Höhe des produktiven Effekts, sondern lediglich über den Anteil, der bei Verteilung dieses Effekts einer gewissen Klasse von Personen zufällt. Eine niedrige Dividende kennzeichnet möglicherweise nur den bescheidenen Anteil der Aktionäre an dem von dem betreffenden Unternehmen erzeugten großen volkswirtschaftlichen Nutzen.

Will man den produktiven Erfolg der Unternehmungen an dem von den Unternehmern gezogenen Gewinn messen und die Aktionäre als die Unternehmer betrachten, so ist die niedrige Dividende, oder das Fehlen einer solchen, freilich, ein Zeichen der geringen Einträglichkeit oder gar des verlustbringenden Charakters des betreffenden Unternehmens. Demgegenüber können wir aber den Satz aufstellen: Die niedrige Dividende bedeutet im Gegenteil die Billigkeit der Produktion. Wir hatten nämlich oben nachgewiesen, daß die Aktionäre keine Unternehmer, daß sie nur Kapitalisten sind, daß die Dividende einen Kapitalzins darstellt. Der niedrige Stand der Dividende zeigt somit an, daß das Kapital für die Produktion durch Aktiengesellschaften billig beschafft und bezahlt wird; dies bedeutet aber die Billigkeit der Produktion, die Verminderung eines wichtigen Postens der Produktionskosten.

Die herrschende Theorie rechnet die Gründerprämien, die Gehälter und Tantièmen der Leiter des Unternehmens zu den Produktionskosten und spricht von der Kostspieligkeit der Produktion. Wir aber, die wir in den Gründern die wahren Träger des Unternehmerelements erblicken, können sagen: Die hohen Gründerprämien zeugen nicht von der Kostspieligkeit des Unternehmens, sondern vielmehr von dessen hoher Rentabilität, von der Höhe des Unternehmergewinnes. Die Vorwürfe verwandeln sich in Komplimente, und diese Komplimente haben nach unserer Überzeugung (angesichts der Ergebnisse der vorangegangenen Untersuchung) mehr Berechtigung als die üblichen gegenteiligen Vorwürfe.

Wollen wir aber von dem Standpunkt ausgehen, daß nach der offiziellen Errichtung der Gesellschaft als Unternehmer die juristische Person anerkannt werden muß, und dabei berücksichtigen, daß diese juristische Person keinerlei Erträgnis erzielt beziehungsweise für sich behält — denn sie hat „Gläubiger", die ihr das Kapital geliefert haben (Aktionäre) und ist verpflichtet, ihnen Zinsen zu zahlen (Dividende), deren Betrag den Gewinn ganz oder nahezu ganz (Überweisungen zum Reservefonds usw.) verschlingt —, so werden wir bei dem Ergebnis anlangen, daß die Aktienunternehmungen absolut unrentable Unternehmungen sind, indem ihre Produktionskosten den Gewinn voll in Anspruch nehmen, so daß nichts mehr für die Unternehmer übrig bleibt.

Alle diese Betrachtungen haben aber vom volkswirtschaftlichen Standpunkt keine entscheidende Bedeutung. Wie die üblichen Vorwürfe, so beziehen sich auch unsere Komplimente oder der vom Standpunkt der juristischen Person gemachte Einwand im Grunde nicht sowohl auf die volkswirtschaftliche Kostspieligkeit der Produktion und deren objektiven Erfolg, als vielmehr auf die privatwirtschaftliche Verteilung eines volkswirtschaftlichen Einkommens, über dessen Höhe und Erzeugungskosten sie gar keinen Aufschluß geben.

Analog wird in der russischen Presse auf Schritt und Tritt folgendes Urteil über die in Rußland tätigen ausländischen Aktiengesellschaften wiederholt:

Da die Dividenden dieser Gesellschaften nach dem Auslande gehen, so wird folglich dem Inlande der gesamte Gewinn, der gesamte Nutzen entzogen, und die Schätze des Landes werden ausgebeutet und erschöpft, z. B. die Bodenschätze ausgeraubt, damit schließlich der gesamte gezogene Nutzen, der gesamte Vorteil davon zur Bereicherung ausländischer Aktionäre diene. Die Produktion erfolge nicht im Interesse des Landes, dessen Schätze ausgebeutet werden, sondern ausschließlich im Interesse des Auslandes.

Dies ist ein kapitales und elementares Mißverständnis. Es beruht auf einer Verwechslung einer der Formen des privatwirtschaftlichen Einkommens (der Dividende) mit dem volkswirtschaftlichen Einkommen. Daß die Dividende den gesamten volkswirtschaftlichen Ertrag einer gegebenen Aktiengesellschaft zusammenfasse und verkörpere und daß durch das Abfließen der Dividenden nach dem Auslande der gesamte volkswirtschaftliche Nutzen der Aktiengesellschaft dem Inlande entzogen werde, ist absolut falsch. Die von ausländischen Aktionären aus den in Rußland tätigen Unternehmungen bezogenen Dividenden können vom Standpunkt der russischen Volkswirtschaft lediglich als ein integrierender Teil der Produktionskosten betrachtet werden, nach dessen Abzug für das Land der Tätigkeit des Unternehmens ein mehr oder weniger erheblicher Reinertrag verbleibt. Dieser Ertrag verteilt sich auf eine Menge verschiedener Personen und Gesellschaftsklassen. Hierher gehören die Gutsbesitzer, die von der Aktiengesellschaft für den Grund und Boden eine Rente oder einen einmaligen Preis erhalten, die örtlichen Lieferanten von Rohprodukten, sowohl Urproduzenten als Vermittler, die Arbeiter und übrigen Angestellten, die Konsumenten der von der Aktiengesellschaft erzeugten Güter (sofern die Befriedigung von Bedürfnissen erleichtert, verbessert und verbilligt wird), die Aktionäre der lokalen Banken, Versicherungsgesellschaften, Eisenbahngesellschaften, die in geschäftliche Beziehung mit der ausländischen Aktiengesellschaft treten und daran verdienen, der Fiskus, die Städte usw.

Sofern es sich nicht um ausländische, sondern um inländische Aktionäre handelt, die Dividenden von einer Aktiengesellschaft erhalten, so bildet dieses ihr privatwirtschaftliches Einkommen nur den bei Verteilung des erzeugten volkswirtschaftlichen Einkommens auf sie entfallenden Anteil. Eine Verminderung desselben, falls sie dadurch bedingt wird, daß die zahlreichen Beamten der Aktiengesellschaft hohe Gehälter, Tantiemen, Gratifikationen erhalten, daß die Aktiengesellschaft mitunter gezwungen ist, hohe Löhne zu zahlen, daß hohe Prämien zugunsten der Gründer abgehen, die einen Teil der Dividende verzehren, — bedeutet durchaus nicht die Uneinträglichkeit des Unternehmens und die Kostspieligkeit der Produktion, sondern lediglich eine Art der Verteilung des (in seinem Umfang dadurch nicht geschmälerten) Ertrages, bei der die Aktionäre einen relativ geringeren Anteil erhalten zugunsten anderer Personen, die bei der Gründung, der Leitung und der Produktion im technischen Sinne aktiv mitwirken.

Wenn wir dabei berücksichtigen, daß die Aktionäre nicht das Unternehmerelement, sondern das kapitalistische Element darstellen, so wird diese Erscheinung folgendermaßen zu formulieren sein:

Die Eigentümlichkeit der Verteilung im Aktienwesen besteht darin, daß bei der Verteilung des Ertrages der Anteil des objektiven Elements der Unternehmung (des Kapitals) gekürzt wird zugunsten der Erhöhung des Anteils des subjektiven, des aktiven Elements (des Unternehmer- und des Arbeitselements).

Wir halten im allgemeinen die Angehörigen der Rentiersklasse, bei der gegenwärtigen Form der Volkswirtschaft, keineswegs für bloße Schmarotzer, die sich von fremder Energie, fremdem Unternehmungsgeist, fremder Arbeit nähren. Der Kapitalzins ist nicht allein eine unvermeidliche Folge der gegenwärtigen ökonomischen Ordnung, sondern zugleich auch eine für die richtige Funktionierung dieser Ordnung notwendige Erscheinung. Er ist ein Faktor, der eine nützliche wirtschaftliche Psychik und das Niveau des Volksreichtums unterhält und die Verbindung des „objektiven" Elements der Produktion mit dem subjektiven Element befördert. Aber auch von diesem Standpunkt aus erregen die besagten Eigentümlichkeiten der Verteilung des Ertrages der Aktiengesellschaft keinerlei volkswirtschaftliche Bedenken, denn die Rentiers, die ihre Kapitalien in Aktien anlegen, tun es freiwillig, sie geben dieser Form der verzinslichen Anlage vor anderen den Vorzug, sie hoffen hierbei einen höheren Ertrag zu erzielen, — durch das Aktienwesen werden somit die Motive zur Sparsamkeit und das Zuströmen der objektiven Elemente der Produktion zu den subjektiven zum Zwecke der produktiven Befruchtung potenziert und nicht geschwächt (was sonst bei einer Verminderung des Anteils des Kapitals zugunsten anderer Elemente der Volkswirtschaft zu befürchten wäre).[1])

[1]) Wir hatten übrigens oben schon bei Aufstellung des Satzes, daß die Aktionäre nicht als „privilegierte Unternehmer" angesehen werden könnten, vielmehr aber als eine besondere Klasse von „Gläubigern" zu betrachten seien, auf denen ein privilegium odiosum lastet, den Vorbehalt gemacht, daß die Unvorteilhaftigkeit der Rolle des Aktionärs nur im Sinne eines allgemeinen Theorems behandelt werden dürfe, das eine allgemeine „Tendenz" ausdrückt, die je nach Zeit und Ort durch verschiedene komplizierende Faktoren paralysiert werden kann. Äußere Umstände, die zu einem außerordentlichen Erfolg und zur Einträglichkeit der Unternehmungen beitragen (vgl. z. B. Deutschland nach siegreicher Beendigung des französischen Krieges, nach Einigung des Deutschen Reiches und Empfang der Milliarden Kriegsentschädigung), bringen es mit sich, daß auch die Aktionäre hohe Dividenden erhalten. Wenn in einem Lande der industriellen Unternehmungslust durch die natürlichen Bedingungen, z. B. den weiten Raum für Anwendung der Unternehmungsenergie, die natürlichen

Wie dem auch sei, die Tendenz der optimistischen Überschätzung des inneren Wertes der Aktie löst sich aus, indem sie in verschiedener Weise auf verschiedene Personen einwirkt, in ein neues Ferment unternehmender Bewegung, in einen Zuwachs an Unternehmungsenergie und unternehmender Erfindungslust, und erzeugt in dem betreffenden Lande eine Menge solcher Unternehmungen, die mangels (oder bei künstlicher Verzögerung, z. B. durch das Konzessionssystem und andere verfehlte rechtspolitische Mittel) einer Entwicklung des Aktienwesens gar nicht zustande gekommen wären.

Der Fehler der gemeinen Betrachtungen über die ökonomische Bedeutung des Instituts des Aktienrechts besteht darin, daß sie von der Existenz eines Privatunternehmens (Einzel- oder Kollektivunternehmens) und eines Aktienunternehmens ausgehen und die verschiedenen technischen Eigentümlichkeiten dieser beiden Unternehmungstypen miteinander vergleichen. Das Wesentliche ist aber nicht diese oder jene Art der Funktionierung schon vorhandener Unternehmungen, sondern eine hinreichende Vermehrung neuer Unternehmungen, nicht diese oder jene Form, in die sich die schon vorhandene Unternehmungstätigkeit einkleidet, sondern die Steigerung und Entwicklung der Unternehmungstätigkeit überhaupt. Indem sie Betrachtungen über die technischen Eigentümlichkeiten der Aktiengesellschaft im Vergleich zu anderen Unternehmungsformen anstellen, diskutieren die Theoretiker des Aktienwesens darüber, welches Gewand für die bereits wirkenden produktiven Kräfte geeigneter erscheint. Die heilsame Bedeutung der Form der Aktiengesellschaft besteht aber in Wirklichkeit darin, daß sie die schlummernden produktiven Kräfte zur Tätigkeit ruft.

Schätze, die billige Arbeitskraft, die hohen Preise für alle Erzeugnisse der Industrie, ein außerordentlich geeigneter objektiver Boden geboten wird, während die Konkurrenz auf dem Gebiete der Exploitation der günstigen natürlichen Bedingungen, infolge schwacher Entwicklung des „subjektiven Unternehmungselements“ oder aus anderen Gründen, gering ist, so ermöglicht sich unter diesen Umständen, trotz der hohen Gründerprämien, der hohen Gehälter und Tantiemen für das Personal der Aktiengesellschaften, ein hoher Stand der Dividendenziffern. Insbesondere folgt die industrielle Entwicklung Rußlands bei weitem nicht dem raschen Fortschritt der Wissenschaft, der Erfindungen, der Technik überhaupt; viele anderen Umstände tragen ebenfalls dazu bei, daß man dort über den bescheidenen Umfang des Unternehmergewinnes, und ebenso auch über die Kärglichkeit der Dividenden anscheinend nicht klagen kann. Unter solchen Umständen können die Gründer hohe Prämien erlangen und auch die Aktionäre zufriedengestellt werden.

Damit erklären wir die wahrhaft großartige Rolle, welche die Aktiengesellschaften in der Industrie und der Kulturentwicklung der meisten Länder der alten und der neuen Welt gespielt haben und noch spielen, die Rolle eines so mächtigen Faktors, daß die üblichen Sammlungen von Punkten zur Beurteilung des ökonomischen Wertes der Aktiengesellschaft uns daneben nichtig erscheinen.

Lippert & Co. (G. Pätz'sche Buchdr.), Naumburg a. S.

FSC
www.fsc.org
MIX
Papier | Fördert
gute Waldnutzung
FSC® C083411

Kolibri 360 GmbH
Ferdinand-Jühlke-Straße 7
99095 Erfurt, Deutschland
produktsicherheit@kolibri360.de